陳品卿著

莊學研究

中華書局印行

自序

夫莊子之書，可謂至矣。莊子之學，可謂博矣。備天地之美，稱神明之容；察道術之全，析萬物之理；芴漠無形，變化無常；評騭百氏，鈐鍵九流；寄玄旨於寓言；明道德之廣崇；然究其要旨，則爲養生主以全天，通齊物而逍遙。蓋得此眞義者，斯能與化爲體，流萬代以冥物；人我雙遣，齊小大於無形；上可以與造物者同遊，下可以處人世而逍遙，故郭子玄序之曰：「觀其書，超然自以爲己當，經崑崙，涉太虛，而遊惚怳之庭矣。雖復貪婪之人，進躁之士，暫而攬其餘芳，味其溢流，彷彿其音影，猶足曠然有忘形自得之懷，況探其遠情而玩永年者乎！」斯眞知言者也。是所以古今賢哲於莊子之學，闡述探究者而不遺餘力焉。

本書分莊子學說爲上篇、中篇、下篇而研究之：上篇爲「莊子中心思想之探究」，凡三章：首章以「逍遙遊與各篇關係之探究」，發揮「莊子大義在逍遙遊」之論，列舉全書各篇與逍遙遊相關之文句，加按語申論而比較之，以探求逍遙遊之精義。既知逍遙遊爲莊子全書之中心思想，則不得不對其思想作一深入之分析探究；故次章爲

「莊子思想之探究」，並以形上學、知識論、人生哲學、政治哲學，分類而探究之。道家以老莊爲代表，此二者思想之異同何如？爰比較而分析之，以見莊子思想之精神，故第三章爲「老莊異同之探究」。

中篇爲「莊子內七篇之探究」，蓋莊子三十三篇非一人所作，其可疑之處頗多，唯內七篇學者多確信爲莊子所作，亦爲全書之中心思想所在，故本篇次之。並依次將逍遙遊、齊物論、養生主、人間世、德充符、大宗師、應帝王，分章於後，每章各分五節探究之。第一節「篇名釋義」，蓋內七篇皆以全篇大意名篇，得知篇名涵義，則全篇主旨不難窺見，故以此節爲首。次則逐段分析全文內容之涵義，故「文義分析」次焉。內容分析之後，繼之以形式結構之分析，使全文思想體系一目了然，故「結構表解」又次焉。而全篇篇旨於此則可顯而易見，故「篇旨探究」又次焉。末則以「考辨述要」抉辨各篇可疑之處。以就正於海內外之方家學者，幸有以垂教焉。

下篇爲「歷代莊學之版本及其現藏」，其性質爲彙編之收藏目錄，收集國內十六所具有代表性圖書館之「現有藏書」，及嚴靈峰先生現有之「私人藏書」。並於每書之下註明其現藏地點；便利讀者一覽而知其眉目，以及從何處可見到該書，以便治莊學者按圖索驥也。本篇不分章節，但分圖書版本與論文二類，包括先秦至民國七十年七月之目錄，計莊子專書八百三十五種，論文五百九十七篇，以出版時間先後爲序，可以略見歷代研治莊子之粗迹，聊供學者查考之便云耳。

中華民國七十一年二月二十四日陳品卿序於國立臺灣師範大學

凡例

一、凡屬「申論」性及「考辨」性者，表示己見，皆加按語。
二、凡頂格書寫者，皆爲己見。
三、凡引用原文或他人意見者，皆低兩格書寫。
四、凡引用原文者，皆以王先謙莊子集解爲本。
五、莊學之書目及現藏處所，分列「圖書版本」與「論文」二大類以別之。

莊學研究目次

中篇　莊子內七篇之探究

上篇　莊子中心思想之探究

第一章　逍遙遊與各篇關係之探究

夫逍遙遊者，內篇之冠冕，而莊學之綱領也。明至道之要，序萬物之性，通天地之統，而達死生之變。通其道者，上則足以與造物者遊，而並天地精神以相往來於寂虛之域。下則足以與外死生，無終始者友，而齊大化流形以俱神靈于超冥之鄉。棲遑大千，則不撓無爲之寂。焚燎堅林，則無歇不盡之靈。恍兮惚兮。皦兮浩兮。其理不竭，其來不蛟。芒乎昧乎。幽乎寂乎。其道宏偉，其行超邁。語其極也，則乘天地之正，御六氣之辯。流萬代而冥物，遣泰然以自放。合其德于天地，順其化于自然。玄關幽揵，感而遂通。遙源濬波，酌而不盡。名言不得其性相，隨迎不見其終始。可以乘雲氣，可以御飛龍，而遊乎四海之外，蹈乎無何之鄉。挹朝霞之清芬，蘊丹雘之葆光。侶風泉於九天，餐青精於雲漢。其神凝兮，萬物各得其所。其德化兮，羣品各遂其欲。言其要也，則順應物情，體神居靈。標眞人以爲宗，率至道而立教。泯行迹于物化，不敖倪于萬物。蟬蛻囂埃之中，自致寰區之外。逍遙乎廣漠之野，彷徨乎無爲之側。以其含容大用，故無所困苦。以其源流大方，故物無害者。至若：導无機之權，則功足以濟乎塵刼；渲勿照之明，則用足以鑒窮沙界。而神器獨化乎玄冥之境，超然獨涉于太虛之阿。暢乎物宜，適乎天性，以遊于恍惚之庭，以至乎澹泊之處。熙乎緝乎，其獨化乎。倪乎眞乎，其獨至乎。此眞逍遙之極至，而莊學之大觀也。

夫以逍遙之德，遣放之性，有如是之器，含如此之用，故其施乎外物，則齊短長以共融；其用於養生，則等造化以俱永；其用乎人間，則無爭之大德，足以比美于天地；其用之以修德，則內德之貞芳，足以絜矩乎寰宇；其泯迹于天人，則乃八荒之大宗師也；其施化乎當世，則乃四海之好帝王也；其施于一切，皆足爲羣品之範疇，是故郭子玄曰：「莊子之大意，在乎逍遙遊，」而羣賢皆視莊子爲達觀之學。夫謂之大意者，則逍遙遊，乃莊子之重心可知也。謂之達觀之學者，則乃逍遙所寄託之故也。爰本此意，依莊子全書，而將各篇之大義，融貫于逍遙遊之中。並述明其關係，比較其意旨。

一、逍遙遊與齊物論之關係

夫言乎天道，則名相泯絕，本體絕對。涉乎物論，則萬有不齊，小大殊方。至人所以能逍遙於得失之外，齊同萬品之域，人我雙遣，物我一如者，以其能究乎天道，曠觀萬物，齊均物論，而逍遙也。是故所以能齊物者，在乎有逍遙遊之境界也。有逍遙遊之境界，斯能齊萬殊之異，等羣品之雜，而與天地精神相往來，以究乎天人之際矣。是故知乎「天地與我並生，而萬物與我爲一」之意，則識乎「天下莫大於秋毫之末，而太山爲小；莫壽於殤子，而彭祖爲夭」之精意矣。此皆以逍遙而通齊物也。茲詳述於下。

言乎人籟之不同，則宮商異律，簫管殊科。言乎吹萬之不同，則萬竅參差，唱和異響。言乎知慧之不同，則大知閑閑，小知閒閒。言乎言語之不同，則大言炎炎，小言詹詹。探乎寤寐之異，則其寐也魂交；其覺也形開。究乎交接之異，則與接爲構，日以心鬪，縵者窖者密者。究乎恐悸之異，則小恐惴惴，大恐縵縵。究乎動止之異，則發若機栝，留如詛盟。殺如秋冬，厭之如緘。究乎性情之異，則喜怒哀樂，慮嘆變慹，姚佚啓態，各皆殊勢。究乎事變之異，則日夜相代，樂出虛，而蒸成菌。……是萬有至不同者也。吾人生乎此世，如無逍遙以齊物之精神，則必「一受其成形，不亡以待盡。與物相刃相靡，其行盡如馳，而莫之能止。」因而「終身役役，而不見其成功。」因而「苶然疲役，而不知其所歸。」因而可悲可哀矣。因而陷是非成毀之際，而莫能自拔矣。

惟至人能任自然之化，棄是非之域，獨任天眞，超物外，玄同彼我，齊均天人，而逍遙自得之域。知萬化之足以以心制也，故不「隨其成心而師之」，使物物皆付之自當。知物境之不齊也，而照之以天道。故曰：「是以聖人不由，而照之于天，亦因是也。是亦彼也，彼亦是也。……彼是莫得其偶，謂之道樞。樞始得其環中，以應无窮。」知品類之殊科也，而兩順之以明。「其分也，成也；其成也，毁也。凡物無成與毁，復通爲一。唯達者知通爲一，爲是不用而寓諸庸。庸也者，用也；用也者，通也；通也者，得也；適得而幾矣。」因此「聖人和之以是非，而休乎天鈞。」由是「滑疑之耀，聖人之所圖也。爲是不用而寓諸庸，此之謂以明。」知論議之殊識，而玄同之。故「六合之外、聖人存而不論。」故「知止其所不知，至矣。孰知不言之辯，不道之道，若有能知，此之謂天府。注焉而不滿，酌焉而不竭，而不知其所由來，此之謂葆光。」此至人之逍遙也。唯其逍遙，故能齊物。

由是知齊物論與逍遙遊，有密切之關係。唯逍遙，故能齊物。唯齊物，故共外物，齊彼我，同天地以逍遙。茲將齊物論中與逍遙遊意同者類列於此，而比較之。

「夫大道不稱，大辯不言，大仁不仁，大廉不嗛，大勇不忮，道昭而不道，言辯而不及，仁常而不成，廉清而不信，勇忮而不成。五者园而幾向方矣！故知止其所不知，至矣。」

按：此與逍遙遊「至人無己。神人無功。聖人無名」略同。

「齧缺曰：『子不知利害，則至人固不知利害乎？』王倪曰：『至人神矣！大澤焚而不能熱，河漢沍而不能寒，疾雷破山，飄風振海，而不能驚。若然者，乘雲氣，騎日月，而遊乎四海之外。死生无變於己，而況利害之端乎！』」

按：此與逍遙遊「肩吾問於連叔曰：吾聞言於接輿……藐姑射之山，有神人居焉；肌膚若冰雪，淖約若處子；不食五穀，吸風飲露，乘雲氣，御飛龍，而遊乎四海之外；其神凝，使物不疵癘而年穀熟。……之人也，之德也，將旁礡萬物……之人也，物莫之傷，大浸稽天而不溺，大旱金石流土山焦而不熱」一段。其意完全相同，所表現神人、至人之境界亦同。

「瞿鵲子問於長梧子曰：『吾聞諸夫子，聖人不從事於務，不就利，不違害，不喜求，不緣道；无謂有謂，有謂无謂，而遊乎塵垢之外。夫子以爲孟浪之言，而我以爲妙道之行也。吾子以爲奚若。』長梧子曰：『是黃帝之所聽熒也，而丘也何足以知之！且汝亦大早計，見卵而求時夜，見彈而求鴞炙，予嘗爲女妄言之，女以妄聽之，奚如？旁日月，挾宇宙，爲其脗合，置其滑涽，以隸相尊。衆人役役，聖人愚芚，參萬歲而一成純。萬物盡然，而以是相蘊。予惡乎知說生之非惑邪！予惡乎知惡死之非弱喪而不知歸者邪！』」

按：其所謂「遊乎塵垢之外。」「參萬歲而一成純。」即逍遙遊：「遊乎四海之外。」「浮乎江湖」「樹之於無何有之鄉，廣莫之野，彷徨乎無爲其側，逍遙乎寢臥其下。」與夫「旁礴萬物。」「乘雲氣」「御飛龍」「乘天地之正。而御六氣之辯。以遊無窮者」之發揮也。

「和之以天倪，因之以曼衍，所以窮年也。何謂和之以天倪？曰：是不是，然不然。是若果是也，則是之異乎不是也，亦无辯；然若果然也，則然之異乎不然也，亦无辯。忘年忘義，振於无竟，故寓諸无竟。」

按：此逍遙遊之無待、無己、無功、無名、與遊無窮等思想之發揮也。

二、逍遙遊與養生主之關係

夫養生之常經，盡年之妙道，在依乎天理，安乎自然，隨處逍遙，自得其性矣。若必以有涯之生，逐無涯之知，而期不可得之域，則失逍遙之道，背天理之則。而自遇困苦矣。故養生之要，乃在明逍遙之精義，順自然之常規也。是故庖丁之解牛，至乎官止神遇。右師之偏刖，歸之天然之介。澤雉之啄飲，順乎常性之所安。老聃之縣解，在乎天運之自然。蓋理有至分，物有定極，各足稱事，各安其性，皆足以與乎逍遙之域，安乎自得之鄉矣。故鯤鵬翺翔于天地，斥鴳畢志於榆枋。朝菌不知晦朔，惠蛄不知春秋。冥靈大椿，各運天地之極。彭祖衆人，各順本性之宜，皆自得於己者也。至於無待於外，乘天地之正，御六氣之辯，遊無窮之年。足以旁礴萬物，乘雲氣，御飛龍，遊乎四海之外。其神凝，使物不疵癘而年穀熟，焦旱大浸皆不能害，而其形全者，此乃逍遙之極至，而養生之至神者也。至於常人，「緣督以為經」，隨在而逍遙，「安時而處順」，則「可以保身，可以全生，可以養親，可以盡年」矣。此亦可以語於養生之至。而達逍遙之鄉矣。是故逍遙者，所以養生者也。養生者，所以安乎自然，依乎天理，而逍遙乎性命之所當者也。

三、逍遙遊與人間世之關係

夫與人羣者，不得離人羣而索居，然人間之變，千態萬化；人心之險，危於山川；世俗之害，所在多有。唯無心而不自用，方能逍遙人間之世。心與天遊，超然物外，隨變所適，而不苟其累，此身雖在人世，而不爲世網所拘，能彷徨於自得之域，不敖倪於萬物，斯逍遙之大義，而處人世之極則也。故有逍遙之境界者，乃能處人間之世，而不失其眞，適利害之端，而不危其身。故未得逍遙之道，則存於己者未定，不能應化人世而功澤生民矣。故顏淵欲用衞，思致君以澤民，孔子則告之以未能存己，斯取禍之端也。未能逍遙，雖端虛勉一，內直外曲，猶是師心自用，而未能免於人世之禍也。必也心止於符，唯道集虛，無感而化，達於心齋，逍遙無何之鄉，寢側兩忘之境，斯能以無知而知，使萬物自化。此眞逍遙以處人世者也。故葉公子高使齊，懼有陰陽之患，畏遭人道之禍，孔子則告之以乘物游心，致命行義，以逍遙得失之外。顏闔問衞太子之方，蘧伯玉則告以正己順情，毋攖其怒，以逆其志，亦安於自然，以無心應之，而自得逍遙以免於其患也。是故櫟社之樹，商丘之木，皆以無何可用，而得逍遙無何之鄉，不遭困折之患，斯眞逍遙以自處者也。爲人亦然，私智自用，而昧逍遙之義，則猶山木之自寇，膏火之自焚，非惟有人道之患，亦有陰陽之害也。是故逍遙者，乃處世之極則也。不能逍遙而處世，則危乎殆矣。玆將人間世之文，錄數段，以明逍遙處世之意。

「瞻彼闋者，虛室生白，吉祥止止。夫且不止，是之謂坐馳。夫徇耳目內通而外於心知，鬼神將來舍，而況人乎！是萬物之化也，禹舜之所紐也，伏羲几蘧之所行終，而況散焉者乎！」

按：此眞逍遙之極致，遊惚恍之庭，而獨化於玄冥之境者也。

「且夫乘物以遊心，託不得已以養中，至矣。」

按：乘物遊心者，逍遙之術也。

「顏闔將傅衞靈公太子，而問於蘧伯玉曰：『有人於此，其德天殺。與之爲无方，則危吾國；與之爲有方，則危吾身。其知適足以知人之過，而不知其所以過。若然者，吾奈之何？』蘧伯玉曰：『善哉問乎！戒之、愼之、正汝身也哉！形莫若就，心莫若和。雖然，之二者有患。就不欲入，和不欲出。形就而入，且爲顚爲滅，爲崩爲蹶。心和而出，且爲聲爲名，爲妖爲孽。彼且爲嬰兒，亦與之爲嬰兒；彼且爲无町畦，亦與之爲无町畦，彼且爲无崖，亦與之爲无崖，達之，入於无疵。汝不知夫螳蜋乎？怒其臂以當車轍，不知其不勝任也，是其才之美者也。戒之、愼之，積伐而美者以犯之，幾矣。汝不知夫養虎者乎？不敢以生物與之，爲其殺之之怒也；不敢以全物與之，爲其決之之怒也；時其飢飽，達其怒心。虎之與人異類而媚養己者，順也；故其殺者，逆也。夫愛馬者，以筐盛矢，以蜄盛溺。適有蚉寅僕緣，而拊之不時，則缺銜毀首碎胸。意有所至而愛有所亡，可不愼邪！』」

按：此順大化之自然，隨在而逍遙者也。如此故能免患而順化。

「匠石之齊，至乎曲轅，見櫟社樹。其大蔽數千牛，絜之百圍，其高臨山，十仞而後有枝，其可以爲舟者，旁十數。觀者如市，匠伯不顧，遂行不輟。弟子厭觀之，走及匠石，曰：『自吾執斧斤以隨夫子，未嘗見材如此其美也，先生不肯視，行不輟，何邪？』曰：『已矣，勿言之矣！散木也，以爲舟則沈，以爲棺槨則速腐，以爲器則速毀，以爲門戶則液樠，以爲柱則蠹，是不材之木也，无所可用，故能若是之壽。』匠石歸，櫟社見夢曰：『女將惡乎比予哉？若將比予於文木邪？夫柤梨橘柚，果蓏之屬，實熟則剝，剝則辱；大枝折，小枝泄。此以其能苦其生者也，故不終其天年而中道夭，自掊擊於世俗者也。物莫不若是，且予求无所可用久矣，幾死。乃今得之，爲予大用。使予也而有用，且得有此大也邪？且也若與予也皆物也，奈何哉其相物也？而幾死之散人，又惡知散木！』匠石覺而診其夢。弟子曰：『趣取無用，則爲社何邪？』曰：『密！若无言！彼亦直寄焉，以爲不知己者詬厲也。不爲社者，且幾有翦乎！且也彼其所保與衆異，以義譽之，不亦遠乎！』」

按：此卽逍遙遊「無所可用，安所困苦哉！」之義之明證也。

「南伯子綦遊乎商之丘，見大木焉有異，結駟千乘，隱將芘其所藾。子綦曰：『此何木也哉？此必有異材夫！』仰而視其細枝，則拳曲而不可以爲棟梁，俯而見其大根，則軸解而不可以爲棺槨；咶其葉，則口爛而爲傷，嗅之，則使人狂酲，三日而不已。子綦曰：『此果不材之木也，以至於此其大也。嗟夫！神人，以此不材！』宋有荊氏者，宜楸柏桑。其拱把而上者，求狙猴之杙者斬之；三圍四圍，求高名之麗者斬之；七圍八圍，貴人富商之家求樿傍者斬之。故未終其天年，而中道已夭於斧斤，此材之患也。故解之以牛之白顙者，與豚之亢鼻者，與人有痔病者，不可以適河。此皆巫祝以知之矣，所以爲不祥也。此乃神人之所以爲大祥也。」

按：此亦逍遙遊「無所可用，安所困苦哉！」之明證。可與逍遙遊惠子二段共讀。

「山木自寇也，膏火自煎也。桂可食，故伐之；漆可用，故割之；人皆知有用之用，而莫知无用之用也。」

按：無用之用。斯眞人之所以逍遙，而處乎人世者也。

四、逍遙遊與德充符之關係

夫德充於內者，方能逍遙於外。有逍遙之境界者，自然德充於內。外內玄合，信若符命，故能放心於天地之間，蕩然而無不當，逍遙於大通之域，擴然而無不適，故德充者逍遙之端也，逍遙者德充之符也。郭子玄謂：「體夫極數之妙心，故能無物而不同，無物而不同，則死生變化，無往而非我矣。故生爲我時，死爲我順；時爲我聚，順爲我散。聚散雖異，而我皆我之，則生故我耳，未始有得，死亦我也，未始有喪。夫死生之變，猶以爲一，旣覩其一，則蛻然無係，玄同彼我，以死生爲寤寐，以形骸爲逆旅，去生如脫屣，斷足如遺土，吾未見足以纓茀其心也。」斯眞德充之兆，而逍遙之主也。由是，任於自然，不以形累。美醜善惡，不復有形迹涇渭之分。德有所長，而形有所忘。故死生存亡，窮達貧富，賢與不肖，毀譽飢渴，寒暑炎涼，不存乎靈府，而與之滑和。逍遙天人之際，冥然德寓於中，則我德之充，而與時逍遙矣。是知德充符與逍遙遊，有至密切之關係也。爰錄數段於此，以示其關係。

「仲尼曰：『死生亦大矣，而不得與之變，雖天地覆墜，亦將不與之遺。審乎无假，而不與物遷，命物之化，而守其宗也。』」

按：死生雖大，而不與之變。天地覆墜，而不與之遺。不與物遷，命物之化，而守其宗，此非德充而逍遙者不能為也。

「仲尼曰：『人莫鑑於流水，而鑑於止水，唯止能止衆止。受命於地，唯松柏獨也在，冬夏青青，受命於天，唯舜獨也正，幸能正生，以正衆生。夫保使之徵，不懼之實。勇士一人，雄入於九軍。將求名而能自要者，而猶若此，而況官天地，府萬物，直寓六骸，象耳目，一知之所知，而心未嘗死者乎！彼且擇日而登假，人則從是也。彼且何肯以物為事乎！』」

按：此境界之高，正德充於內，而逍遙於外者也。

「哀公曰：『何謂才全？』仲尼曰：『死生存亡，窮達貧富，賢與不肖，毀譽饑渴寒暑，是事之變，命之行也；日夜相代乎前，而知不能規乎其始者也。故不足以滑和，不可入於靈府。使之和豫通，而不失於兌；使日夜无郤而與物為春，是接而生時於心者也。是之謂才全。』『何謂德不形？』曰：『平者，水停之盛也。其可以為法也，內保之而外不蕩也。德者，成和之修也。德不形者，物不能離也。』」

按：才全而德不形者，正所以逍遙乎無何有之鄉而御六氣之辯者也。

「故德有所長，而形有所忘，人不忘其所忘，而忘其所不忘，此謂誠忘。故聖人有所游，而知爲孽，約爲膠，德爲接，工爲商。聖人不謀，惡用知？不斲，惡用膠？无喪，惡用德？不貨，惡用商？四者，天鬻也。天鬻者，天食也。既受食於天，又惡用人！有人之形，无人之情。有人之形，故羣於人，无人之情，故是非不得於身。眇乎小哉，所以屬於人也！謷乎大哉，獨成其天！」

按：此卽獨遊於天道之自然。而行「至人無己，神人無功，聖人無名」之教者也。

「惠子謂莊子曰：『人故无情乎？』莊子曰：『然。』惠子曰：『人而无情，何以謂之人？』莊子曰：『道與之貌，天與之形，惡得不謂之人？』惠子曰：『既謂之人，惡得无情？』莊子曰：『是非吾所謂情也。吾所謂无情者，言人之不以好惡內傷其身，常因自然而不益生也。』惠子曰：『不益生，何以有其身？』莊子曰：『道與之貌，天與之形，无以好惡內傷其身。今子外乎子之神，勞乎子之精，倚樹而吟，據槁梧而瞑。天選子之形，子以堅白鳴！』」

按：此不以好惡傷身，正逍遙人世，頤養形神之妙法也。

五、逍遙遊與大宗師之關係

夫天地之大，萬物之富，其所宗而師者道也。道者天人之極致，而逍遙之大端也。故能逍遙者，斯能爲天人之所師，而爲萬物之所歸也。眞人能涵養性眞，冥合大化，放恍乎大化之塗，而逍遙乎無端之紀。內放其身，外冥於物。與衆玄同，任物之至，故至德通乎神明，利澤施於萬世。以其明道，故立於天地上古之先。以其見獨，故入於不死不生之境。玄冥而無形，參寥以廣遠。死生存亡，無變乎外。安排而去化，乃入於寥天。與造物者爲人，而遊乎天地之一氣。芒然彷徨乎塵垢之外，逍遙乎無爲之業，斯乃眞人之至德，而逍遙之極至也。故唯有大宗師（眞人）之境界。斯能逍遙，唯有逍遙之精神，斯能爲大宗之師。玆錄大宗師之文，以闡逍遙之精義。

「且有眞人而後有眞知。何謂眞人？古之眞人，不逆寡，不雄成，不謨士。若然者，過而弗悔，當而不自得也。若然者，登高不慄，入水不濡，入火不熱。是知之能登假於道也若此。古之眞人，其寢不夢，其覺無憂，其食不甘，其息深深。眞人之息以踵。」

按：此卽逍遙遊藐姑射山之神人「大浸稽天而不溺，大旱金石流土山焦而不熱。」之境界也。

「古之眞人，不知說生，不知惡死；其出不訢，其入不距；翛然而往，翛然而來而已矣。不忘其所始，不求其所終；受而喜之，忘而復之，是之謂不以心捐道，不以人助天，是之謂眞人。若然者，其心志，其容寂，其顙頯；凄然似秋，煖然似春，喜怒通四時，與物有宜，而莫知其極。」

按：此亦藐姑射山之神人「其神凝」「乘雲氣」與至人無待之境界也。

「古之眞人，其狀義而不朋，若不足而不承，與乎其觚而不堅也；張乎其虛而不華也；邴邴乎其似喜乎？崔乎其不得已乎？滀乎進我色也；與乎止我德也；厲乎其似世乎；謷乎其未可制也；連乎其似好閉也；悗乎忘其言也。」

按：此眞人之逍遙也。

「死生，命也，其有夜旦之常，天也。人之有所不得與，皆物之情也。」

按：順天道之自然，應物之情，所以蘊於逍遙之境者也。

「故聖人將游於物之所不得遯而皆存。善妖，善老，善始，善終，人猶效之；又況萬物之所係，而一化之所待乎？夫道，有情有信，无爲无形，可傳而不可受，可得而不可見；自本自根，未有天地，自古以固存；神鬼神帝，生天生地，在太極之先而不爲高，在六極之下而不爲深，先天地生而不爲久，長於上古而不爲老。狶韋氏得之，以挈天地；伏戲氏得之，以襲氣母；維斗得之，終古不忒，日月得之，終古不息；堪坏得之，以襲崑崙；馮夷得之，以游大川；肩吾得之，以處大山；黃帝得之，以登雲天；顓頊得之，以處玄宮；禺強得之，立乎北極；西王母得之，坐乎少廣，莫知其始，莫知其終；彭祖得之，上及有虞，下及五伯；傅說得之，以相武丁，奄有天下，乘東維，騎箕尾，而比於列星。」

按：由此可見，聖人之逍遙。亦可見聖人所以爲天人師之故。

「南伯子葵問乎女偊曰：『子之年長矣。而色若孺子，何也？』曰：『吾聞道矣。』南伯子葵曰：『道可得學邪？』曰：『惡！惡可？子非其人也！夫卜梁倚有聖人之才，而无聖人之道；我有聖人之道，而无聖人之才，吾欲以敎之，庶幾其果爲聖人乎？不然，以聖人之道，告聖人之才，亦易矣。吾猶守而告之，參日而後能外天下；已外天下矣，吾又守之，七日而後能外物；已外物矣，吾又守之，九日而後能外生；已外生矣，而後能朝徹，朝徹而後能見獨；見獨而後能无古今，无古今而後能入於不死不生。殺生者不死，生生者不生。其爲物，无不將也，无不迎也；无不毀也，无不成也。其名爲攖寧。攖寧也者，攖而後成者也。』」

按：此卽逍遙乎天地之大順，而成聖人者也。

「子祀、子輿、子犁、子來，四人相與語曰：『孰能以无爲首，以生爲脊，以死爲尻，孰知生死存亡之一體者，吾與之友矣。』四人相視而笑，莫逆於心，遂相與爲友。俄而子輿有病，子祀往問之，曰：『偉哉！夫造物者，將以予爲此拘拘也！曲僂發背，上有五管，頤隱於齊，肩高於頂，句贅指天。』陰陽之氣有沴，其心閒而无事，跰䟲而鑑於井，曰：『嗟乎！夫造物者，又將以予爲此拘拘也！』子祀曰：『汝惡之乎？』曰：『亡，予何惡！浸假而化予之左臂以爲雞，予因以求時夜；浸假而化予之右臂以爲彈，予因以求鴞炙；浸假而化予之尻以爲輪，以神爲馬，予因以乘之，豈更駕哉！且夫得者，時也；失者，順也；安時而處順，哀樂不能入也。此古之所謂縣解也，而不能自解者，物有結之。且夫物不勝天久矣。吾又何惡焉！』」

按：唯順乎天，故存於世以逍遙。

「俄而子來有病，喘喘然將死，其妻子環而泣之。子犁往問之，曰：『叱！避！无怛化！』倚其戶與之語曰：『偉哉，造物！又將奚以汝爲？將奚以汝適？以汝爲鼠肝乎？以汝爲蟲臂乎？』子來曰：『父母於子，東西南北，唯命之從。陰陽於人，不翅於父母；彼近吾死而我不聽，我則悍矣，彼何罪焉！夫大塊載我以形，勞我以生，佚我以老，息我以死。故善吾生者，乃所以善吾死也。今之大冶鑄金，金踊躍曰：我必且爲鏌鋣。大冶必以爲不祥之金。今一犯人之形，而曰：人耳人耳！夫造化者必以爲不祥之人。今一以天地爲大鑪，以造化爲大冶，惡乎往而不可哉！』成然寐，蘧然覺。」

按：以天地爲鑪，造化爲冶。眞「至人」之逍遙也。

「子桑戶、孟子反、子琴張，三人相與友，曰：『孰能相與於无相與，相爲於无相爲？孰能登天游霧，撓挑无極，相忘以生，無所終窮？』」

按：此境界，「至人」之所以逍遙於世者也。

「子貢反，以告孔子曰：『彼何人者邪？修行无有，而外其形骸，臨尸而歌，顏色不變，无以命之。彼何人者邪？』孔子曰：『彼，游方之外者也；而丘，游方之內者也。……彼方且與造物者爲人，而遊乎天地之一氣。彼以生爲附贅縣疣，以死爲決疣潰癰，……芒然彷徨乎塵垢之外，逍遙乎无爲之業。彼又惡能憒憒然爲世俗之禮，以觀衆人之耳目哉！』」

按：遊乎方外之人，正所以逍遙乎天地之元，彷徨乎無何之鄉者也。

「且汝夢爲鳥而厲乎天，夢爲魚而沒於淵。不識今之言者，其覺者乎？夢者乎？造適不及笑，獻笑不及排，安排而去化，乃入於寥天一。」

按：化而入乎寥天一，眞「逍遙」之義諦也。

「許由曰：『不然，夫盲者，无以與乎眉目顏色之好，瞽者，无以與乎青黃黼黻之觀。』意而子曰：『夫无莊之失其美，據梁之失其力，黃帝之亡其知，皆在鑪捶之間耳！庸詎知夫造物者之不息我黥而補我劓，使我乘成以隨先生邪？』許由曰：『噫！未可知也。我爲汝言其大略。吾師乎！吾師乎！䪢萬物而不爲義；澤及萬世而不爲仁；長於上古而不爲老；覆載天地，刻彫衆形而不爲巧，此所遊已。』」

按：此亦逍遙遊「至人無己，神人無功，聖人無名」；「其神凝，使物不疵癘而年穀熟」者也。

「顏回曰：『回益矣！』仲尼曰：『何謂也？』曰：『回忘仁義矣。』曰：『可矣！猶未也。』他日，復見曰：『回益矣。』曰：『何謂也？』曰：『回忘禮樂矣。』曰：『可矣！猶未也。』他日，復見，曰：『回益矣。』曰：『何謂也。』曰：『回坐忘矣。』仲尼蹵然曰：『何謂坐忘？』顏回曰：『墮肢體，黜聰明，離形去知，同於大通，此謂坐忘。』仲尼曰：『同則无好也，化則无常也。而果其賢乎！丘也請從而後也。』」

按：冥同大道，至於坐忘。則神凝氣定，足以出入人世。爲大宗之師，可以養生，盡彭祖之年，可以入道，遊無何之鄉矣。

六、逍遙遊與應帝王之關係

應帝王闡外王之治功。逍遙遊述至人之極則。夫惟有至人之極則者，乃能成外王之治功。至人和光同塵，隨處逍遙，而遊心於道，合氣於漠，使萬物各得其所。帝王之治，順物自然，返其本始，守其性眞，而逍遙於道，故功蓋天下，而似不自己；化貸萬物，而民弗恃；立乎莫測，而物自安。而怡養眞性，以合於天。泯絕物我，以遊惚恍之庭。如壺子示鄭巫以心境也，由極靜止之杜德機，而入發生功能之善者機，而直入動靜不二之衡氣機，而進爲變化無窮，與物委蛇之未始出吾宗。此眞「神人」寂虛之境，「眞人」冥達之鄉，如此斯能逍遙人間之世，而締成外王之極功。茲錄應帝王數段，以究逍遙之深意。

「齧缺問於王倪，四問而四不知。齧缺因躍而大喜，行以告蒲衣子。蒲衣子曰：『而乃今知之乎？有虞氏不及泰氏。有虞氏，其猶藏仁以要人，亦得人矣，而未始出於非人。泰氏，其臥徐徐，其覺于于；一以己爲馬，一以己爲牛；其知情信，其德甚眞，而未始入於非人。』」

按：此冥和於眞，逍遙於寂。斯能爲應化之帝王。如泰氏者，眞逍遙之至，而帝王之最也。

「天根遊於殷陽，至蓼水之上，適遭无名人而問焉，曰：『請問爲天下。』无名人曰：『去！汝鄙人也，何問之不豫也！予方將與造物者爲人，厭，則又乘夫莽眇之鳥，以出六極之外，而遊无何有之鄉，以處壙埌之野。汝又何帛以治天下感予之心爲？』又復問。无名人曰：『汝遊心於淡，合氣於漠，順物自然而无容私焉，而天下治矣。』」

按：夫惟遊無何有之鄉，逍遙寂虛壙埌之野，方能眞知帝王之術。

「陽子居蹵然曰：『敢問明王之治。』老聃曰：『明王之治，功蓋天下，而似不自己，化貸萬物而民弗恃；有莫舉名，使物自喜，立乎不測，而遊於无有者也。』」

按：明王之治，遊於無有。正逍遙之極至也。

「无爲名尸，无爲謀府；无爲事任，无爲知主。體盡无窮，而遊无朕；盡其所受於天，而无見得，亦虛而已。至人之用心若鏡，不將不迎，應而不藏，故能勝物而不傷。」

按：遊於无朕，无得而虛，勝物而不傷，正以逍遙之方，應乎人世者也。

七、逍遙遊與駢拇篇之關係

駢拇以下四篇，王夫之、姚姬傳皆以爲非莊子自著，乃莊學之徒，附之，以寄老莊之意者也。故其文未有內篇之精純，然亦有可觀者焉。爰爲之論列。

夫依乎天理，不爲物累，順其固然，冥合眞性，此逍遙之大義也。故遠及於天然；邇及於人事，皆隨處逍遙，不以人害天；不以妄失眞，此眞能彷徨乎無何有之鄉，而敖倪乎寂虛之域者也。如違乎此，則迷其眞，殘其生，而傷其性矣。駢拇篇所述者，在乎不迷其眞，不殘其生，不傷其性，而全其天，而與道翺翔，因境逍遙耳。亦逍遙遊之別解也。其大旨皆在此，故駢於拇者，決之則泣；枝於手者，齕之則啼。何者？失其性，而以人害天也。故殘生傷性，奔命於仁義，迷本逐妄，亡身於貨利，皆失其性分之固然，而失逍遙之大義者也。故智者務體逍遙之精義。全生性之自然，臧其德而任其性。保其眞而全其天。此駢拇篇之大義，而凡人步逍遙之塗也，故其言曰：

「彼正正者，不失其性命之情。故合者不爲駢，而枝者不爲跂；長者不爲有餘，短者不爲不足。」

按：此所以保其眞而全其天，因其固然以逍遙，而不爲物累也。

「吾所謂臧者，非仁義之謂也，臧於其德而已矣；吾所謂臧者，非所謂仁義之謂也，任其性命之情而已矣；吾所謂聰者，非謂其聞彼也，自聞而已矣；吾所謂明者，非謂其見彼也，自見而已矣。」

按：此亦因其固然，任乎本性，隨處以逍遙也。

八、逍遙遊與馬蹄篇之關係

夫馬蹄篇所述者，亦全性保眞，因其固然，依乎天理，而不以人害天。順其本有，而不以物傷生之事也。夫惟守此宏旨，依此至理，方能逍遙於人間之世，頤養其天年。彷徨乎大化之間，不失其眞性。應化乎帝王之道，不失其自然。恍惚乎至德之境，不失其眞。是故馬蹄篇之精義，亦未嘗失乎逍遙遊之意趣也。故馬之眞性，在守其自然，加以銜勒，則災其本性，而失逍遙之道。埴之本分，在藏乎大塊；木之本然，在安乎自然。陶之成器，治之成材，則傷其本眞，而失其性矣。夫人之害天者亦然。害其天然，則不得逍遙矣。是知馬蹄篇，與逍遙遊關係至切也。今引其數段，以論述其意。

「吾意善治天下者不然。彼民有常性，織而衣，耕而食，是謂同德；一而不黨，命曰天放。」

按：惟眞逍遙者，斯能同德。惟眞逍遙者，斯能達天放之境。

「同乎无知，其德不離；同乎无欲，是謂素樸；素樸而民性得矣。」

按：此不失其眞，帝王治天下之逍遙也。

「夫赫胥氏之時，民居不知所爲，行不知所之，含哺而熙，鼓腹而遊，民能以此矣。」

按：此太古素樸時，民人之逍遙也。

九、逍遙遊與胠篋篇之關係

胠篋篇所述者，亦守眞存性之意，能守眞存性，無失其本，則外患不至，而足以逍遙乎至德之世，彷徨乎各得其安矣。故胠篋篇所述之深趣，乃在於任性返眞以逍遙也。其有背乎此原則，加以人爲之因素，而失其天然之規則者，則爲愈勞，而失愈多矣。故將爲胠篋探囊發匱之盜，而爲守備，因而攝緘縢，固扃鐍，此適啓巨盜之來。

有國者立宗廟社稷，營邑屋州閭，竊國者幷其國而盜之，故所謂至知者，乃爲大盜積者也。世俗之以人害天者，多此類也。是故「上悖日月之明，下爍山川之精，中墮四時之施；惴耎之蟲，肖翹之物，莫不失其性。」是以擧天下之人，皆不得逍遙，而返眞歸性也。返眞歸性，惟古人能之。胠篋篇曰：

「子獨不知至德之世乎？昔者容成氏、大庭氏、伯皇氏、中央氏、栗陸氏、驪畜氏、軒轅氏、赫胥氏、尊盧氏、祝融氏、伏羲氏、神農氏，當是時也，民結繩而用之，甘其食，美其服，樂其俗，安其居，鄰國相望，雞狗之音相聞，民至老死而不相往來。若此之時，則至治已。」

是則返眞歸性，乃能自得其樂，而各樂其所，如此，則擧天下之人皆逍遙也。

十、逍遙遊與在宥篇之關係

郭子玄曰：「宥使自在則治，治之則亂也。人之生也直，莫之蕩，則性命不過，欲惡不爽。在上者不能無爲，上之所爲，而民皆赴之，故有誘慕好欲而民性淫矣。故所貴聖王者，非貴其能治也，貴其無爲而任物之自爲也。」夫貴其無爲而任物之自爲，在宥篇之大義也。故帝王以之治天下。則逍遙無爲而民自化。眞人以之養神，則任物保眞，而逍遙寂虛之鄉。蓋天賦自然，各有定分。率性所安，循其葆光，無失其本眞，則以之治天下，以之養身，以之修道，皆各得逍遙之義諦，而皆治矣。故曰：

「君子苟能无解其五藏，……神動而天隨，從容无爲而萬物炊累焉。」

按：此返眞之本要，逍遙之大義也。

「至道之精，窈窈冥冥；至道之極，昏昏默默。无視无聽，抱神以靜，形將自正。必靜必淸，……形乃長生。……爲女入於窈冥之門矣，至彼至陰之原也。天地有官，陰陽有藏，愼守女身，物將自壯。我守其一，以處其和，故我修身千二百歲矣，吾形未常衰。」

按：此修道之要，逍遙之術也。參見逍遙遊第八段論神人部份。

「廣成子曰：『來！余語女。彼其物无窮，而人皆以爲終；彼其物无測，而人皆以爲極。得吾道者，上爲皇而下爲王；……入无窮之門，以遊无極之野。吾與日月參光，吾與天地爲常。……人其盡死，而我獨存乎！』」

按：此卽逍遙遊之神人也。

「鴻蒙曰：『汝徒處無爲，而物自化。墮爾形體，吐爾聰明，倫與物忘；大同乎涬溟，解心釋神，莫然无魂。』」

按：此正「至人」逍遙之道也。「出入六合。遊乎九州，獨往獨來，是謂獨有。」

按：此即逍遙遊，遊乎四海之外之境界也。「大人之教，若形之於影，……以遊无端；出入无旁，與日无始；頌論形軀，合乎大同，大同而无己。」

按：此亦逍遙遊之至人、眞人、神人之境界也。「故聖人觀於天而不助，成於德而不累，出於道而不謀，會於仁而不恃，薄於義而不積，……因於物而不去。」

按：此即放任無爲之逍遙也。

十一、逍遙遊與天地篇之關係

夫天地之化，歸於無爲，而品物遂之以逍遙。萬物之治，趣於自得，而各適其性以逍遙，故知自然之大道，爲一切之總會，乃逍遙之義諦也。是故吾人之修身治國，頤性保眞，務擬天地以爲準，任自然之化育，行無爲之妙諦，則得逍遙之大用矣。是故以之修身，則足以頤性而養身。貨財不能動；富貴不能近；窮通壽夭不能變，而擴萬物爲一體，齊死生爲同狀，而隨處逍遙矣。以之治國，則不害其天，足以保眞，以無欲而天下自足，因無爲而萬物自化，由淵靜而百姓自定，此聖王之逍遙也。故此自然無爲之道，乃逍遙所託根，爲天地之正道也。由是知天地篇宗自然無爲之道，亦逍遙之一端也。爰將天地篇與逍遙遊大義融通者，錄數則于後。

「上神乘光，與形滅亡，此謂照曠。致命盡情，天地樂而萬事銷亡，萬物復情，此之謂混冥。」

按：此所謂上神乘光，所謂照曠，所謂致命盡情，所謂天地樂，萬物復情，皆隨在而逍遙之義也。

「故通於天地者，德也；行於萬物者，道也；……故曰，古之畜天下者，无欲而天下足，无爲而萬物化，淵靜而百姓定。記曰：通於一而萬事畢。无心得而鬼神服。」

按：正惟無欲，無爲，無心，所以事治性存，而逍遙也。

「无爲爲之之謂天，无爲言之之謂德，愛人利物之謂仁，不同同之之謂大，行不崖異之謂寬，有萬不同之謂富。故執德之謂紀，德成之謂立，循於道之謂備，不以物挫志之謂完。君子明於此十者，則韜乎其事心之大也，沛乎其爲萬物逝也。

若然者，藏金於山，藏珠於淵，不利貨財，不近貴富；不樂壽，不哀夭；不榮通，不醜窮；不拘一世之利以爲己私分，不以王天下爲己處顯。顯則明，萬物一府，死生同狀。」

按：萬物一府，死生同狀，不爲一切所撓，則眞逍遙者也。

「夫王德之人，素逝而恥通於事，立之本原而知通於神，故其德廣，其心之出，有物採之。故形非道不生，生非德不明，存形窮生，立德明道，非王德者邪！蕩蕩乎！忽然出，勃然動，而萬物從之乎！此謂王德之人。視乎冥冥，聽乎无聲。冥冥之中，獨見曉焉；无聲之中，獨聞和焉。故深之又深而能物焉，神之又神而能精焉；故其與萬物接也，至无而供其求，時騁而要其宿，大小，長短，脩遠。」

按：此王德之人之至分，亦逍遙之大端也。

「夫聖人，鶉居而鷇食，鳥行而无彰，天下有道，則與物皆昌，天下无道，則脩德就閒；千歲厭世，去而上僊；乘彼白雲，至於帝鄉；三患莫至，身常无殃；則何辱之有。」

按：此亦逍遙遊篇神人、至人之逍遙也。

「形體保神，各有儀則，謂之性。性脩反德，德至同於初。同乃虛，虛乃大。合喙鳴；喙鳴合，與天地爲合。其合緡緡，若愚若昏，是謂玄德，同乎大順。」

按：與天地合，玄德同乎大順，正逍遙遊之無待者也。

「其動，止也；其死，生也；其廢，起也，此又非其所以也。有治在人，忘乎物，忘乎天，其名爲忘己。忘己之人，是之謂入於天。」

按：此不以人害天。而忘己入天，正所以能逍遙之故也。

「執道者德全，德全者形全，形全者神全。神全者，聖人之道也。」

「夫明白入素，無爲復朴，體性抱神，以遊世俗之閒者，汝將固驚邪？」

按：此二者皆逍遙之所至也。

十二、逍遙遊與天道篇之關係

欲知天道篇與逍遙遊之關係，且先研究天道篇之文。玆錄數段，以發其意。

「天道運而无所積，故萬物成；帝道運而无所積，故天下歸；聖道運而无所積，故海內服。明於天，通於聖，六通四辟於帝王之德者，其自爲也，昧然無不靜者矣。聖人之靜也，非曰靜也善，故靜也；萬物无足以鐃心者，故靜也。」

天道、帝道、聖道，皆自運而渺其行迹。故帝王昧然無不靜，萬物不足以鐃心，六通四辟，而逍遙乎至眞之域，彷徨乎至道之間。

「夫虛靜恬淡寂漠无爲者，天地之平，而道德之至，故帝王聖人休焉。休則虛，虛則實，實者倫矣。虛則靜，靜則動，動則得矣。靜則无爲，无爲也則任事者責矣。無爲則俞俞，俞俞者憂患不能處，年壽長矣。夫虛靜恬淡，寂寞无爲者，萬物之本也。」

能虛靜恬淡，寂寞無爲，斯能遊乎無何有之鄉，而達眞人逍遙之域。

「莊子曰：吾師乎！吾師乎！韰萬物而不爲戾，澤及萬世而不爲仁，長於上古而不爲壽，覆載天地刻雕衆形而不爲朽，此之謂天樂。故曰：知天樂者，其生也天行，其死也物化。靜而與陰同德，動而與陽同波，故知天樂者，无天怨，无人非，无物累，无鬼責，故曰：其動也天，其靜也地，一心定而王天下；其鬼不祟，其魂不疲，一心定而萬物服。言以虛靜推於天地，通於萬物，此之謂天樂。」

莊子之所言，皆逍遙遊篇精義之發揮也。

「天地固有常矣，日月固有明矣，星辰固有列矣，禽獸固有羣矣，樹木固有立矣。夫子亦放德而行，循道而趨，已至矣。」

夫能放德而行，循道而趨，則足以乘天地之正，御六氣之辯，而遊逍遙之鄉矣。

「士成綺明日復見，曰：『昔者吾有刺於子，今吾心正卻矣，何故也？』老子曰：『夫巧知神聖之人，吾自以爲脫焉。昔者子呼我牛也而謂之牛，呼我馬也而謂之馬。苟有其實，人與之名而弗受，再受其殃。吾服也恒服，吾非以服有服。』」

夫能冥迹於名相之外，自不受物累，而所在皆逍遙矣。

「夫至人有世，不亦大乎！而不足以爲之累。天下奮棅而不與之偕，審乎無假而不與利遷，極物之眞，能守其本，故外天地，遺萬物，而神未嘗有所困也。通乎道，合乎德，退仁義，賓禮樂，至人之心有所定矣。」

夫有世而不累，不與害偕，不與利遷，能守其本，而外天地，遺萬物，而神不困。其心定，其神凝，此至人之所以能逍遙於人世，而爲天人之師者也。

由上述可知天地篇之微言大義，亦循乎逍遙之極則也。

十三、逍遙遊與天運篇之關係

天運篇所述者亦與以上諸篇大義冥合。夫天運自然而自行者也；地處自然而自動者也。日夜相代乎前，亦自運而自然者也，故聖人體自然之大道，悟逍遙之大義，而擧止合宜。遊乎無爲之鄉，動於彷徨之域，歷四海之外，乘六氣之正，而隨乎窈冥。齊一變化，隨感而應，不爲形役，涉采眞之遊，以葆其眞，而合其光。遊逍遙之虛，以存其性而全其天，是以放風而動，總德而立，而歸之廣莫自然之境，返於清虛逍遙之鄉，此至人、眞人與神人之所以德全，而能逍遙於世者也。由是知天運篇之大義，固不違於逍遙遊之旨趣也。茲錄數段於此，以見其所以逍遙之故焉。

「古之至人假道於仁，託宿於義，以遊逍遙之虛，食於苟簡之田，立於不貸之圃，逍遙，无爲也；苟簡，易養也；不貸，无出也。古者謂是采眞之遊。」

按：逍遙無爲，采眞之遊，皆逍遙於道，而假道於世者之所行也。

「孔子見老聃歸，三日不談。弟子問曰：『夫子見老聃，亦將何歸哉。』孔子曰：『吾乃今於是乎見龍！龍，合而成體，散而成章，乘乎雲氣，而養乎陰陽，予口張而不能嗋，予又何規老聃哉！』」

「性不可易，命不可變，時不可止，道不可壅。苟得於道，无自而不可，失焉者，無自而可。」

按：老聃體道，同龍德以逍遙，所以致此者，蓋順自然之大化，乘天地之六氣，而頤養其眞，以應天者也。夫物化無窮，皆本之自然，性不可易，命不可變，皆所以處常而保眞者也。時不可止，道不可壅，則所以履變而逍遙者也。

十四、逍遙遊與刻意篇之關係

刻意篇所述者，有六類之人。一爲憤世疾俗之士。二爲遊學教化之士。三爲功名政術之士。四爲江海避世之士。五爲導引養生之士。六爲虛靜無爲之士。前五者皆有待於外者也。唯虛靜無爲之士，眞得天地之大順，眞能遊無何之鄉，而隨處逍遙焉。故爲此篇之重點。蓋莊子之學在乎逍遙也，故主虛靜無爲。蓋惟虛靜無爲，方眞能逍遙，眞能達乎眞人之境也。故其言曰：

「若夫不刻意而高，无仁義而修，无功名而治，无江海而閒，不道引而壽，无不忘也，无不有也，澹然无極，而衆美從之。此天地之道，聖人之德也。故曰：『夫恬惔寂寞，虛无无爲，此天地之平，而道德之質也。』故曰：『聖人休休焉，則平易矣，平易則恬惔矣。平易恬惔，則憂患不能入，邪氣不能襲，故其德全而神不虧。』故曰：『聖人之生也天行，其死也物化，靜而與陰同德，動而與陽同波；不爲福先，不爲禍始；感而後應，迫而後動，不得已而後起，去知與故，循天之理。故无天災，无物累，无人非，无鬼責。其生若浮，其死若休。不思慮，不豫謀。光矣而不耀，信矣而不期。其寢不夢，其覺无憂，其神純粹，其魂不罷。虛无恬惔，乃合天德。』」

若此眞能德全而形不虧，神凝而魂定，已至乎逍遙遊至人眞人之境界矣。又曰：

「悲樂者，德之邪；喜怒者，道之過；好惡者，德之失。故心不憂樂，德之至也；一而不變，靜之至也；无所於忤，虛之至也；不與物交，惔之至也；无所於逆，粹之至也。」

德、靜、虛、粹、皆養生之大要，而逍遙之大端也。又曰：

「形勞而不休則弊，精用而不已則勞，勞則竭。水之性，不雜則清，莫動則平；鬱閉而不流，亦不能清；天德之象也。」

能如天德，斯能免於人患而能逍遙矣。故曰：

「純粹而不雜，靜一而不變，惔而无爲，動而以天行，此養神之道也。」

能養神，斯能至於神凝氣定之域，神凝氣定，則隨感而應，可與於逍遙之鄉矣。

「夫有干越之劍者，柙而藏之，不敢用也，寶之至也。精神四達並流，无所不極，上際於天，下蟠於地，化育萬物，不可爲象，其名爲同帝。純素之道，惟神是守，守而勿失，與神爲一，一之精通，合於天倫。野語有之曰：『衆人重利，廉士重名，賢人尙志，聖明貴精。』故素也者，謂其无所與雜也；純也者，謂其不虧其神也。能體純素，謂之眞人。」

眞人如此守神以體純素，此其所以能逍遙者也。

十五、逍遙遊與繕性篇之關係

此篇之意，在標眞人、至人，逍遙之意。其大義固不違於逍遙遊也。蓋至人以恬養知，守其恬惔寂寞，以養其本然之性。不以外物之知，害其天然之朴，則知與恬交相養，而和理出其性。足以窺大道之旨要，而逍遙天地之際矣。若夫世道交喪，時命乖謬，深根寧極，守道待時，不爲物累，而無所困苦，亦逍遙之眞諦也。且不爲軒冕肆志，不爲窮約趨俗，不喪己於物，不失性於俗，遯世无悶，以遊太和，雖曳尾塗中，不屈梁國之富而獨與天地精神往來，不敖倪於萬物，斯眞逍遙之極歸也。故繕性篇所述者至純，爰擧數段以證。

「古之治道者，以恬養知；知生而無以知爲也，謂之以智養恬。知與恬交相養，而和理出其性。夫德，和也；道，理也。德無不容，仁也；道無不理，義也；義明而物親，忠也；中純實而反乎情，樂也；信行容體，而順乎文，禮也。禮樂徧行，則天下亂矣。彼正而蒙己德，德則不冒，冒則物必失其性也。」

「古之人在混芒之中，與一世而得澹漠焉。當是時也，陰陽和靜，鬼神不擾，四時得節，萬物不傷，羣生不夭，人雖有知，无所用之，此之謂至一。當是時也，莫之爲而常自然。」

「由是觀之，世喪道矣，道喪世矣。世與道交相喪也，道之人何由興乎世，世亦何由興乎道哉！道无以興乎世，世无以興乎道，雖聖人不在山林之中，其德隱矣。隱，故不自隱。古之所謂隱士者，非伏其身而弗見也，非閉其言而不出也，非藏其知而不發也，時命大謬也。當時命而大行乎天下，則反一无迹；不當時命而大窮乎天下，則深根寧極而待；此存身之道也。」

「古之行身者，不以辯飾知，不以知窮天下，不以知窮德，危然處其所而反其性，己又何爲哉！道固不小行，德固不小識。小識傷德，小行傷道。故曰：『正己而已矣。』」

「樂全之謂得志，古之所謂得志者，非軒冕之謂也，謂其无以益其樂而已矣。今之所謂得志者，軒冕之謂也。軒冕在身，非性命也，物之儻來，寄者也。寄之，其來不可圉，其去不可止。故不爲軒冕肆志，不爲窮約趨俗，其樂彼與此同，故无憂而已矣。」

十六、逍遙遊與秋水篇之關係

秋水篇所陳述者，亦在隨處自得，依境而樂；因事適情，物來順應；而冥合至道，放乎自然，逍遙自足，無以人滅天；而全性保眞，以與道冥合；而無待於外，以逍遙乎人世而已。是故北海若之所陳；河伯之所嘆；四海之於天地；中國之於海內；皆有窮者也。惟各率其本，振於無竟，至於無窮，則毫末不足以定至細之倪；天地不足以窮至大之域，而各因物以逍遙，斯全眞葆光之要也。故郭子玄曰：「夫世之所患者，不夷也，……是以上下夸跂，俯仰自失，此乃生民之所惑也。……所謂大者至足也，故秋毫無以累乎天地矣；所謂小者無餘也，故天地無以過乎秋毫矣；然後惑者有由而反，各知其極，物安其分，逍遙者用其本步，而遊乎自得之場矣。」知乎此，則與世逍遙，而皭然無累矣。是故曳尾於塗中，猶辭楚相之祿；鵷鶵於海上，亦笑鴟鳥之嚇，而遊乎濠梁，知儵魚從容之樂。蓋能玄同彼我，通乎物性，則萬物一體。步無窮之極境，入至道之周行，而遊無何之鄉，不敖倪于萬物，眞莊子之逍遙也。故知秋水篇所述者，多有逍遙之意焉。爰錄數段以爲證。

「河伯曰：『然則吾大天地而小毫末可乎？』北海若曰：『否。夫物，量无窮，時无止，分无常，終始无故。是故大知觀於遠近，故小而不寡，大而不多，知量无窮；證曏今故，故遙而不悶，掇而不跂，知時无止；察乎盈虛，故得而不喜，失而不憂，知分之无常也；明乎坦塗，故生而不說，死而不禍，知終始之不可故也。計人之所知，不若其所不知；其生之時，不若未生之時；以其至小，求窮其至大之域，是故迷亂而不能自得也。由此觀之，又何以知毫末之足以定至細之倪，又何以知天地之足以窮至大之域！』」

「是故大人之行，不出乎害人，不多仁恩；動不爲利，不賤門隸；貨財弗爭，不多辭讓；事焉不借人，不多食乎力，不賤貪汚；行殊乎俗，不多辟異；爲在從衆，不賤佞諂；世之爵祿不足以爲勸，戮恥不足以爲辱；知是非之不可爲分，細大之不可爲倪。聞曰：『道人不聞，至德不得，大人无己。』約分之至也。」

「北海若曰：『以道觀之，物无貴賤；以物觀之，自貴而相賤；以俗觀之，貴賤不在己。以差觀之，因其所大而大之，則萬物莫不大；因其所小而小之，則萬物莫不小；知天地之爲稊米也，知毫末之爲丘山也，則差數等矣。以功觀之，因其所有而有之，則萬物莫不有；因其所无而无之，則萬物莫不无；知東西之相反而不可以相无，則功分定矣。以趣觀之，因其所然而然之，則萬物莫不然；因其所非而非之，則萬物莫不非。』」

「北海若曰：『以道觀之：何貴何賤，是謂反衍；无拘而志，與道大蹇，何少何多，是謂謝施；无一而行，與道參差。嚴乎若國之有君，其无私德；繇繇乎若祭之有社，其无私福；泛泛乎若四方之无窮，其无所畛域；兼懷萬物，其孰承翼？是謂无方。萬物一齊，孰短孰長？道无終始，物有死生，不恃其成；一虛一滿，不位乎其形。年不可舉，時不可止：消息盈虛，終則有始。是所以語大義之方，論萬物之理也。物之生也，若驟若馳，无動而不變，无時而不移。何爲乎？何不爲乎？夫固將自化。』」

「北海若曰：『知道者必達於理，達於理者，必明於權，明於權者，不以物害己。至德者火弗能熱，水弗能溺，寒暑弗能害，禽獸弗能賊。非謂其薄之也，言察乎安危，寧於禍福，謹於去就，莫之能害也。故曰：天在內，人在外，德在乎天。知天人之行，本乎天，位乎德，蹢躅而屈伸，反要而語極。』」

「『何謂天？何謂人？』北海若曰：『牛馬四足是謂天，落馬首，穿牛鼻，是謂人。故曰：无以人滅天，无以故滅命。无以得殉名。謹守而勿失，是謂反其眞冥，反於大通。」

「且彼方跐黃泉而登大皇，无南无北，奭然四解，淪於不測；无東无西，始於玄

。』」

十七、逍遙遊與至樂篇之關係

至樂篇闡述無爲之至樂，述明死生之變，論述名實之大分，皆爲存性得眞，不失其本，而隨處皆可逍遙也。明乎至樂無樂；至譽無譽，惟無爲之樂，方爲大樂，則知世俗之富貴善壽，貧賤夭惡，皆暫聚之化，空幻之源，非實有者也。故隨所遇，而逍遙乎人間之世，其所識者本也。知乎無爲之樂，乃天下之至樂，則隨在以逍遙，隨處以修道，卒至天人眞人之至分，則乃道術之樂也。夫死生之運，同乎春夏秋冬之行，隨大化以共盡，泯苦樂於人世。故隨生死而逍遙，忘情知命，憂患得失不能攖其懷，故逍遙乎大化之中。觀天地猶如一瞬，睹萬物爲一體，順大化之運，而隨在皆吾之逍遙也。名實性分，皆各適其遇，而不以人害天，則各適其本以逍遙矣。背此，則魯候之觴海鳥而鳥亡。咸韶之張洞庭而獸奔。皆失其眞，而害其性也，故不得而逍遙。智者識至樂之意，則逍遙之道審矣。爰舉數段以相證驗。

「至樂无樂，至譽无譽。天下是非果未可定也。雖然，无爲可以定是非。至樂活身，唯无爲幾存。請嘗試言之：天无爲以之淸，地无爲以之寧，故兩无爲相合，萬物皆化，芒乎芴乎，而无從出乎！芴乎芒乎，而无有象乎！萬物職職，皆從无爲殖。故曰：天地无爲也，而无不爲也，人也孰能得无爲哉！」

「察其始而本无生；非徒无生也而本无形，非徒无形也而本无氣。雜乎芒芴之間，變而有氣；氣變而有形，形變而有生；今又變而之死，是相與爲春秋冬夏四時行也。」

「生者，假借也；假之而生；生者塵垢也，死生爲晝夜。且吾與子觀化而化及我，我又何惡焉？」

「髑髏曰：死，无君於上，无臣於下；亦无四時之事，從然以天地爲春秋；雖南面王樂，不能過也。」

十八、逍遙遊與達生篇之關係

達生篇所述者，在求形全精復，與天爲一。守其本精，無虧其神；守其純氣，洞澈物際；隨順物化，返于大通，以逍遙于眞人之境，彷徨乎塵俗之外，而遊乎萬物之所終始，因而達生命之情，順大化之運，以遺乎人之患，而返乎大通之域，則與天爲一，可以逍遙，可以入道，可以全生矣。夫痀僂者之承蜩若掇；津人之操舟如神；許由之却堯之禪；莊子之曳尾塗中；工倕之蓋矩，或以神志之凝，以逍遙乎所爲之業；或以達生之情；而逍遙乎無爲之業，其以逍遙一也。爰舉數段，以相證驗。

「夫欲免爲形者，莫如棄世。棄世則无累，无累則正平。正平則與彼更生，更生則幾矣。事奚足棄，而生奚足遺？棄事則形不勞，遺生則精不虧。夫形全精復，與天爲一。天地者，萬物之父母也，合則成體，散則成始。形精不虧，是謂能移；精而又精，反以相天。」

按：形全精復，與天爲一，斯能入逍遙之境，爲眞人之師矣。

「子列子問關尹曰：『至人潛行不窒，蹈火不熱，行乎萬物之上而不慄。請問何以至於此？』關尹曰：『是純氣之守也，非知巧果敢之列。居，予語女！凡有貌象聲色者，皆物也。物與物何以相遠？夫奚足以至乎先，是色而已。則物之造乎不形而止乎無所化，夫得是而窮之者，物焉得而止焉！彼將處乎不淫之度，而藏乎无端之紀，游乎萬物之所終始，壹其性，養其氣，合其德，以通乎物之所造。夫若是者，其天守全，其神无郤，物奚自入焉！夫醉者之墜車，雖疾不死。骨節與人同而犯害與人異，其神全也。乘亦不知也，墜亦不知也，死生驚懼不入乎其胸中，是故遻物而不慴。彼得全於酒而猶若是，而況得全於天乎？聖人藏於天，故莫之能傷也。』」

按：至人之潛行不窒，蹈火不熱，處乎不淫之度，藏乎無端之紀，遊乎萬物之所終始，正是逍遙遊之神人也。

「知忘是非，心之適也；不內變，不外從，事會之適也。始乎適而未嘗不適者，忘適之適也。」

按：是非雙遣，內外兩遣，正所以逍遙乎無端之紀也。

「扁子曰：『子獨不聞夫至人之自行邪？忘其肝胆，遺其耳目，芒然彷徨乎塵垢之外，逍遙乎無事之業，是謂爲而不恃，長而不宰。今汝飾知以驚愚，修身以明汙，昭昭乎若揭日月而行也。汝得全而形軀，具而九竅，无中道夭於聾盲跛蹇，而比於人數，亦幸矣，又何暇乎天之怨哉！』」

按：此眞逍遙遊之詮解也。

十九、逍遙遊與山木篇之關係

山木篇之要義，在超越人世之外，不爲利害所動，泯彼是非，浮遊物外，守其純素之本。虛己以任物，無所執係，而隨順自然之域。率情存眞，無受天之損易，無受人之益難，而獨守本眞，以乘道德而浮遊。順大化以無累，翛然於塵壒之外，翺翔於無爲之業，如此則隨在而逍遙矣。是山木篇之要義，亦不違於逍遙也。夫人世之患，材與不材，皆不能免患，故莊子不欲處之，而願乘道德以浮遊塵埃之外。一龍一蛇以俱化於無何之鄉，一上一下以翺翔乎萬物之祖，物物而不物於物，存眞而不累於外；此眞逍遙之大業，而無爲之盛事也。是故山木篇之精義，在乎逍遙於天人之際也。至於市南之告魯君，大舜之戒夏禹，孔子之任素存眞，北宮之虛己設鐘，皆欲存乎道，捐乎俗，脫然無累於塵勞之中，肆然悠遊於虛寂之域者也。此亦至人逍遙之故也。爰錄山木篇數段，以證驗逍遙之境地。

「仲尼曰：『化其萬物而不知其禪之者，焉知其所終？焉知其所始？正而待之而已耳。』『何謂人與天一邪？』仲尼曰：『有人，天也；有天，亦天也。人之不能有天，性也。聖人晏然體逝而終矣。』」

按：天與人一，即眞能逍遙乎天人之際矣。

「莊子笑曰：『周將處乎材與不材之間。材與不材之間，似之而非也，故未免乎累。若夫乘道德而浮游則不然。无譽无訾，一龍一蛇，與時俱化，而无肎專爲，一上一下，以和爲量，浮游乎萬物之祖；物物而不物於物，則胡可得而累邪！』

按：此眞逍遙遊之精義也。

「吾願去君之累，除君之憂，而獨與道遊於大莫之國。方舟而濟於河，有虛船來觸舟，雖有惼心之人不怒；有一人在其上，則呼張歙之；一呼而不聞，再呼而不聞，於是三呼邪，則必以惡聲隨之。向也不怒而今也怒，向也虛而今也實。人能虛己以遊世，其孰能害之！」

按：虛己遊世，遊於大莫之國，皆所以逍遙之由也。

「奢聞之：『既彫既琢，復歸於朴。』侗乎其无識，儻乎其怠疑；萃乎芒乎，其送往而迎來；來者勿禁，往者勿止；從其彊梁，隨其曲傅，因其自窮，故朝夕賦斂而毫毛不挫，而況有大塗者乎！」

按：歸朴無識，此上古之逍遙也。

「子其意者飾知以驚愚，修身以明汙，昭昭乎若揭日月而行，故不免也。昔吾聞之大成之人曰：『自伐者無功，功成者墮，名成者虧。』孰能去功與名而還與衆人！道流而不明居，得行而不名處，純純常常，乃比於狂；削迹捐勢，不爲功名，是故无責於人，人亦無責焉。至人不聞，子何喜哉？」

「孔子曰：『善哉！辭其交游，去其弟子，逃於大澤；衣裘褐，食杼栗，入獸不亂羣，入鳥不亂行。鳥獸不惡，而況人乎！』」

按：此亦逍遙之道也。

「異日，桑雽又曰：『舜之將死，眞泠禹曰：汝戒之哉！形莫若緣，情莫若率。緣則不離，率則不勞；不離不勞，則不求文以待形；不求文以待形，固不待物。』」

按：緣形率情，不離不勞，不待，所以逍遙人世之道也。

「孔子窮於陳蔡之間，七日不火食，左據槁木，右擊槁枝，而歌猋氏之風。有其具而无其數，有其聲而无宮角，木聲與人聲，犂然有當於人之心。顏回端拱還目而窺之。仲尼恐其廣己而造大也，愛己而造哀也，曰：『回！无受天損易，無受人益難。无始而非卒也，人與天一也。夫今之歌者其誰乎？』」

按：人與天一，不損其天，安於所遇，此孔子之所以逍遙也。

二十、逍遙遊與田子方之關係

田子方篇之旨趣，亦在述眞人之德，敍至人之業，並敍明其所以逍遙之術，故其大義，亦與逍遙遊相通而不謬，同爲至人逍遙之道。其大旨略謂，吾人處乎世間，須以「貌爲人而神合於天」之精神，虛緣而葆眞，清寧而容物，守本性於不失，涵萬物而不外，以天人合一爲處人間世之極則。順自然之勢，成無爲之化，使神與天合，旁人不能擾其耳目，外物不能侵其精神，雖大行而不加，處窮居以不損，在在處處，守此眞性，自能成眞人之功，演化無窮，而逍遙乎人間之世矣。

且大化流行，天運不息，消息盈虛，晦明變化，昨以爲是者，今或將成非，方以爲有者，後或幻爲無，故外物外境皆虛幻不實也。唯求內心本體之眞，本自然之運，遊心於道之場，逍遙於物之初，悟宇宙萬有之本相，識葆眞性命之要，則無爲之德，眞人之品，充滿天地，演化無窮，可以養松喬之壽，可以盡眞人之行，而逍遙乎人間之世矣。是田子方篇所闡述者，亦不離逍遙之義也。爰擧數例以證。

「子方曰：『其爲人也眞，人貌而天虛。緣而葆眞，清而容物。物无道，正容以悟之，使人之意也消。无擇何足以稱之！』」

按：此眞人處世，用以逍遙之術也。

「日出東方而入於西極，萬物莫不比方，有目有趾者，待是而後成功，是出則存，是入則亡。萬物亦然，有待也而死，有待也而生，吾一受其成形，而不化以待盡，效物而動，日夜无隙，而不知其所終，薰然其成形，知命不能規乎其前，丘以是日徂。吾終身與汝交一臂而失之，可不哀與！」

按：人世之境如此，故求眞以逍遙之義益切。

「喜怒哀樂不入於胸次。夫天下也者，萬物之所一也。得其所一而同焉，則四肢百體將爲塵垢，而死生終始將爲晝夜，而莫之能滑，而況得喪禍福之所介乎！棄隸者若棄泥塗，知身貴於隸也，貴在於我而不失於變。且萬化而未始有極也，夫孰足以患心，已爲道者解乎此。」

按：喜怒哀樂不入於胸次，不失變於萬化之中，此所以逍遙之本也。

「老聃曰：『……至人之於德也，不修而物不能離焉，若天之自高，地之自厚，日月之自明，夫何修焉！』孔子出，以告顏回曰：『丘之於道也，其猶醯雞與！微夫子之發吾覆也，吾不知天地之大全也。』」

按：不修之修，斯爲眞修，如此斯能逍遙。

「夫至人者，上闚青天，下潛黃泉，揮斥八極，神氣不變。今女怵然有恂目之志，爾於中也殆矣夫。」

按：此至人與逍遙遊篇之神人相類。

「肩吾問於孫叔敖曰：『子三爲令尹而不榮華，三去之而無憂色。吾始也疑子，今視子之鼻閒栩栩然，子之用心獨奈何？』孫叔敖曰：『吾何以過人哉！吾以其來不可卻也，其去不可止也，吾以爲得失之非我也，而無憂色而已矣。我何以過人哉！且不知其在彼乎？其在我乎？其在彼邪？亡乎我；在我邪？亡乎彼。方將躊躇，方將四顧，何暇至乎人貴人賤哉！』仲尼聞之曰：『古之眞人，知者不得說，美人不得濫，盜人不得劫，伏戲黃帝不得友。死生亦大矣，而无變乎己，況爵祿乎！若然者，其神經乎大山而无介，入乎淵泉而不濡，處卑細而不憊，充滿天地，既以與人，己愈有。』」

按：此眞人之逍遙也。

二一、逍遙遊與知北遊之關係

知北遊篇所論者多「至道」之事，而逍遙遊之最終旨要，則在得道以逍遙也，故二篇比較而研究之。愈比較而愈有妙悟，愈比較，而愈知其關係之密切，蓋逍遙遊者，莊子全書之大意，亦莊子一生所體驗之精華也。故莊子每篇所述者多與逍遙遊有關，此篇何能外哉？

夫道者天地之眞理，自然之妙術，大化之流行也。非人爲之造作，故保其眞，存其天者始知道。由是吾等知此篇所以言「無思無慮始知道，無處無服始安道，無從無道始得道」之意矣。故上焉者與道俱化，渺無言說，而逍遙。次焉者知道忘言以逍遙，次焉者知道言道以逍遙，蓋唯存其天，而無人之作爲，斯能執璇璣以運大象，得環中而應無窮，隨萬類之運轉，季候之變化而俱化，故無所處而不逍遙也。且人生之壽夭，須臾間耳，遭之不違，過之不守，循乎天理，處乎人世，所以逍遙也。故體道之全者，造達於冥冥，窅然空然，應物無沮，守道不回，與物偕化，其來無迹，其往無崖，無門無房，遊乎無何有之宮，澹兮靜兮，彷徨乎馮閎虛廓之域。漠乎淸乎，益之而不加益，損之而不加損，淵淵乎若海之汪洋，魏魏乎量萬物而不匱。萬物皆往資焉。若此眞體道之極，而逍遙之極至者也。蓋道無乎不在，乃天地萬物之主也，所以物物者也。至人體之，以存其眞，保其天，亦物物而不物於物，是則逍遙之極至者也。故知北遊篇所述者，多與逍遙有關，爰舉數例以證之。

「人之生，氣之聚也；聚則爲生，散則爲死。若死生爲徒，吾又何患！故萬物一也，是其所美者爲神奇，其所惡者爲臭腐；臭腐復化爲神奇，神奇復化爲臭腐，故曰：『通天下一氣耳！』聖人故貴一。」

按：貴一所以尊道，修道所以逍遙。

「聖人者，原天地之美，而達萬物之理；是故至人無爲，大聖不作，觀於天地之謂也。今彼神明至精，與彼百化，物已死生方圓，莫知其根也，扁然而萬物自古以固存。六合爲巨，未離其內；秋豪爲小，待之成體。天下莫不沈浮，終身不故；陰陽四時運行，各得其序。惛然若亡而存，油然不形而神，萬物畜而不知。此之謂本根，可以觀於天矣。」

按：得其本根，以觀於天，則無往而不逍遙矣。

「齧缺問道乎被衣，被衣曰：『若正汝形，一汝視，天和將至；攝汝知，一汝度，神將來舍。德將爲汝美，道將爲汝居，汝瞳焉如新出之犢而無求其故！』言未卒，齧缺睡寐。被衣大說，行歌而去之曰：『形若槁骸，心若死灰，眞其實知，不以故自持；媒媒晦晦，无心而不可與謀。彼何人哉！』」

按：天和至，神來舍，道來居，而無無以應之，無無以行之，此逍遙之極境也。

「孔子問於老聃曰：『今日晏閒，敢問至道。』老聃曰：『汝齊戒，疏瀹而心，澡雪而精神，掊擊而知。夫道，窅然難言哉！將爲汝言其崖略。夫昭昭生於冥冥，有倫生於无形，精神生於道，形本生於精，而萬物以形相生，故九竅者胎生，八竅者卵生。其來无迹，其往无崖，无門无房，四達之皇皇也。邀於此者，四肢彊，思慮恂達，耳目聰明，其用心不勞，其應物无方。天不得不高，地不得不廣，日月不得不行，萬物不得不昌，此其道與！且夫博之不必知，辯之不必慧，聖人以斷之矣。若夫益之而不加益，損之而不加損者，聖人之所保也。淵淵乎其若海，魏魏乎其終則復始也，運量萬物而不匱。則君子之道，彼其外與！萬物皆往資焉而不匱，此其道與！』」

按：斯眞逍遙之極，而大道之要也。

「東郭子問於莊子曰：『所謂道、惡乎在？』莊子曰：『无所不在。』東郭子曰：『期而後可。』莊子曰：『在螻蟻。』曰：『何其下邪？』曰：『在稊稗。』曰：『何其愈下邪？』曰：『在瓦甓。』曰：『何其愈甚邪？』曰：『在屎溺。』東郭子不應。莊子曰：『夫子之問也，固不及質。正獲之問於監市履狶也，每下愈況。汝唯莫必，无乎逃物。至道若是，大言亦然。周徧咸三者，異名同實，其指一也。嘗相與游乎无何有之宮，同合而論，无所終窮乎！嘗相與无爲乎！澹而靜乎！漠而淸乎！調而閒乎！寥已吾志！無往焉而不知其所至！去而來而不知其所止，吾已往來焉，而不知其所終；彷徨乎馮閎，大知入焉而不知其所窮，物物者與物无際，而物有際者，所謂物際者也；不際之際，際之不際者也。』」

按：此體道之言，知道如斯，即能隨境逍遙矣。

二二、逍遙遊與庚桑楚之關係

庚桑楚篇亦言至道之要，能秉乎至道，即能逍遙矣。此篇首言庚桑楚居畏壘之山，三年而民大富且壤，咸欲俎豆以祀之，而庚桑楚不可，蓋以無爲而化，不欲賢知自見，以違逍遙之道也。此庚桑之逍遙也。抱一無失，翛然侗然，與物委蛇而同其波，此衞生者之逍遙也。反其情性，與道大適，相與交食乎地，而交樂乎天，人物利害不相攖，道合自然，身若槁木，心如死灰，禍福不至，此至人之逍遙也。渾穆自然，一秉造化，工乎天而俍乎人，正靜明虛，庸而有光，四六之害，不入于心，敬之不喜，侮之不怒，達於天和，氣平心神，此所以修道之方，而逍遙之法也。然則此篇與逍遙遊，固關係密切者也。如：

「老子曰：『衞生之經，能抱一乎？能勿失乎？能无卜筮而知吉凶乎？能止乎？能已乎？能舍諸人而求諸己乎？能翛然乎？能侗然乎？能兒子乎？兒子終日嗥而

嗌不嗄，和之至也；終日握而手不挽，共其德也；終日視而目不瞚，偏不在外也
。行不知所之，居不知所爲，與物委蛇，而同其波。是衞生之經已』。」
「夫至人者，相與交食乎地而交樂乎天，不以人物利害相攖，不相與爲怪，不相
與爲謀，不相與爲事，翛然而往，侗然而來。是謂衞生之經已。」
「吾固告汝曰：『能兒子乎？兒子動不知所爲，行不知所之，身若槁木之枝而心
若死灰。若是者，禍亦不至，福亦不來。禍福无有，惡有人災也！』宇泰定者，
發乎天光。發乎天光者，人見其人，人有脩者，乃今有恒；有恒者，人舍之，天
助之。人之所舍，謂之天民；天之所助，謂之天子。」
「故曰，至禮有不人，至義不物，至知不謀，至仁無親，至信辟金。徹志之勃，
解心之謬，去德之累，達道之塞，貴富顯嚴名利六者，勃志也。容動色理氣意六
者，謬心也。惡欲喜怒哀樂六者，累德也。去就取與知能六者，塞道也。此四六
者不盪胸中則正，正則靜，靜則明，明則虛，虛則无爲而无不爲也。」
「胥靡登高而不懼，遺死生也。夫復謵不餽而忘人，忘人，因以爲天人矣。故敬
之而不喜，侮之而不怒者，唯同乎天和者爲然。出怒不怒，則怒出於不怒矣；出
爲无爲，則爲出於无爲矣。欲靜則平氣，欲神則順心，有爲也。欲當則緣於不得

已，不得已之類，聖人之道。」

按：此數段皆所以致逍遙之由也。

二三、逍遙遊與徐无鬼之關係

此篇所述之理頗多，謹取其數段與逍遙遊有關者論之於此。

徐無鬼之對魏武侯之言，亦在因其固然，不事刻削，不爲表襮，物我相忘，直探眞源，此隱合至人之逍遙也。故武侯大悅。

爲天下在相忘於無事，去害而存眞，則上下逍遙而天下治矣。黃帝將見大隗於具茨之山，遇小童所告以治天下者卽此也。其原文如下：

「曰：『若知具茨之山乎？』曰：『然。』『若知大隗之所存乎？』曰：『然。』黃帝曰：『異哉小童！非徒知具茨之山，又知大隗之所存。請問爲天下。』小童曰：『夫爲天下者，亦若此而已矣，又奚事焉！予少而自遊於六合之內，予適有瞀病，有長者敎予曰：「若乘日之車，而遊於襄城之野。」今予病少痊，予又且復遊於六合之外。夫爲天下，亦若此而已！予又奚事焉！』」

人事萬端，應世則知慮營營，千變萬化，蹈隙逐影而未有已時，故凡人不能逍遙者此也。若夫至人乘天地之誠，不攖于外物，沖漠太和，以適至道，相忘乎世，沖融涵濡於大道之徵，遊乎大道之塗，放乎無窮之域，不拘於一隅，而務存其天，而保其眞，順應自然之道而無失，歷盡古今之變而不虧，則乃逍遙之極事，而至人之盛業也。爰舉此篇數段，以印證逍遙之義。

「招世之士興朝，中民之士榮官，筋力之士矜難，勇敢之士奮患，兵革之士樂戰，枯槁之士宿名，法律之士廣治，禮樂之士敬容，仁義之士貴際。農夫无草萊之事則不比。商賈无市井之事則不比。庶人有旦暮之業則勸，百工有器械之巧則壯。錢財不積則貪者憂，權勢不尤則夸者悲。勢物之徒樂變，遭時有所用，不能无爲也。此皆順比於歲，不物於易者也。馳其形性，潛之萬物，終身不反，悲夫！」

按：此俗人所以不能逍遙之故也。

「故德總乎道之所一，而言休乎知之所不知，至矣。道之所一者，德不能同也；知之所不能知者，辯不能舉也；名若儒墨而凶矣。故海不辭東流，大之至也。」

按：德總乎道之所一，言休乎知之所不知，所以逍遙也。

「聖人幷包天地，澤及天下，而不知其誰氏。是故生無爵，死無謚，實不聚，名不立，此之謂大人。」

按：聖人而如此，其德足以含容古今，包括天地，而不德，此其所以能逍遙也。

「吾所與吾子遊者，遊於天地。吾與之邀樂於天，吾與之邀食於地；吾不與之爲事，不與之爲謀，不與之爲怪；吾與之乘天地之誠，而不以物與之相攖。吾與之一委蛇而不與之爲事所宜。今也然，有世俗之償焉！凡有怪徵者，必有怪行，殆乎，非我與吾子之罪，幾天與之也！吾是以泣也！」

按：此遊於天地，乘天地之誠，與物委蛇，乃至人之逍遙也。

「是以神人惡衆至，衆至則不比，不比則不利也。故无所甚親，无所甚疎，抱德煬和以順天下，此謂眞人。於蟻棄知，於魚得計，於羊棄意。以目視目，以耳聽耳，以心復心。若然者，其平也繩！其變也循。古之眞人，以天待之，不以人入天。古之眞人，得之也生，失之也死；得之也死，失之也生。」

按：此眞人神人之逍遙也。

二四、逍遙遊與則陽篇之關係

夫逍遙之境地，自然之本性，無爲之至德，不特用之以修己養身，亦所以化人成聖也。此公閱休之逍遙也。若則陽求人附物，直佞人耳。惟聖人綢繆周盡。與物俱冥，篤存本眞，不離本性，人與天相遣，時與事俱化，此冉相氏之無終無始，無幾無時之逍遙也。至於市南宜僚，埋民藏畔，銷聲匿跡，以陸沈之節，高志無窮，不爲世塵所動，不爲物欲所牽，此陸沈之逍遙也。芸芸衆生，爲欲惡之引，拔擢其姓，鹵莽滅裂，故不能逍遙自在也。

原夫至道乃無窮之境，至人不求知其所不知，而篤守其眞知，精至於無倫，大至於不可及，言意之不可及，死生之不可睹，無窮無止，無有無無，非言非默，使萬物生而莫見其根，出而莫見其門，而獨與道俱，此至人之逍遙也。爰錄二段以證之。

「故聖人，其窮也使家人忘其貧，其達也使王公忘爵祿而化卑。其於物也，與之爲娛矣；其於人也，樂物之通而保己焉；故或不言而飲人以和，與人並立而使人化。父子之宜，彼其乎歸。居，而一閒其所施。其於人心者若是其遠也。」

按：此聖人之逍遙也。

「夫聖人未始有天，未始有人，未始有始，未始有物，與世偕行而不替，所行之備而不洫，其合之也若之何？」

按：此聖人逍遙之由也。

二五、逍遙遊與外物篇之關係

夫外物不可必，善惡無定則，唯阿去無何，故達人順物情以兩順，泯是非以存眞，絕人我而存性，順自然以應化，故能隨在逍遙，恍惚乎人間之世，彷徨乎至德之鄉。其所本者逍遙之道也。衆人則不然，利害錯迕，焚和墮蜳，甚憂兩陷，儳然而喪，遂失無爲之眞諦，而背逍遙之極則。其所失者道也。

至人之遊世，無心而應物，無爲以自化，清靜而自正，故無尊古卑今之憂，無流遁決絕之患。順人而不失己，自然而無爲，潤身以澤物，故隨處而逍遙焉。

吾人之知有所不周，故能有所不足恃。神有所不及，故用有所窮。必去人知而大知始明，去小善而大善始著，如此始能合乎逍遙之境。茲引外物篇數則以見義。

「惠子謂莊子曰：『子言无用。』莊子曰：『知无用而始可與言用矣。天地非不廣且大也，人之所用容足耳。然則廁足而墊之致黃泉，人尚有用乎？』」

「莊子曰：『人有能遊，且得不遊乎？人而不能遊，且得遊乎？夫流遁之志，決絕之行，噫，其非至知厚德之任與！覆墜而不反，火馳而不顧，雖相與爲君臣，時也，易世而无以相賤。故曰：「至人不留行焉。」』」

「唯至人乃能遊於世而不僻，順人而不失己。」

按：此或述無用之用，或述至人之行，皆可資於逍遙者也，可與逍遙遊篇惠子兩段比而觀之，其義一也。

二六、逍遙遊與寓言篇之關係

寓言篇，或述莊子窮年之妙；或述子游成道之功；或暗示大道之要。其大義，皆與逍遙遊相通。「寓言十九，重言十七，卮言日出，和以天倪」「和以天倪，因以曼衍，所以窮年。」夫物情不齊，隨變所適，所以窮年，所以逍遙。辯智述情，狀物寫意，以卮言出之，所以曼衍，所以彷徨乎忘言之鄉，此莊子之逍遙也。曾子事親，再仕而化，祿少及親而樂，祿多不及而悲。此時猶有懸也。必至視三釜三千鐘，若觀雀蚊虻之過乎前，忘懷一切，毫無所係，始能遊心于漠，與道大適，而足以與於逍遙之塗矣。顏成子游從東郭子綦學道：一年而野，至外物欲之境。二年而從，至能順敎之域。三年而通，至人我相與，情無所阻之境，而因物以逍遙。四年而物，至物境相泯之境，逍遙有境之域。五年深造自得，得逍遙自得之場。六年而鬼入，外形骸，而通鬼神之理，入忘我之逍遙。七年而天成，入天之逍遙。八年而大成，得天人合一之逍遙矣。九年而大妙，變化無方，陰陽不測，入神人之逍遙。是此篇所述者，亦隱合逍遙之大義，爰舉數例以證：

「卮言日出，和以天倪，因以曼衍，所以窮年。不言則齊，齊與言不齊，言與齊不齊也，故曰：无言。言无言，終身言，未嘗言；終身不言，未嘗不言。有自也而可，有自也而不可；有自也而然，有自也而不然。惡乎然？然於然，惡乎不然？不然於不然；惡乎可？可於可，惡乎不可？不可於不可。物固有所然，物固有所可，无物不然，无物不可，非卮言日出，和以天倪，孰得其久？萬物皆種也，以不同形相禪，始卒若環，莫得其倫，是謂天均。天均者，天倪也。」

「莊子謂惠子曰：『孔子行年六十而六十化，始時所是，卒而非之，未知今之所謂是之非五十九年非也。』惠子曰：『孔子勤志服知也。』莊子曰：『孔子謝之矣，而其未之嘗言。孔子云：「夫受才乎大本，復靈以生」，鳴而當律，言而當法，利義陳乎前，而好惡是非直服人之口而已矣。使人乃以心服，而不敢蘁立，定天下之定。已乎已乎！吾且不得及彼乎！』」

「衆罔兩問於景曰：『若向也俯而今也仰，向也括而今也被髮，向也坐而今也起，向也行而今也止，何也？』景曰：『搜搜也，奚稍問也！予有而不知其所以。

予蜩甲也，蛇蛻也，似之而非也。火與日，吾屯也；陰與夜，吾代也。彼吾所以有待邪？而況乎以无（依闕誤補）有待者乎！彼來則我與之來，彼往則我與之往，彼強陽則我與之強陽。强陽者又何以有問乎！』」

二七、逍遙遊與讓王篇之關係

蘇東坡以爲讓王以下四篇，皆淺陋不入道，故宜去之。然既在全書之中，意者爲莊學之徒所附益。遂存而並論之。

讓王篇之大旨，在敍述讓天下讓國之高行。夫能讓人以天下或諸侯之國者，其行已甚賢矣；然避而不受者，其潔身行己，不願以天下國家束其生，以妨其逍遙之道，貴己以全生，不逐利以殉物，不趣欲而亡身，抱樸寡欲，淸靜無爲，以逍遙乎塵埃之外，彷徨於自得之域，其行廉，其志潔，更足稱述焉。堯讓天下於許由，已俱逍遙遊篇矣，而此篇又述之，故知此篇乃發逍遙遊篇堯讓天下一節不足之意也，然則兩者之關係可知矣。

堯讓天下於許由與子州支父。舜讓天下於子州支伯、善卷、石戶之農、與北人無擇。卞隨務光之辭湯之讓，伯夷叔齊之恥武王之干澤。顏闔之避魯君之聘。越王子搜之辭爲君而逃丹穴，皆貴己保眞者也。或逍遙於自得之域；或飛遯於塵埃之外；或捨命於不潔之後；或全生於彷徨之際，其於自得一也。皆逍遙於己行，而不受物累者也。至如大王之避狄而國於岐山，列子之辭子陽遺粟，孔子之弦歌鼓琴，原憲之隱居蓬戶，曾子之養志忘形，顏回之家貧居卑，屠羊之知足辭賞，皆逍遙於自得之鄉，彷徨乎人間之世，不以物累形，不以害災生者也。其於逍遙一也。是則此篇亦逍遙遊之緒餘也。爰錄數例，以相證驗。

「舜以天下讓善卷，善卷曰：『余立於宇宙之中，冬日衣皮毛，夏日衣葛絺；春耕種，形足以勞動；秋收斂，身足以休息；日出而作，日入而息，逍遙於天地之間而心意自得。吾何以天下爲哉！悲夫，子之不知余也！』遂不受。於是去而入深山，莫知其處。」

按：此正彷徨於無何有之鄉。逍遙乎自得之域者也。

「魯君之使者至，顏闔自對之。使者曰：『此顏闔之家與？』顏闔對曰：『此闔之家也。』使者致幣，顏闔曰：『恐聽者謬而遺使者罪，不若審之，』使者還，反審之，復來求之，則不得已。故若顏闔者，眞惡富貴也。故曰：道之眞以治身，其緒餘以爲國家，其土苴以治天下。由此觀之，帝王之功，聖人之餘事也，非所以完身養生也。今世俗之君子，多危身棄生以殉物，豈不悲哉！」

「王謂司馬子綦曰：『屠羊說居處卑賤而陳義甚高，子綦為我延之以三旌之位。』屠羊說曰：『夫三旌之位，吾知其貴於屠羊之肆也；萬鍾之祿，吾知其富於屠羊之利也；然豈可以食爵祿而使吾君有妄施之名乎？說不敢當，願復反吾屠羊之肆。』遂不受也。」

按：以上二節皆全眞保生以逍遙塵埃之外者也。

「子貢乘大馬，中紺而表素，軒車不容巷，往見原憲。原憲華冠縰履，杖藜而應門。子貢曰：『嘻！先生何病？』原憲應之曰：『憲聞之，无財謂之貧，學而不能行謂之病。今憲，貧也，非病也。』子貢逡巡而有愧色。原憲笑曰：『夫希世而行，比周而友，學以為人，教以為己，仁義之慝，輿馬之飾，憲不忍為也。』」

「曾子居衞，縕袍无表，顏色腫噲，手足胼胝，三日不舉火，十年不製衣，正冠而纓絕，捉衿而肘見，納履而踵決。曳縰而歌商頌，聲滿天地，若出金石。天子不得臣，諸侯不得友。故養志者忘形，養形者忘利，致道者忘心矣。」

「孔子謂顏回曰：『回，來！家貧居卑，胡不仕乎？』顏回對曰：『不願仕。回有郭外之田五十畝，足以給飦粥；郭內之田十畝，足以為絲麻；鼓琴足以自娛，所學夫子之道者足以自樂也。回不願仕。』孔子愀然變容曰：『善哉！回之意。丘聞之，知足者不以利自累也，審自得者失之而不懼，行脩於內者无位而不怍。丘誦之久矣，今於回而後見之，是丘之得也。』」

按：以上三則，乃原憲曾子顏淵之逍遙也。

「孔子窮於陳蔡之間，七日不火食，藜羹不糝，顏色甚憊，而弦歌於室。顏回擇菜。子路子貢相與言曰：『夫子再逐於魯，削迹於衞，伐樹於宋，窮於商周，圍於陳蔡，殺夫子者无罪，藉夫子者无禁。弦歌鼓琴，未嘗絕音，君子之无恥也，若此乎？』顏回无以應，入告孔子。孔子推琴喟然而歎曰：『由與賜，細人也。召而來，吾語之。』子路子貢入。子路曰：『如此者可謂窮矣！』孔子曰：『是何言也！君子通於道之謂通，窮於道之謂窮。今丘抱仁義之道，以遭亂世之患，其何窮之爲！故內省而不窮於道，臨難而不失其德，天寒既至，霜雪既降，吾是以知松柏之茂也。陳蔡之隘，於丘其幸乎？』孔子削然反琴而弦歌，子路扢然執干而舞。子貢曰：『吾不知天之高也，地之下也，』古之得道者，窮亦樂，通亦樂，所樂非窮通也。道德於此，則窮通爲寒暑風雨之序矣！故許由娛於潁陽而共伯得乎共首。」

按：此孔子之逍遙也。

二八、逍遙遊與盜跖篇之關係

盜跖篇非莊子之自著，故雜而不純，乃莊學之徒所附益者也，東坡之言是也。此篇借盜跖之口，以反對世俗之仁義賢聖，而託言「從心而動，不違自然，且趣當生，奚遑死後」之旨。描述「天與地無窮，人死者有時，操有時之具，而託於無窮之間，忽然無異騏驥之馳過隙也。不能悅其志意，養其壽命，皆不得與於通道之流。」因而縱情任意於盜之道，而自以爲逍遙自得者也。至於其論有巢知生，至德之隆，此則上古之逍遙也。至若知和之論長生安體樂意之道，自足而不爭，無爲故不求，不以美害生，不以事害己，去亂苦疾辱憂畏之大害，則是見素抱樸，去欲存眞者之逍遙也。爰舉數例以證：

「天與地无窮，人死者有時，操有時之具，而託於无窮之間，忽然无異騏驥之馳過隙也。不能說其志意，養其壽命者，皆非通道者也。」

按：此欲悅志養壽以通道，而逍遙於縱情任意之徒也。

「若枉若直，相而天極；面觀四方，與時消息。若是若非，執而圓機，獨成而意，與道徘徊。」

按：此圓機獨成，與道徘徊，亦逍遙之一途也。

「知和曰：『平爲福，有餘爲害者，物莫不然，而財其甚者也。今富人，耳營鐘鼓筦籥之聲，口嗛於芻豢醪醴之味以感其意，遺忘其業，可謂亂矣；侅溺於馮氣，若負重行而上也，可謂苦矣。貪財而取慰，貪權而取竭，靜居則溺，體澤則馮，可謂疾矣。爲欲富就利，故滿若堵耳而不知避，且馮而不舍，可謂辱矣。財積而无用，服膺而不舍，滿心戚醮，求益而不止，可謂憂矣。內則疑刼請之賊，外則畏寇盜之害，內周樓疏，外不敢獨行，可謂畏矣。此六者，天下之至害也，皆遺忘而不知察，及其患至，求盡性竭財，單以反一日之无故而不可得也。故觀之名則不見，求之利則不得，繚意體而爭此，不亦惑乎。』」

按：唯遺大害，乃可逍遙於自得之鄉。

二九、逍遙遊與說劍篇之關係

東坡疑莊子讓王以下四篇，以爲非眞。今觀此四篇之文。唯說劍篇至爲不類道家之說。似爲戰國之時，縱橫家說客策士之言。與莊子之參差諔詭，瓌瑋閎肆者，相去遠矣。此非至人眞人神人所以逍遙之道也。唯能氣蓋趙王盛氣之威，血氣之勇，此其自養亦必有道者與。此其或得逍遙之一術，以遊於世者也，未足厚非也。且夫去人主以庶人之劍，殘鬥生民，不以國爲事之惡習，而易之以治國濟民之方，免國於患，使其國共安於當時之境，則以有爲而使全國之人蒙其福者也。此使衆人得安其業，得逍遙於自得之場，亦道家撥亂反正之術也。

三十、逍遙遊與漁父篇之關係

漁父篇敍述漁父敎孔子去八疵，拋四患，謹修其身，愼守其眞，以物與人，無爲物累，而逍遙乎至眞之場。謂眞者精誠之所至，眞在內，則神動於外，眞者所以受於天，順自然之道，而不可易者。故聖人法天貴眞，不拘於俗，此所論者皆全身保眞之術，貴道自得之言。夫能全身保眞，則能逍遙乎無何之鄉，彷徨乎寂虛之域矣。能貴道自得，則能徜徉乎大道之際，翺翔於自得之場，不爲物累，足之於己，無待於外，則乃逍遙之大者也。故此篇亦與逍遙遊有關，乃逍遙遊之緒餘也。漁父其隱者中之自得以逍遙者與？何聞道之若此其切也。爰擧數例以證：

「苦心勞形以危其眞，嗚乎，遠哉！其分於道也。」

按：苦心勞形而危眞，則離於道而不能逍遙矣。

「謹脩而身，愼守其眞，還以物與人，則无所累矣。今不脩之身而求之人，不亦外乎！」

按：守眞修身，不爲物累，所以逍遙也。

「客曰：『眞在內者，神動於外，是所以貴眞也。其用於人理也，事親則慈孝，事君則忠貞，飲酒則歡樂，處喪則悲哀。忠貞以功爲主，飲酒以樂爲主，處喪以哀爲主，事親以適爲主，功成之美，无一其迹矣。事親以適，不論所以矣；飲酒以樂，不選其具矣；處喪以哀，无問其禮矣。禮者，世俗之所爲也；眞者，所以受於天也，自然不可易也。故聖人法天貴眞，不拘於俗，愚者反此，不能法天而恤於人，不知貴眞，祿祿而受變於俗，故不足。』」

按：貴眞而不離道，則足以逍遙矣。

「且道者，萬物之所由也，庶物失之者死，得之者生，爲事逆之則敗，順之則成。故道之所在，聖人尊之。今漁父之道，可謂有矣，吾敢不敬乎！」

按：順道之所在，則逍遙之術得矣。

三一、逍遙遊與列禦寇之關係

列御寇篇，亦有得於逍遙遊之意。其大旨欲人虛而遨遊，不累於物，述「至人」歸精神乎無始，而甘冥乎無何有之鄉，水流乎無形，發泄乎太清。夫惟如此，始能免乎外內之刑。而達生之情，以遨遊乎無所不可之處。是其大義，與逍遙遊相通也。篇中述列子受五漿之饋而驚，何者？感通于人，加益於人，將不得逍遙故驚也。莊子將死，而將以天地為棺槨，以日月為連璧，星辰為珠璣，萬物為齎送，以達於生死之情，而逍遙乎死生之域，由是可見。玆引數例以證此篇與逍遙遊之關係：

「夫造物者之報人也，不報其人而報其人之天。彼故使彼。夫人以己為有，以異於人，以賤其親，齊人之井飲者相捽也。故曰：今之世皆緩也。自是，有德者以不知也，而況有道者乎！古者謂之遁天之刑。」

按：此不能逍遙者，故刑戮及之也。

「聖人安其所安；不安其所不安，衆人安其所不安，不安其所安。」

按：安其所安，則隨處皆可以逍遙矣。

「彼至人者，歸精神乎无始，而甘冥乎无何有之鄉。水流乎无形，發泄乎太清。

悲哉乎！汝爲知在毫毛，而不知大寧。」

按：此至人之逍遙也。其理論與逍遙遊篇相似。

「莊子將死，弟子欲厚葬之，莊子曰：『吾以天地爲棺槨，以日月爲連璧，星辰爲珠璣，萬物爲齎送，吾葬具豈不備邪，何以加此。』弟子曰：『吾恐烏鳶之食夫子也。』莊子曰：『在上爲烏鳶食，在下爲螻蟻食，奪彼與此，何其偏也！』以不平平，其平也不平；以不徵徵，其徵也不徵，明者唯爲之使，神者徵之。夫明之不勝神也久矣，而愚者恃其所見入於人，其功外也，不亦悲乎！」

按：此莊子之逍遙也。

三二、逍遙遊與天下篇之關係

逍遙遊者莊子全書之始。敍述莊生學說之大義者也。天下篇者莊子全書之終，泛論諸家之學，而承以己學，並論古之道術。前人多以爲此篇乃莊子之後序。（見明陸西星南華經副墨）然則此二篇之關係，固甚密切也。以其多敍莊子思想之重心。爰將二者類似之處，闡述於下：

天下篇首述古之所謂道術，而泛論天人、神人、至人、聖人。其言曰：

「聖有所生，王有所成，皆原於一。不離於宗，謂之天人。不離於精，謂之神人。不離於眞，謂之至人。以天爲宗，以德爲本，以道爲門，兆於變化，謂之聖人。」

按：逍遙遊篇，亦標示神人、至人、聖人之名。又曰：

「古之人其備乎！配神明，醇天地，育萬物，和天下，澤及百姓，明於本數，係於末度，六通四辟，小大精粗，其運無乎不在。」

按：此卽逍遙遊，藐姑射山之神人所具備之德性也。所謂「乘雲氣，御飛龍，而遊乎四海之外。其神凝，使物不疵癘而年穀熟。（卽配神明，醇天地，育萬物，和天下，澤及百姓……六通四辟也。）之人也，之德也，將旁礴萬物以爲一世蘄乎亂……之人也，物莫之傷，大浸稽天而不溺，大旱金石流土山焦而不熱」者也。此其於逍遙一也。天下篇曰：

「以本爲精，以物爲粗，以有積爲不足，澹然獨與神明居，古之道術有在於是者，關尹老聃聞其風而悅之。建之以常無有，主之以太一，以濡弱謙下爲表，以空虛不毀萬物爲實。……關尹老聃乎！古之博大眞人哉！」

按：此關尹老聃，眞人之所以逍遙者也。

「芴漠无形，變化无常，死與生與？天地並與？神明往與？芒乎何之？忽乎何適？萬物畢羅，莫足以歸，古之道術有在於是者，莊周聞其風而悅之。以謬悠之說，荒唐之言，无端崖之辭，時恣縱而不儻，不以觭見之也。以天下爲沈濁，不可與莊語，以卮言爲曼衍，以重言爲眞，以寓言爲廣。獨與天地精神往來，而不敖倪於萬物，不譴是非，以與世俗處。其書雖瓌瑋，而連犿無傷也。其辭雖參差而諔詭可觀。彼其充實不可以已，上與造物者遊，而下與外死生无終始者爲友。其於本也，宏大而辟，深宏而肆。其於宗也，可謂稠適而上遂矣。雖然，其應於化而解於物也，其理不竭，其來不蛻，芒乎昧乎，未之盡者。」

按：此段可視作逍遙遊之補充，亦可視作莊子之大義要旨，描述莊子之思想學術，與其逍遙之道術。

由是知逍遙遊者，乃莊學之礎石，而莊子之大義也。莊子整個思想之重心，皆以此爲極歸。

第二章　莊子思想之探究

由上文之比較，知逍遙之義，散見於各篇。逍遙遊者，乃莊子之大義，而莊學之綱領也。莊子思想之重心，皆以此為依歸。其精神表現於形而上者，則主張與天地並生，而與萬物為一；齊「物論」之異，而等「羣品」之殊。其知識論，則主張是非無標準，道之本體不可知；吾人所見所知者，乃相對之現象，而非絕對之本體。其人生哲學，則主張心齋坐忘，而物化神化；與世俗處，而不譴是非。其政治哲學，則主張至人為政，任乎自然；無為之政，可無所不為。今依西洋哲學之分類，試就此四端，分別述之。

第一節　莊子之形上學

一、莊子之本體論

老子曰：「有物混成，先天地生。……可以為天下母，吾不知其名，字之曰道。強為之名曰大。」（二十五章）此言「道」是萬物化生之母。莊子本體論之定義，蓋與老子相同，其言曰：

「夫道有情有信，无爲无形，可傳而不可受，可得而不可見。自本自根，未有天地，自古以固存；神鬼神帝，生天生地。在太極之先而不爲高，在六極之下而不爲深，先天地生而不爲久，長於上古而不爲老。」（大宗師）

此言「道」是實質存在，亦有「徵驗」可尋。「無爲」言其恬然寂寞。「無形」言其視之而不見。「可傳而不可受」，謂雖可傳之與人，人莫能受而有之。「可得而不可見」，謂雖可心中領悟，然而無形迹可見。「自本」言「道」是萬物之本。「自根」言「道」是萬物之根。「未有天地，自古以固存……先天地生，而不爲久，長於上古，而不爲老。」此就時間而言，「道」比天地先生，而不爲長久，意謂「道」無始無終。「在太極之先而不爲高，在六極之下而不爲深」，此就空間而言，「道」在無窮高處而不爲高，在無窮深處而不爲深，意謂「道」無所不在。「神鬼神帝」，言大道化生萬物之功，可使鬼有神，可使帝有神，即下文「豨韋氏得之，以挈天地；伏戲氏得之，以襲氣母；維斗得之，終古不忒；日月得之，終古不息；堪坏得之，以襲崑崙；馮夷得之，以游大川；肩吾得之，以處大山；黃帝得之，以登雲天；顓頊得之，以處玄宮；禺強得之，立乎北極；西王母得之，坐乎少廣，莫知其始，莫知其終；彭祖得之，上及有虞，下及五伯；傅說得之，以相武丁，奄有天下，乘東維，騎箕尾，而比於列星」之義。「生天生地」，言天地萬物，皆由道而生，即老子所謂「天得一以清；地得一以寧；神得一以靈；谷得一以生，侯王得一以爲天下貞」之義。據此知莊子以「道」爲宇宙萬物之本體。就空間而論，「道」無所不在，此義亦見於知北遊篇。其言曰：

「東郭子問於莊子曰：『所謂道，惡乎在？』莊子曰：『无所不在。』東郭子曰：『期而後可』，莊子曰：『在螻蟻。』曰：『何其下邪？』曰：『在稊稗。』曰：『何其愈下邪？』曰：『在瓦甓。』曰：『何其愈甚邪？』曰：『在屎溺。』東郭子不應。莊子曰：『夫子之問也，固不及質，正獲之問於監市履狶也，每下愈況。汝唯莫必，无所逃物；至道若是，大言亦然。周，徧，咸，三者，異名同實，其指一也。』」

至道周徧萬物，而無高下貴賤之分，故莊子舉螻蟻，稊稗，瓦甓，屎溺，說明道無所不在，以明本體之眞象。物有高下貴賤之分，乃萬物自生妄心，而非本體內所有，故曰：

「物物者與物無際，而物有際者，所謂物際者也；不際之際，際之不際者也。謂盈虛衰殺，彼爲盈虛非盈虛，彼爲衰殺非衰殺，彼爲本末非本末，彼爲積散非積

散也。」（知北遊）

「以道觀之，物无貴賤；以物觀之，自貴而相賤。」（秋水）

「道」是萬物化生之母，故無所不在。因其爲萬物所依據之共同終極原理，故存於天地萬物未有之先。「道」與物同在，卽形上形下打成一片。此思想推而論之，故有齊物論之說。

二、莊子之宇宙論

莊子庚桑楚篇曰：

「出无本，入无竅，有實而无乎處，有長而无乎本剽。有所出而无竅者有實，有實而无乎處者，宇也。有長而无本剽者，宙也。有乎生，有乎死，有乎出，有乎入，入出而无見其形，是謂天門。天門者，无有也。萬物出乎无有，有不能以有爲有，必出乎无有，而无有一无有，聖人藏乎是。」

此爲莊子對宇宙所下之定義。王先謙莊子集解曰：「（出无本）道之流行無本根。（入无竅）道之斂藏無竅隙。（有實而无乎處）道有實在而不見其處所。（有長而无乎本剽）釋文，剽，本亦作摽。崔云，末也。案：木枝之遠揚者謂之標，故以訓末。言道之源流甚長，而不見其本末。（有所出而无竅者有實，有實而无乎處者宇也。）有所出而無竅隙者，自非無實，雖有實，而終無處所者，處乎四方上下之宇也。（有長而无本剽者宙也）雖有長而不見本末者，以古往今來之宙爲之本末也。（有乎生，有乎死，有乎出，有乎入。）人物有生死，陰陽有出入。（入出而無見其形，是謂天門。）郭云：天門者，萬物之都名。謂之天門，猶言衆妙之門。（天門者，无有也。萬物出乎无有。）郭云：以無爲門。（有不能以有爲有）有之未生，非有之所能有。（必出乎无有）無能生有。（而无有一无有，聖人藏乎是。）宣云：並無有二字亦無之，乃衆妙所在也，故聖人藏焉。」齊物論曰：

「有始也者，有未始有始也者，有未始有夫未始有始也者。有有也者，有無也者，有未始有無也者，有未始有夫未始有無也者。俄而有無矣，而未知有無之果孰有孰無也。」

此言宇宙萬物之來源。莊子既以「無」爲宇宙萬有之根源，此「無」當是無形無象之義，而非空無之無。此「無」與「道」，乃是同實而異名。其在宇宙論中稱之曰「無」，而在本體論中則稱之曰「道」。莊子又曰：

「泰初有无，无有无名，一之所起，有一而未形，物得以生，謂之德；未形者有分，且然无間，謂之命；留動而生物，物成生理，謂之形；形體保神，各有儀則

，謂之性。」（天地篇）

「雜乎芒芴之間，變而有氣，氣變而有形，形變而有生，今又變而之死。」（至樂篇）

此言宇宙變易之過程。萬物皆由「無」而來，又回歸於「無」。吾人若能虛靜「保神」，以處人世，則上足以與造物者遊；下足以與外死生，無終始者友，以遊乎無窮之域，廣莫之野，而達逍遙之極境矣。

第二節　莊子之知識論

一、莊子之懷疑論

懷疑論者人事無定論也。莊子生於戰國之末，此時百家爭辯而無定論，故孟子曰：「聖王不作，諸侯放恣，處士橫議。」莊子天下篇曰：「天下大亂，聖賢不明，道德不一，天下多得一察焉以自好。譬如耳目鼻口，皆有所明，不能相通。猶百家衆技也，皆有所長，時有所用。雖然，不該不徧，一曲之士也。判天地之美，析萬物之理，察古人之全，寡能備於天地之美，稱神明之容。是故內聖外王之道，闇而不明，鬱而不發，天下之人各爲其所欲焉以自爲方。悲夫，百家往而不反，必不合矣！後世之學者，不幸不見天地之純，古人之大體，道術將爲天下裂」。由於天下大亂，故戰國時代之思想家，爲救時代之弊，紛紛倡立其學，發表意見。此種意見已非過去封建時代神權政治之簡單理論，而是現實主義之人本哲學，必當用議論辯證之文體，以收其效，故諸家皆爲其學而重名學。如孟子、荀子、墨子、公孫龍子、韓非子等，無不如此。其書皆以辯論之形式，發犀利之辭句，宣傳學說，表達思想。其文章之氣勢格調雖有不同，所表現之思想學說雖亦有異，然任何一家之思想，欲以語言文字發表者，則必以論辯之姿態出現，以期獲勝。莊子處於此論說紛紜之時代，心中不免生疑，進而思考，眞理何在？經由辯論，是否能獲得眞知？因而產生懷疑論之思想。爲表示已見，不得已而作齊物論。

百家爭辯，孰是孰非？莊子懷疑其間是否有眞理存在？故曰：

「道惡乎隱而有眞僞？言惡乎隱而有是非？道惡乎往而不存？言惡乎存而不可？道隱於小成，言隱於榮華。故有儒墨之是非，以是其所非，而非其所是。」（齊物論）

儒墨兩家之態度，在「是其所非，而非其所是」，則是非必無定論。此類言辯有何價值？故莊子曰：

「夫言非吹也，言者有言，其所言者，特未定也。果有言邪？其未嘗有言邪？其

以為異於鷇音，亦有辯乎？其無辯乎？」（齊物論）

言辯之所以無定論，是由於辯者之言無客觀標準。故曰：

「惡乎可？可乎可。惡乎不可？不可乎不可。道行之而成，物謂之而然。惡乎然？然於然。惡乎不然？不然於不然。」（齊物論）

辯論既無客觀標準，莊子懷疑憑主觀而辯，能否分辨是非？故曰：

「既使我與若辯矣，若勝我，我不若勝，若果是也？我果非也邪？我勝若，若不吾勝，我果是也，而果非也邪？其或是也，其或非也邪？其俱是也，其俱非也邪？我與若不能相知也，則人固受其黮闇。吾誰使正之？使同乎若者正之？既與若同矣，惡能正之！使同乎我者正之？既同乎我矣，惡能正之！使異乎我與若者正之？既異乎我與若矣，惡能正之！使同乎我與若者正之？既同乎我與若矣，惡能正之！然則我與若與人俱不能相知也，而待彼也邪！」（齊物論）

辯論不能定是非，皆因辯者執著主觀，故曰：

「夫隨其成心而師之，誰獨且無師乎？奚必知代而心自取者有之，愚者與有焉。未成乎心而有是非，是今日適越而昔至也。是以無有為有；無有為有，雖有神禹且不能知，吾獨且奈何哉！」（齊物論）

道隱於小成，則道昭而不道。言隱於榮華，則言辯而不及。隨其成心而師之，則辯猶不辯。故曰：

「聖人懷之，衆人辯之，以相示也。故曰：『辯也者，有不見也。』」（齊物論）

辯者有所不見，則經由辯論，亦不可能獲得眞知，故無須辯矣。莊子曰：

「是不是，然不然。是若果是也，則是之異乎不是也，亦無辯；然若果然也，則然之異乎不然也，亦無辯。化聲之相待，若其不相待。和之以天倪，因之以曼衍，所以窮年也。忘年忘義，振於無竟，故寓諸無竟。」（齊物論）

二、莊子之不可知論

莊子大宗師曰：「有眞人而後有眞知。」此「眞知」，卽是不知之知。齊物論曰：

「大道不稱，大辯不言，大仁不仁，大廉不嗛，大勇不忮；道昭而不道，言辯而不及，仁常而不成，廉清而不信，勇忮而不成：五者圓而幾向方矣。故知止其所不知，至矣。」

此「知止其所不知」，下文申論曰：

「齧缺問乎王倪曰：『子知物之所同是乎？』曰：『吾惡乎知之？』『子知子之

所不知邪？』曰：『吾惡乎知之？』『然則物無知邪？』曰：『吾惡乎知之？』」

此三問三不知，謂吾人感官不能認識外物，凡物自以爲知者，皆非眞知；不知者，方是眞知，故下文曰：

「庸詎知吾所謂知之非不知邪？庸詎知吾所謂不知之非知邪？」

知識皆本於主觀，萬物之間，無同一之「是非」，人類亦無絕對之可否。故下文曰：

「且吾嘗試問乎女：民溼寢則腰疾偏死，鰌然乎哉？木處則惴慄恂懼，猨猴然乎哉？三者孰知正處？民食芻豢，麋鹿食薦，蝍且甘帶，鴟鴉耆鼠，四者孰知正味？猨猵狙以爲雌，麋與鹿交，鰌與魚游。毛嬙麗姬，人之所美也；魚見之深入，鳥見之高飛，麋鹿見之決驟，四者孰知天下之正色哉？」

正處、正味、正色，皆不可知，此例說明萬物之知，無絕對可言。美醜、善惡、利害，既各有不同，則儒家仁義之端，墨家是非之途，豈不樊然殽亂，故下文曰：

「自我觀之，仁義之端，是非之塗，樊然殽亂，吾惡能知其辯？」

不知之極，可超脫是非之外，故下文曰：

「齧缺曰：『子不知利害，則至人固不知利害乎？』王倪曰：『至人神矣，大澤焚而不能熱，河漢沍而不能寒，疾雷破山，飄風振海，而不能驚。若然者，乘雲氣，騎日月，而遊乎四海之外，死生無變於己，而況利害之端乎？』」

不知生死，不知利害，能「乘雲氣，騎日月，而遊乎四海之外，可知莊子之「不知」，非同於草木之無知。其積極意義在使精神逍遙自適；消極意義，在使心情凝靜而不亂。

莊子以爲理性亦不能認識萬物之本體。知北遊曰：

「泰清問乎无窮曰：『子知道乎？』无窮曰：『吾不知。』又問乎无爲，无爲曰：『吾知道。』曰：『子之知道，亦有數乎？』曰：『有。』曰：『其數若何？』无爲曰：『吾知道之可以貴，可以賤，可以約，可以散，此吾所以知道之數也。』泰清以之言也問乎无始曰：『若是，則无窮之弗知與无爲之知，孰是而孰非乎？』无始曰：『不知深矣，知之淺矣；弗知內矣，知之外矣。』於是泰清中而歎曰：『弗知乃知乎！知乃不知乎！孰知不知之知？』」

此言道不可知。萬物之本體既不可知，吾人惟有順應其不可知之變化，以天地爲大鑪，以造化爲大冶，無往而不因，無因而不可。故大宗師曰：

「浸假而化予之左臂以爲雞，予因以求時夜；浸假而化予之右臂以爲彈，予因以求鴞炙；浸假而化予之尻以爲輪，以神爲馬，予因而乘之，豈更駕哉！且夫得者時也，失者順也。安時而處順，哀樂不能入也。」

安時而處順，則可「忘其肝膽，遺其耳目。反覆終始，不知端倪，芒然彷徨乎塵垢之外，逍遙乎无爲之業。」（大宗師）

三、莊子之相對論

莊子相對論（此相對論，指現象界大小、長短、是非、反正、壽夭、善惡……之相對，而非西洋時空之相對），主張是非然否，是相對而非絕對。故齊物論首段以萬竅怒號比喻辯者之爭論。辯者之心竅萬有不同，各自執著主觀所發表之意見亦彼此相對，此正如衆竅之萬有不同。其言曰：

「大塊噫氣，其名爲風。是唯無作，作則萬竅怒呺。而獨不聞之翏翏乎？山林之畏佳，大木百圍之竅穴，似鼻，似口，似耳，似枅，似圈，似臼，似洼者，似污者；激者，謞者，叱者，吸者，叫者，譹者，宎者，咬者，前者唱于，而隨者唱喁。泠風則小和，飄風則大和，厲風濟則衆竅爲虛。而獨不見之調調，之刁刁乎？」（齊物論）

齊物論下文剖析世人相對之觀念，舉辯者之異爲例，可分爲八類：

1.智慧之異：大知閑閑；小知閒閒。
2.言語之異：大言炎炎；小言詹詹。
3.寤寐之異：其寐也魂交，其覺也形開。
4.構思之異：縵者，窖者，密者。
5.恐懼之異：小恐惴惴；大恐縵縵。
6.攻守之異：其發若機栝……其留如詛盟。
7.心境之異：喜怒哀樂，慮歎變慹，姚佚啓態。
8.事變之異：樂出虛；蒸成菌。

若對同一對象，從同一觀點判斷，是非二概念極端相反；莊子卻以爲是非之概念，乃相因而生，是立則非成，非立則是成。易言之，無是則無非，無非則無是。故曰：「物無非彼，物無非是。自彼則不見，自知則知之。故曰：彼出於是，是亦因彼。彼是方生之說也，雖然，方生方死，方死方生；方可方不可，方不可方可；因是因非，因非因是。是以聖人不由，而照之於天，亦因是也。是亦彼也，彼亦是也。彼亦一是非，此亦一是非。果且有彼是乎哉？果且無彼是乎哉？彼是莫得其偶，謂之道樞。樞始得其環中，以應無窮。是亦一無窮，非亦一無窮。故曰：莫

若以明。」（齊物論）

莊子旣以爲是非無窮，莫若明道，故曰：

「物固有所然，物固有所可。物無不然，物無不可。故爲是舉莛與楹，厲與西施，恢恑譎怪，道通爲一。其分也成也，其成也毀也；凡物無成與毀，復通爲一。唯達者知通爲一，爲是不用而寓諸庸。」（齊物論）

達者知通爲一，故曰：

「六合之外，聖人存而不論；六合之內，聖人論而不議；春秋經世，先王之治，聖人議而不辯。故分也者，有不分也；辯也者，有不辯也。」（齊物論）

分猶不分；辯猶不辯，此言以道眼觀之，現象界之相對，了無區別，是以聖人和之以是非，而休乎天鈞。休乎天鈞，卽謂是非兩行，超脫於形骸之外，而逍遙乎無爲之業。

第三節　莊子之人生哲學

一、人之生與死

莊子曰：

「人之生，氣之聚也；聚則爲生，散則爲死。若死生爲徒，吾又何患？故萬物一

也，是則所美者爲神奇，其所患者爲臭腐。臭腐復化爲神奇，神奇復化爲臭腐。故曰：通天下一氣耳！聖人故貴一。」（知北遊）

此言人是由氣之相聚而生，生命之消失則是由氣散所致。臭腐復化爲神奇，神奇復化爲臭腐。此莊子以爲生死爲循環之變化，生爲一種形式；死亦爲一種形式。由生至死，乃是從此一形式變爲另一種形式而已。故曰：

「予惡乎知說生之非惑邪！予惡乎知惡死之非弱喪而不知歸者邪！麗之姬，艾封人之子也。晉國之始得之也，涕泣沾襟；及其至於王所，與王同筐牀，食芻豢，而後悔其泣也。予惡乎知夫死者不悔其始之蘄生乎！夢飲酒者，旦而哭泣；夢哭泣者，旦而田獵。方其夢也，不知其夢也。夢之中又占其夢焉，覺而後知其夢也。且有大覺而後知此其大夢也，而愚者自以爲覺，竊竊然知之。君乎，牧乎，固哉！」（齊物論）

人生如夢，方其夢也，不知其夢也，必待大覺而後知此其大夢也，此就世俗之情而言。莊子曰：

「昔者莊周夢爲胡蝶，栩栩然胡蝶也，自喻適志與！不知周也。俄然覺，則蘧蘧然周也。不知周之夢爲胡蝶與？胡蝶之夢爲周與？周與胡蝶，則必有分矣，此之

謂物化。」（齊物論）

莊周與蝴蝶必然有別，而莊周夢爲蝴蝶時，則栩栩然蝴蝶也；覺而爲莊周，則蘧蘧然爲莊周。化爲何物則安於何物，對自然之變化，任其變化；對本身之變化，順其變化，故其精神能遨遊於變化。此言莊子思想超越時空，不待大覺，卽知人生爲大夢，故能通齊物而逍遙。齊物論莊周夢爲蝴蝶之境界，可藉指月錄所載靑原惟信禪師之言，說明其層次。其言曰：

「老僧三十年前未參禪時，見山是山，見水是水。及至後來親見知識，有個入處，見山不是山，見水不是水，而今得個休歇處，依前見山祇是山，見水祇是水。」

所謂「見山是山，見水是水」，卽世俗觀念之「胡蝶是胡蝶，莊周是莊周」，蝶周分明，此爲「有我」之境界。所謂「見山不是山，見水不是水」，卽「不知周之夢爲胡蝶與？胡蝶之夢爲周與」之蝶周不分，此爲「忘我」之境界。所謂「見山祇是山，見水祇是水」，卽「周與胡蝶，則必有分矣」之體悟，此爲「眞我」之境界。能「忘我」則「眞我」自現，此爲莊子之人生境界。

體現「眞我」，必須破除死生相對之觀念，視吾人之「生」與「死」爲「物化」

，如春夏秋冬四時之自然運行，循環不息，故至樂篇曰：

「察其始，而本无生。非徒无生也，而本无形。非徒无形也，而本无氣。雜乎芒芴之間，變而有氣，氣變而有形，形變而有生，今又變而之死，是相與爲春秋冬夏四時行也。」

人生變化無常，且化與不化，不能由人左右，一切聽命於自然，故大宗師曰：「且方將化，惡知不化哉；方將不化，惡知已化哉！」若能視死生爲一化，則哀樂不入。故至樂篇曰：

「髑髏曰：『死无君於上，无君於下，亦无四時之事，從然以天地爲春秋，雖南面王樂，不能過也。』莊子不信，曰：『吾使司命復生子形，爲子骨肉肌膚，反子父母妻子閭里知識，子欲之乎？』髑髏深矉蹙頞曰：『吾安能棄南面王樂而復爲人間之勞乎？』」

此以「死」之樂比於南面王，其意乃是不知悅生，不知惡死，忘其肝膽，遺其耳目，反覆終始，不知端倪之意。列禦寇篇曰：

「莊子將死，弟子欲厚葬之。莊子曰：『吾以天地爲棺槨，以日月爲連璧，星辰爲珠璣，萬物爲齎送。吾葬具豈不備邪？何以加此！』弟子曰：『吾恐烏鳶之食夫子也。』莊子曰：『在上爲烏鳶食，在下爲螻蟻食，奪彼與此，何其偏也！』」

此言莊子超脫死生，遊於自然變化之境界。

二、人之形骸與精神

齊物論曰：「形固可使如槁木，而心固可如死灰乎？」此「形」謂外在形骸；此「心」謂內在精神。下文曰：「百骸，九竅、六藏，賅而存焉，吾誰與爲親？汝皆說之乎？其有私焉？如是皆有爲臣妾乎？其臣妾不足以相治乎？其遞相爲君臣乎？其有眞君存焉？如求得其情與不得，無益損乎其眞。」此謂百骸九竅六臟雖各有其能，而彼此之間，旣不能互爲君臣，必另有主宰者。否則，雖各具其能，亦不能合作。此主宰者，卽形骸以外，尙存有精神，此精神卽上文中「其有眞君存焉」之眞君。莊子以爲吾人一受其成形，不亡以待盡。如不能超脫形骸，存其眞我，則與物相刃相靡，終身役役而不見其成功，苶然疲役而不知其所歸，可不哀邪？

形骸與精神，孰輕孰重？觀莊子之意，實含有二層次，其一是兩者並重；其二是兩者比較之下，精神重於形體。玆舉例說明如下：

㈠形骸與精神並重之例：齊物論曰：「人謂之不死，奚益？其形化，其心與之然，可不謂大哀乎？」其形化，謂形體死亡；其心與之然，謂精神毀滅。因兩者並重，故曰可不謂大哀乎？

㈡精神重於形骸之例：德充符曰：「丘也嘗使於楚矣，適見㹠子食於其死母者，少焉眴若，皆棄之而走。不見己焉爾；不得類焉爾。所愛其母者，非愛其形也，愛使其形者也。成玄英疏曰：「使其形者，精神也。」㹠子愛其母，非愛其形體，而愛其精神，意謂精神重於形體。

莊子德充符假借許多形體殘缺之人，說明精神重於形體。如兀者王駘、兀者申徒嘉、兀者叔山无趾、惡人哀駘它、闉跂支離无脤、甕㼜大癭等人，雖形體殘缺，而皆爲全德之人，可見「德有所長而形有所忘。」

天地篇曰：「執道者德全，德全者形全，形全者神全，神全者聖人之道也。」推究其意，聖人之道，當是「形」與「德」並全。達生篇曰：「養形必先之以物，物有餘而形不養者有之矣。有生必先無離形，形不離而生亡者有之矣。」此物有餘而形不養者，蓋謂喪己於物；形不離而生亡者，蓋謂失性於俗，皆非養形全性之道。莊子養生主篇對「保身」「全生」之道，言之頗詳。首段言「緣督以爲經，可以保身，可以全生，可以養親，可以盡年。」二段以宰牛比喻養生，說明依乎天理，因其固然之理。

三段以安於殘廢比喻養生，說明人應樂天安命之理。四段以澤雉不入樊籠比喻養生，說明自適本性之理。五段以達觀死生，說明養生之道。末尾以薪火相傳說明形骸與精神之關係，全其神者，則薪盡火傳，雖死不亡也。

三、莊子之人生觀

莊子之人生觀，在存其眞我，不爲形役。何謂眞我？能逍遙者是眞我。莊子以爲通齊物而逍遙，須經由修鍊而成。修鍊工夫有二：一曰心齋；二曰坐忘。心齋之言，見於人間世篇，其言曰：

「顏回曰：『回之家貧，唯不飲酒，不茹葷者，數月矣，若此，則可以爲齋乎？』曰：『是祭祀之齋，非心齋也。』回曰：『敢問心齋？』仲尼曰：『一若志。無聽之以耳，而聽之以心；無聽之以心，而聽之以氣。聽止於耳，心止於符。氣也者，虛而待物者也，唯道集虛，虛者，心齋也。』顏回曰：『回之未始得使，實自回也，得使之也，未始有回也，可謂虛乎』，夫子曰：『盡矣，吾語若，若能入遊其樊，而无感其名，入則鳴，不入則止，无門无毒，一宅而寓於不得已，則幾矣。絕跡易，无行地難，爲人使，易以僞；爲天使，難以僞，聞以有翼飛者矣，未聞以無翼飛者也；聞以有知知者矣，未聞以無知知者也。瞻彼闋者，虛室生白，吉祥止之，夫且不止，是之謂坐馳。夫徇耳目內通，而外於心知，鬼神將來舍，而況人乎！是萬物之化也，禹舜之所紐也，伏羲几蘧之所行終，而況散焉者乎！』」

此言「虛者，心齋也」，意謂心境空虛，不滯情於物，則我心自然清明。坐忘之言，見於大宗師篇，其言曰：

「顏回曰：『回益矣。』仲尼曰：『何謂也，』曰：『回忘仁義矣！』曰：『可矣，猶未也，』他日，復見，曰：『回益矣，』曰：『何謂也？』曰：『回忘禮樂矣。』曰：『可矣，猶未也，』他日，復見，曰：『回益矣！』曰：『何謂也，』曰：『回坐忘矣！』仲尼蹴然曰：『何謂坐忘？』顏回曰：『墮肢體，黜聰明，離形去知，同於大通，此謂坐忘。』仲尼曰：『同則无好也，化則无常也，而果其賢乎，丘也，請從而後也。』」

所謂「墮肢體」意謂「忘我」，「黜聰明」意謂「棄智以止妄知」，「離形去知」是總合上二句「忘我」與「棄智」而言，「同於大通」意謂「冥同大道」，能冥同大道，此稱之爲「坐忘」。達坐忘境界之修鍊歷程是：先忘仁義，再忘禮樂，最後坐忘。關於修鍊歷程，莊子曾假借南伯子葵與女偊談話，詳加說明。其言曰：

「南伯子葵，問乎女偊曰：『子之年長矣，而色若孺子，何也？』曰：『吾聞道矣。』南伯子葵曰：『道可得學邪？』曰：『惡，惡可，子非其人也。夫卜梁倚有聖人之才，而无聖人之道，我有聖人之道，而无聖人之才，吾欲以敎之，庶幾其果爲聖人乎。不然，以聖人之道，告聖人之才，亦易矣，吾猶守而告之，參日而後能外天下；已外天下矣，吾又守之，七日而後能外物；已外物矣，吾又守之，九日而後能外生；已外生矣，而後能朝徹，朝徹而後能見獨，見獨而後无古今，无古今而後入於不死不生。殺生者不死，生生者不生，其爲物，无不將也，无不迎也，无不毀也，无不成也。其名爲攖寧，攖寧也者，攖而後成者也。』」（大宗師）

此言外天下，外物，外生，朝徹，見獨，無古今，不死不生，乃是修鍊之歷程。通過此歷程之途徑如何？莊子曰：

「南伯子葵曰：『子獨惡乎聞之！』曰：『聞諸副墨之子，副墨之子聞諸洛誦之孫，洛誦之孫聞之瞻明，瞻明聞之聶許，聶許聞之需役，需役聞之於謳，於謳聞之玄冥，玄冥聞之參寥，參寥聞之疑始。』」（大宗師）

此言求道之途徑，由外而內，自顯而幽，經幽入冥，參冥悟始。至此乃可視死生存亡爲一體：以无爲首，以生爲脊，以死爲尻，達眞人之境界。莊子曰：

「古之眞人，不知說生，不知惡死；其出不訢，其入不距；翛然而往，翛然而來而已矣。不忘其所始，不求其所終；受而喜之，忘而復之，是之謂不以心捐道，不以人助天，是之謂眞人。」（大宗師）

眞人知天之所爲，知人之所爲。天機深；耆欲淺，故其寢不夢，其覺無憂，其食不甘，其息深深。乘道德而浮遊，物物而不物於物，至此境界，眞我自現。「獨與天地精神往來，而不敖倪於萬物，不譴是非，以與世俗處……上與造物者遊，而下與外死生，無終始者友。」（天下篇）此卽莊子之人生觀。

第四節　莊子之政治哲學

一、政治之意義

政治思想能影響政治制度，時代與環境亦能影響政治思想。莊子生於亂世，對當時「有爲」之政治，持反對態度。爲求解脫社會政治之桎梏，而主張無爲政治。老子曰：「我『無爲』，而民自化。」我無爲，是君上之逍遙；民自化，是下民之逍遙。上下皆逍遙，乃莊子之政治思想。「政治」二字之意義，爲管理衆人之事。莊子未曾爲「政治」下過定義，然而卻曾主張不用「有爲」之政以治理天下，其說見於在宥篇，曰：

「聞在宥天下，不聞治天下也。在之也者，恐天下之淫其性也；宥之也者，恐天下之遷其德也。天下不淫其性，不遷其德，有治天下者哉！」

此言爲免於天下人「淫其性」，「遷其德」，而主張使百姓自在寬宥。下文舉例曰：

「昔者堯之治天下也，使天下欣欣焉人樂其性，是不恬也；桀之治天下也，使天下瘁瘁焉人苦其性，是不愉也。夫不恬不愉，非德也。非德也而可長久者，天下無之。」

此「樂其性」，「苦其性」，「不恬不愉」，乃以堯桀爲例，說明「有爲」之政，不可長久。此正如秋水篇所謂，「堯桀之行，貴賤有時，未可以爲常也。」其所以不可長久之理由，在宥篇曰：

「人大喜邪？毗於陽；大怒邪？毗於陰。陰陽並毗，四時不至，寒暑之和不成，其反傷人之形乎！使人喜怒失位，居處無常，思慮不自得，中道不成章，於是乎天下始喬詰卓鷙，而後有盜跖曾史之行。故舉天下以賞其善者不足，舉天下以罰其惡者不給，故天下之大不足以賞罰。自三代以下者，匈匈焉以賞罰爲事，彼何暇安其性命之情哉！而且說明邪？是淫於色也；說聰邪？是淫於聲也；說仁邪？是亂於德也；說義邪？是悖於理也；說禮邪？是相於技也；說樂邪？是相於淫也；說聖邪？是相於藝也；說知邪？是相於疵也。天下將安其性命之情，之八者，存可也，亡可也；天下將不安其性命之情，之八者，乃始臠卷愴囊而亂天下也。而天下乃始尊之惜之，甚矣天下之惑也！豈直過也而去之邪！乃齋戒以言之，跪坐以進之。鼓歌以儛之，吾若是何哉？」

此言舉天下以賞其善者不足，舉天下以罰其惡者不給，故自三代以下，以賞罰爲事，而百姓不能安於其性命之情。明、聰、仁、義、禮、樂、聖、智八者，乃臠卷愴囊而亂天下，此「有爲」政治不可長久之證。應帝王篇曾以寓言表示「有爲」之害，其言曰：

「南海之帝爲儵，北海之帝爲忽，中央之帝爲渾沌。儵與忽時相遇於渾沌之地，渾沌待之甚善，儵與忽謀報渾沌之德，曰：人皆有七竅，以視聽食息，此獨無有。嘗試鑿之，日鑿一竅，七日而渾沌死。」

此渾沌之德，比喻「無爲」之政。七竅比喻「有爲」之政，即明、聰、仁、義、禮、樂、聖、智等類之德目。渾沌開竅，即比喻由「無爲」而「有爲」。後世行「有爲」

之政，故天下亂矣。莊子曰：

「堯之師曰許由，許由之師曰齧缺，齧缺之師曰王倪，王倪之師曰被衣。堯問於許由曰：『齧缺可以配天乎？吾藉王倪以要之。』許由曰：『殆哉圾乎天下！齧缺之爲人也，聰明睿知，給數以敏，其性過人，而又乃以人受天。彼審乎禁過，而不知過之所由生。與之配天乎？彼且乘人而無天，方且本身而異形，方且尊知而火馳，方且爲緒使，方且爲物絯，方且四顧而物應，方且應衆宜，方且與物化而未始有恒。夫何足以配天乎？雖然，有族，有祖，可以爲衆父，而不可以爲衆父父。治，亂之率也，北面之禍也，南面之賊也。』」（天地篇）

此言「有爲」之治，是人臣之禍，君主之害。莊子以爲人治必然損物傷性，違反自然，故其論政，主張放任而無爲。聖人作規矩、立法度、自以爲至善；然而在莊子觀之，一切制度，皆爲人類之桎梏，愛之適所以害之。至樂篇有一段寓言，以養鳥比喻治民，說明養鳥應任鳥之性，治民應順民之性。其言曰：

「昔者海鳥止於魯郊，魯侯御而觴之於廟，奏九韶以爲樂，具太牢以爲膳。鳥乃眩視憂悲，不敢食一臠，不敢飲一杯，三日而死。此以己養養鳥也，非以鳥養養鳥也。夫以鳥養養鳥者，宜栖之深林，遊之壇陸，浮之江湖，食之鰌鰷，隨行列而止，委蛇而處。彼唯人言之惡聞，奚以夫譊譊爲乎！咸池九韶之樂，張之洞庭之野，鳥聞之而飛，獸聞之而走，魚聞之而下入，人卒聞之，相與還而觀之，魚處水而生，人處水而死，彼必相與異，其好惡故異也。故先聖不一其能，不同其事。名止於實，義設於適，是之謂條達而福持。」

此言任物之眞性，斯能條達而福特。莊子思想中，政治之意義，卽在任自然而無治。

二、國家之目的

政治思想之產生，必有其時代背景。春秋戰國時代，儒家之德化，法家之法治，皆是「有爲」之政，而不足以治天下。戰國末年，社會混亂，人欲橫流，此卽「有爲」政治之失敗，故莊子主張爲政之道，首在「無爲」。所謂「無爲」，卽是行所無事。孟子曰：「禹之治水也，行其所無事也。」禹治水是順水之自然性以導之入海，爲政者亦應順民之性以導之於無治之境。據此以觀，其國家之目的，卽在協助百姓達成其人生之目的—逍遙自適。莊子曰：

「君子不得已而臨莅天下，莫若無爲。無爲也而後安其性命之情。故貴以身於爲天下，則可以託天下；愛以身於爲天下，則可以寄天下。故君子苟能無解其五藏，無擢其聰明；尸居而龍見，淵默而雷聲，神動而天隨，從容無爲而萬物炊累焉

。吾又何暇治天下哉！」（在宥篇）

此言君子不得已時，出而執政，在行「無爲」之政，而非以「有爲」治理天下。應帝王曰：

「汝遊心於淡，合氣於漠，順物自然而無容私焉，而天下治矣。」

此言無爲之政，在順物而治。下文又曰：

「老聃曰：『明王之治：功蓋天下，而似不自己，化貸萬物而民弗恃；有莫舉名，使物自喜；立乎不測，而遊於無有者也。』」

此言明王之治，化貸萬物，在其立於不可測之地位，而行其所無事。下文舉例說明「立於不測，而遊於無有」之意，曰：

「鄭有神巫曰季咸，知人之死生存亡，禍福壽夭，期以歲月旬日，若神。鄭人見之，皆奔而走。列子見之而心醉，歸，以告壺子，曰：『始吾以夫子之道爲至矣，則又有至焉者矣。』壺子曰：『吾與汝既其文，未既其實，而固得道與？衆雌而无雄，而又奚卵焉！而以道與世亢，必信，夫故使人得而相汝。嘗試與來，以予示之。』明日，列子與之見壺子。出而謂列子曰：『嘻！子之先生死矣！弗活矣！不以旬數日矣！吾見怪焉，見濕灰焉。』列子入，泣涕沾襟以告壺子。壺子曰：『鄉吾示之以地文，萌乎不震不止。是殆見吾杜德機也。嘗又與來。』明日，又與之見壺子。出而謂列子曰：『幸矣，子之先生遇我也！有瘳矣，全然有生矣！吾見其杜權矣。』列子入，以告壺子。壺子曰：『鄉吾示之以天壤，名實不入，而機發於踵。是殆見吾善者機也。嘗又與來。』明日，又與之見壺子。出而謂列子曰：『子之先生不齊，吾无得而相焉。試齊，且復相之。』列子入，以告壺子。壺子曰：『吾鄉示之以太冲莫勝。是殆見吾衡氣機也。鯢恒之潘爲淵，止水之潘爲淵，流水之潘爲淵。淵有九名，此處三焉。嘗又與來。』明日，又與之見壺子。立未定，自失而走。壺子曰：『追之！』列子追之不及。反，以報壺子曰：『已滅矣，已失矣，吾弗及已。』壺子曰：『鄉吾示之以未始出吾宗，吾與之虛而委蛇，不知其誰何，因以爲弟靡，因以爲波隨，故逃也。』」

此比喻明王虛己應物之境界。能「虛己」，便可體盡無窮，而遊於無朕，故下文曰：「无爲名尸，无爲謀府，无爲事任，无爲知主。體盡無窮，而遊無朕；盡其所受乎天，而無見得，亦虛而已。至人之用心若鏡，不將不迎，應而不藏，故能勝物而不傷。」

此「無爲事任」，郭象注曰：「付物使各自任」，即明王順應民性以導之，使物各自任，以入於無治之境也。

三、政治之方法

聖帝明王無心而任化，故逍遙遊曰：「之人也，之德也，將旁礴萬物以為一世蘄乎亂，孰弊弊焉以天下為事！之人也，物莫之傷，大浸稽天而不溺，大旱金石流土山焦而不熱。是其塵垢粃糠，將猶陶鑄堯舜者也，孰肯以物為事！」此言神人粗淺之德行，猶能陶鑄如堯舜之功業，孰肯勞苦於天下俗事。天地篇曰：「黃帝遊乎赤水之北，登乎崑崙之丘而南望，還歸，遺其玄珠。使知索之而不得，使離朱索之而不得，使喫詬索之而不得也。乃使象罔，象罔得之。黃帝曰：『異哉！象罔乃可以得之乎？』」玄珠比喻大道，象罔言無心之意。此謂大道惟無心者始可得之。其無心而任化之方法：一曰君靜臣動；二曰任物自化；三曰不尚賢智；四曰攘棄仁義；五曰殫殘禮法。茲分述之如下：

(一)君靜臣動

莊子曰：

「天下有大戒二：其一，命也；其一，義也。子之愛親命也，不可解於心；臣之事君，義也，無適而非君也，無所逃於天地之閒，是之謂大戒。是以夫事其親者，不擇地而安之，孝之至也；夫事其君者，不擇事而安之，忠之盛也。自事其心者，哀樂不易施乎前，知其不可奈何而安之若命，德之至也。爲人臣子者，固有所不得已。行事之情而忘其身，何暇至於悅生而惡死！」（人間世）

據此知莊子理想社會中，仍有父子之親，君臣之義，故曰「子之愛親命也……臣之事君義也……孝之至也……忠之盛也」等語。天地篇述君臣之義曰：

「天地雖大，其化均也；萬物雖多，其治一也；人卒雖衆，其主君也。君原於德而成於天，故曰：玄古之君天下，无爲也，天德而已矣。以道觀言而天下之君正，以道觀分而君臣之義明，以道觀能而天下之官治，以道汎觀而萬物之應備。故通於天地者，德也；行於萬物者，道也；上治人者，事也；能有所藝者，技也。技兼於事，事兼於義，義兼於德，德兼於道，道兼於天。故曰：古之畜天下者，无欲而天下足，无爲而萬物化，淵靜而百姓定。記曰：『通於一而萬事畢，无心得而鬼神服。』」

此言帝王通於「無爲自化」之道，知「常」守「靜」，則萬事畢矣。其「以道觀分而君臣之義明」，意謂從大道觀察上下之分際，而君臣高卑之位，則顯而易見。胡哲敷老莊哲學曰：「老子書中，關於君臣分際，言之頗少，僅曰『國家昏亂有忠臣』，其他則多言王侯，少言臣子，以君臣對擧者，竟未曾見。惟莊子書中，則頗斤斤於君臣之分。以莊子之個性與其品格，我們總要覺得他是方外之人，他是不弊弊焉以天下爲事者，孰知他於君臣之分，倒看得很鄭重呢？」又曰：「這種言論，與方內之言，完全無異，他主張君臣之間，以義相合，臣子不諂其君，君須合於天德，在這種分際之中，則爲人臣者應忘其身以事君，且謂無所逃於天地之間，從此可知莊子對世事並未遺棄。彼且更主張君臣職守，應各有其分，政治的設施，才有效力。」君臣職守，見於天道篇，其言曰：

「夫帝王之德，以天地爲宗，以道德爲主，以无爲爲常。无爲也，則用天下而有餘；有爲也，則爲天下用而不足。故古之人貴夫无爲也。上无爲也，下亦无爲也，是下與上同德，下與上同德則不臣；下有爲也，上亦有爲也，是上與下同道，上與下同道則不主。上必无爲而用天下，下必有爲爲天下用，此不易之道也。」

此言無爲政治，乃是君無爲而臣有爲。無爲以用天下，而有爲爲天下所用。爲政者應知物各有其用，人各有其才。如能任其才，安其性，各級官吏，分層負責，則百官各盡其能，萬物各適其用，如此斯能上下逍遙，而締成外王之極功。帝王虛靜，則臣盡其職，亦見於天道篇，其言曰：

「聖人之靜也，非曰靜也善，故靜也；萬物无足以鐃心者，故靜也。水靜則明燭鬚眉，平中準，大匠取法焉。水靜猶明，而況精神！聖人之心，靜乎天地之鑒也，萬物之鏡也。夫虛靜恬淡寂漠无爲者，天地平而道德之至，故帝王聖人休焉。休則虛，虛則實，實則倫矣。虛則靜，靜則動，動則得矣。靜則无爲，无爲也則任事者責矣。」

此「帝王聖人休焉」，言君上休止於虛靜無爲之境界。「任事者責矣」，言臣下任事者則各盡其責。此種方法可稱之爲君靜而臣動。

(二)任物自化

無爲之政，主張「不失其性命之情」，順任萬物本性之自然。莊子曰：

「彼正正者，不失其性命之情。故合者不爲駢，而枝者不爲跂；長者不爲有餘，短者不爲不足。是故鳧脛雖短，續之則憂；鶴脛雖長，斷之則悲。故性長非所斷，性短非所續，无所去憂也。意仁義其非人情乎！彼仁人何其多憂也？且夫駢於拇者，決之則泣；枝於手者，齕之則啼。二者，或有餘於數，或不足於數，其於憂一也。今世之仁人，蒿目而憂世之患；不仁之人，決性命之情而饕富貴。故意仁義其非人情乎！自三代以下者，天下何其囂囂也？且夫待鉤繩規矩而正者，是

削其性也；待繩約膠漆而固者，是侵其德也；屈折禮樂，呴俞仁義，以慰天下之心者，此失其常然也。」（駢拇篇）

此言凡對天然有所增減造作，無論善惡，皆是「削其性」，「侵其德」，「失其常」。莊子曾以治馬比喻治人，其言曰：

「馬，蹄可以踐霜雪，毛可以禦風寒，齕草飲水，翹足而陸，此馬之眞性也。雖有義臺路寢，無所用之。及至伯樂，曰：『我善治馬。』燒之，剔之，刻之，雒之，連之以羈馽，編之以皁棧，馬之死者十二三矣；饑之，渴之，馳之，驟之，整之，齊之，前有橛飾之患，而後有鞭筴之威，而馬之死者已過半矣……此亦治天下者之過也。」（馬蹄篇）

伯樂善治馬，卻使馬失其眞性，死之過半。「有爲」之政何異乎伯樂之治馬？帝王如能無爲而任化，則萬物各自逍遙，而天下治矣，故應帝王曰：「汝游心於淡，合氣於漠，順物自然而無容私焉，而天下治矣。」

㈢不尚賢智

儒墨兩家皆主張尙賢，以爲尊賢使能，可使民富國強；莊子之政治見解則不同，其言曰：

「今遂至使民延頸舉踵曰：『某所有賢者』，贏糧而趣之，則內棄其親，而外去其主之事，足跡接乎諸侯之境，車軌結乎千里之外。則是上好知之過也。上誠好知而无道，則天下大亂矣。」（胠篋篇）

此言好賢好智而無道，則天下大亂。下文言其理由曰：

「何以知其然邪？夫弓弩畢弋機變之知多，則鳥亂於上矣；鉤餌罔罟罾笱之知多，則魚亂於水矣；削格羅落罝罘之知多，則獸亂於澤矣；知詐漸毒頡滑堅白解垢同異之變多，則俗惑於辯矣。故天下每每大亂，罪在於好知。故天下皆知求其所不知，而莫知求其所已知者，皆知非其所不善，而莫知非其所已善者，是以大亂。故上悖日月之明，下爍山川之精，中墮四時之施；惴耎之蟲，肖翹之物，莫不失其性。」（胠篋篇）

此言好賢好智之害，使萬物失其本性。天地篇曰：

「至治之世，不尚賢，不使能；上如標枝，民如野鹿；端正而不知以為義，相愛而不知以為仁，實而不知以為忠，當而不知以為信，蠢動而相使，不以為賜。是故行而无迹，事而无傳。」

此言「不尚賢」，「不使能」之原因：「至治之世」則君上如「標枝」之逍遙；下民如「野鹿」之自得。雖「不知以爲義」，而行爲端正。雖「不知以爲仁」，而人人相愛。雖「不知以爲忠」，而待人誠實。雖「不知以爲信」，而言行合宜。雖「不以爲賜」，而百姓相友助。行之無跡，事之無傳而已。由此觀之，莊子不尙賢智之目的，在於返樸而歸常。

㈣攘棄仁義

孔孟提倡仁義，莊子卻認爲若以仁義攖人之心，則天下大亂。其言曰：

「昔者黃帝始以仁義攖人之心，堯舜於是乎股无胈，脛无毛，以養天下之形，愁其五藏以爲仁義，矜其血氣以規法度。然猶有不勝也，堯於是放讙兜於崇山，投三苗於三峗，流共工於幽都，此不勝天下也夫，施及三王而天下大駭矣。下有桀跖，上有曾史，而儒墨畢起。於是乎喜怒相疑，愚知相欺，善否相非，誕信相譏，而天下衰矣；大德不同，而性命爛漫矣；天下好知，而百姓求竭矣。於是乎釿鋸制焉，繩墨殺焉，椎鑿決焉。天下脊脊大亂，罪在攖人心。故賢者伏處大山嵁巖之下，而萬乘之君憂慄乎廟堂之上。」（在宥篇）

此言以仁義攖人之心，雖形勞天下，如堯舜之股无胈，脛无毛，猶有所不勝，故莊子曰：「老聃曰：『汝愼無攖人心，人心排下而進上，上下囚殺，淖約柔乎剛強。廉劌彫琢，其熱焦火，其寒凝冰。其疾俛仰之間而再撫四海之外，其居也淵而靜，其動也縣而天。僨驕而不可係者，其唯人心乎？』」（在宥篇）

天道篇曾以孔子與老聃對話，批評仁義能亂人之性，其言曰：

「孔子西藏書於周室。子路謀曰：『由聞周之徵藏史有老聃者，免而歸居，夫子欲藏書，則試往因焉。』孔子曰：『善』。往見老聃，而老聃不許，於是繙十二經以說。老聃中其說，曰：『大謾，願聞其要。』孔子曰：『要在仁義。』老聃曰：『請問仁義，人之性邪？』孔子曰：『然。君子不仁則不成，不義則不生。仁義，眞人之性也，又將奚爲矣？』老聃曰：『請問，何謂仁義？』孔子曰：『中心物愷，兼愛无私，此仁義之情也。』老聃曰：『意，幾乎後言！夫兼愛，不亦迂乎！无私焉，乃私也。夫子若欲使天下无失其牧乎？則天地固有常矣，日月固有明矣，星辰固有列矣，禽獸固有羣矣，樹木固有立矣。夫子亦放德而行，循道而趨，已至矣；又何偈偈乎揭仁義，若擊鼓而求亡子焉！意，夫子亂人之性也。』」

此言「天地固有常矣，日月固有明矣，星辰固有列矣，禽獸固有羣矣，樹木固有立矣。」意謂自然之和諧如此，萬物各得其和以生，各得其和以長，各得其和以成。得者時也，失者順也。故曰「放德而行，循道而趨」，已達至善之境，何必勉力高舉仁義，破壞至德，迷亂人性。莊子喟然嘆曰：

「駢拇枝頭，出乎性哉，而侈於德；附贅縣疣，出乎形哉，而侈於性；多方乎仁義而用之者，列於五藏哉！而非道德之正也。」（駢拇篇）

觀莊子之意，在尊「道」而貴「德」，故曰：「多方乎仁義而用之者，列於五藏哉！而非道德之正也。」又曰：

「故意仁義其非人情乎！自三代以下者，天下何其囂囂也？」（駢拇篇）

「仁義又奚連連如膠漆纆索而遊乎道德之間爲哉？使天下惑也！夫小惑易方，大惑易性，何以知其然邪？自虞氏招仁義以撓天下也，天下莫不奔命於仁義，是非以仁義易其性與？」（駢拇篇）

仁義本爲人性所有，至德之世，端正而不知以爲義，相愛而不知以爲仁，故不必高舉仁義之名，多方而用之。否則世人必囂囂競逐。善者殺身成仁，捨生取義；貪求利祿富貴之不仁者，則絕己之天性，亡失分命之情，假借仁義之名以獲其所求，此所謂「小人則以身殉利，士則以身殉名，大夫則以身殉家，聖人則以身殉天下。」（駢拇篇）天下之人皆有所殉，安有不亂之理，故莊子曰：

「為之斗斛以量之，則并與斗斛而竊之；為之權衡以稱之，則并與權衡而竊之；為之符璽以信之，則并與符璽而竊之；為之仁義以矯之，則并與仁義而竊之。何以知其然邪？彼竊鉤者誅，竊國者為諸侯，諸侯之門而仁義存焉。則是非竊仁義聖智邪？故逐於大盜，揭諸侯，竊仁義并斗斛權衡符璽之利者，雖有軒冕之賞弗能勸，斧鉞之威弗能禁。此重利盜跖而使不可禁者，是乃聖人之過也。」（胠篋篇）

此乃說明攘棄仁義之理由。如田成子殺齊君而盜齊國，有乎盜賊之名，而身處堯舜之安，此非假借仁義之名而竊國乎？莊子亦曾舉例曰：

「跖之徒問於跖曰：『盜亦有道乎？』跖曰：『何適而无有道邪！夫妄意室中之藏，聖也；入先，勇也；出後，義也；知可否，知也；分均，仁也。五者不備而能成大盜者，天下未之有也。』由是觀之，善人不得聖人之道不立，跖不得聖人之道不行；天下之善人少而不善人多，則聖人之利天下也少而害天下也多。故曰：脣竭則齒寒，魯酒薄而邯鄲圍，聖人生而大盜起。掊擊聖人，縱舍盜賊，而天下始治矣。」（胠篋篇）

此言「聖」、「勇」、「義」、「智」、「仁」等德目，善人得之，以行其善；惡人得之，以行其惡。大盜亦可假借仁義之名，以行竊盜之實。以致天下之善人少而不善人多，則聖人之利天下也少，而害天下也多。此等德目爲聖人所立，故曰：「聖人不死，大盜不止」，意謂惟有攘棄仁義，民德方可復其眞樸。故下文曰：「攘棄仁義，而天下之德始玄同矣。」

㈤殫殘禮法

孔子答顏淵復禮之問曰：「非禮勿視，非禮勿聽，非禮勿言，非禮勿動」，足見禮爲言行之規範，爲人日用所不能離者，孟子曰：「無惻隱之心，非人也；無羞惡之心，非人也；無辭讓之心，非人也；無是非之心，非人也。惻隱之心，仁之端也。羞惡之心，義之端也。辭讓之心，禮之端也。是非之心，智之端也。人之有是四端也，猶其有四體也。有是四端而自謂不能者，自賊者也。」此言禮是恭敬之心，辭讓之心。荀子禮論篇曰：「禮起於何也？曰：人生而有欲，欲而不得，則不能無求，求而無度量分界，則不能不爭，爭則亂，亂則窮。先王惡其亂也，故制禮義以分之，以養人之欲，給人之求，使欲必不窮乎物，物必不屈於欲，兩者相持而長，是禮之所起也。」此言禮所起之本意，在欲不盡於物，物不竭於欲，欲與物相扶持，故能長久。修身篇曰：「禮者所以正身也。故非禮是無法也。故學也者禮法也。」勸學篇曰：「禮者，法之大分，類之綱紀也。」大戴禮記禮察篇曰：「凡人之知，能見已然，不能見將然。禮者禁於將然之前，而法者禁於已然之後。」此皆禮法並稱，故鄭玄曰：「王謂之禮經，邦國官府謂之禮法。」是法與禮二者實相貫通，初未嘗判為二事，至管子始主以法治國，是法治導源於禮治，亦可於此察之矣。

莊子則主張盡去禮法，其言曰：

「殫殘天下之聖法，而民始可與論議。……法之所无用也。」（胠篋篇）

「道德不廢，安取仁義！性情不離，安用禮樂！」（馬蹄篇）

此言聖法無用，故主去之；禮樂離性，故主廢之。莊子以為禮樂遍行，而天下亂矣。其言曰：

「繕性於俗，學以求復其初；滑欲於俗，思以求治其明，謂之蔽蒙之民。古之治道者，以恬養知；知生而無以知為也，謂之以知養恬。知與恬交相養，而和理出其性。夫德，和也；道，理也。德無不容，仁也；道無不理，義也；義明而物親，忠也；中純實而反乎情，樂也；信行容體而順乎文，禮也。禮樂徧行，則天下亂矣。」（繕性篇）

此言「仁」、「義」、「忠」、「樂」、「禮」等德目之涵義，為人本性所備有，皆含容於道德之內。如能遊心於大道；順應於德化，以智慧與恬靜交相培養，則本性自然流露。若以一人所作之禮樂，強普天下偏行，則天下大亂，民失其本性，此下文所謂「喪己於物，失性於俗」也。故莊子曰：

「失道而後德，失德而後仁，失仁而後義，失義而後禮。禮者，道之華，而亂之首也。」（知北遊）

此言禮法乃是應社會之弊而生，且因時而變，不可常守，故莊子曰：

「夫三皇五帝之禮義法度，不矜於同而矜於治。故譬三皇五帝之禮義法度，其猶柤梨橘柚邪！其味相反而皆可於口。故禮義法度者，應時而變者也。今取蝯狙而衣以周公之服，彼必齕齧挽裂，盡去而後慊。觀古今之異，猶蝯狙之異乎周公也。」（天運篇）

禮法應時而變，無所可守，故莊子主張盡去之。以復人性之本眞，而茫然悠遊乎大道，放任於無累之境。

四、理想之國家

莊子之理想國家，類似陶淵明之桃花源，老子之小國寡民。馬蹄篇曾以馬作爲比喻，申述其無爲自化之理想社會。在此社會中，百姓能得其「眞性」，逍遙自適。其言曰：

「彼民有常性，織而衣，耕而食，是謂同德；一而不黨，命曰天放。故至德之世，其行塡塡，其視顚顚。當是時也，山无蹊隧，澤无舟梁；萬物羣生，連屬其鄉；禽獸成羣，草木遂長。是故禽獸可係羈而遊，烏鵲之巢可攀援而闚。夫至德之世，同與禽獸居，族與萬物竝，惡乎知君子小人哉！同乎无知，其德不離；同乎无欲，是謂素樸；素樸而民性得矣。」

此言任天而遊之境界如此。在此理想社會中，民有常性。就物質文明而言，莊子無意返回太古時代，故曰：「織而衣，耕而食。」就諧和狀態而言，國與國之間，不伐不奪，不往不來，故曰：「山無蹊隧，澤無舟梁。」萬物之間，渾然一體，各得其樂，故曰：「萬物羣生，連屬其鄉，禽獸成羣，草木遂長。是故禽獸可係羈而遊，烏鵲之巢可攀援而闚，夫至德之世，同與禽獸居，族與萬物並。」人與人之間，順應自然而生，無智巧機詐之行，故曰；「惡知君子小人哉！同乎無知，其德不離，同乎無欲，是謂素樸。」精神境界，則是游心於淡泊，不失其眞性，故曰：「一而不黨，命曰天放。故至德之世，其行塡塡，其視顚顚。」此皆就「心境」而言，非謂生於今而可返於古也。

胠篋篇亦曾述及莊子理想之國家，其言曰：

「子獨不知至德之世乎？昔者容成氏、大庭氏、伯皇氏、中央氏、栗陸氏、驪畜氏、軒轅氏、赫胥氏、尊盧氏、祝融氏、伏戲氏、神農氏，當是時也，民結繩而用之，甘其食，美其服，樂其俗，安其居。鄰國相望，雞狗之音相聞，民至老死而不相往來。若此之時，則至治已。」

「民結繩而用之」，言其世風純樸，不用智巧。「甘其食，美其服」，言其物質文明。「樂其俗，安其居」，言其精神境界。「鄰國相望，雞狗之音相聞，民至老死而不相往來」，言其無爲而自化。如此美滿之社會，可謂眞正太平之世也。

第三章　老莊異同之探究

史記老莊申韓列傳曰：「莊子者，蒙人也，名周。……其學無所不闚，然其要本歸於老子之言。……以詆訿孔子之徒，以明老子之術。」據此可知莊子思想乃闡明老子之術者也。老子之道德經與莊子之南華經，如道家思想中之日月，相互輝映，照耀中國思想界兩千餘年。而老自老，莊自莊，雖同屬道家，兩者思想不同，其異同如何？爰比較而說明之：

第一節　形上學之比較

一、比較老莊對「道」之觀念

㈠本體論之比較

本體論乃是探討宇宙之本源。老子認爲宇宙萬物，必有其生成之本源。此本源之名稱爲何？不可得而知，故曰：

「有物混成，先天地生，寂兮寥兮，獨立不改，周行而不殆，可以爲天下母，吾不知其名，字之曰道，強爲之名曰大。」（二十五章）

老子以爲在天地萬物形成之前，卽有一物存在，此物混然而成，靜而無聲；動而無形，獨立長存，永恒不變；循環運行，生生不息。此物卽天地萬物之本源也。老子不知其名，勉強稱之爲道，姑且名之曰大。

按：此「有物混成，先天地生。寂兮寥兮，獨立不改，周行而不殆，可以爲天下母。」卽大宗師篇「未有天地，自古以固存。神鬼神帝，生天生地。在太極之先而不爲高，在六極之下而不爲深。先天地生而不爲久，長於上古而不爲老」之義。此「吾不知其名，字之曰道，強爲之名曰大」卽則陽篇「道之爲名，所假而行」之義也。

老子所言之「道」，是宇宙本體之常道。此常道，不可以言詮，可言詮者非常道也。故曰：

「道可道，非常道。」（一章）

按：此卽齊物論「道昭而不道」之義也。

此道之性質爲何？老子曰：

「道之爲物，惟恍惟惚。惚兮恍兮，其中有象；恍兮惚兮，其中有物。窈兮冥兮，其中有精；其精甚眞；其中有信。」（二十一章）

按：此「道之爲物，惟恍惟惚」，卽在宥篇「至道之精，窈窈冥冥；至道之極，昏昏默默」之義也。此「惚兮恍兮，其中有象；恍兮惚兮，其中有物」，卽天地篇「冥冥之中，獨見曉焉；無聲之中，獨聞和焉」，至樂篇「芒乎芴乎，而無從出乎；芴乎芒乎，而無從象乎」之義也。此「道之爲物，……其中有精，其精甚眞，其中有信」，卽齊物論「可行己信，而不見其形」，大宗師篇「夫道，有情有信，無爲無形」之義也。此「道之爲物，……其中有精」，卽天下篇「以本爲精」之義也。

何謂恍惚？老子曰：

「視之不見名曰夷；聽之不聞名曰希；搏之不得名曰微；此三者不可致詰，故混而爲一。其上不皦，其下不昧，繩繩不可名，復歸於無物。是謂無狀之狀，無物之象。是謂恍惚。」（十四章）

按：此卽大宗師篇「夫道……可傳而不可受，可得而不可見」，知北遊篇「終日視之而不見，聽之而不聞，搏之而不得」之義也。

道是恍恍惚惚，窈窈冥冥，「無狀之狀，無物之象」。然其中有「物」、「象」、「精」、「信」，是以吾人知老子之道，雖是恍惚窈冥之物，而非等於零，非空無所有，乃是無「物象」之意。道與萬物兩者之關係：道是萬物之抽象原理；萬物是道之具體顯現。此原理是永恒不滅之實體，亦卽齊物論「非彼無我，非我無所取，是亦近矣，而不知其所爲使。若有眞宰，而特不得其眹。可行已信，而不見其形，有情而無形」之義也。

道既是實體，何以又是「無狀之狀，無物之象」？韓非子解老篇曰：

「道者，萬物之所然也，萬理之所稽也。理者，成物之文也；道者，萬物之所成也。……萬物各有理，而道盡稽萬物之理，故不得不化；不得不化，故無常操。」

又曰：

「凡物之有形者易裁也，易割也。何以論之？有形則有短長，有短長則有小大，有小大則有方圓，有方圓則有堅脆，有堅脆則有輕重，有輕重則有白黑。短長、小大、方圓、堅脆、輕重、白黑之謂理。理定而物易割也。」

道無常操，故能爲萬物之本源。

(二)宇宙論之比較

宇宙論乃是推原宇宙生成之過程、道生萬物之過程如何？老子曰：

「道生一，一生二，二生三，三生萬物。」（四十二章）

「天下萬物生於有，有生於無。」（四十章）

此言宇宙萬物生成之秩序。首先由「道」生「一」，即由「無」生「有」，自「無極」而生「太極」。一生二是由太極生陰陽。二生三是由陰陽二氣相交而產生第三者。以此類推，陰陽物類，生生不息，而有萬物，故曰「三生萬物」。

按：此「天地萬物生於有，有生於無」，即至樂篇「萬物職職，皆從無爲殖」，齊物論「有有也者，有無也者，有未始有無也者，有未始有夫未始有無也者」之義也。

由此可知老子乃是一元論之宇宙觀，從「一」產生「多」，「道」產生「萬物」，將一切個體之差別，各種實體性質之差別，歸於一無限之實體（道）。老子言「道生一」，此「一」皆不離「陰陽」與「萬物」，萬物必得其「一」以生，故老子曰：「昔之得『一』者——天得『一』以清；地得『一』以寧；神得『一』以靈；谷得『一』以盈，萬物得「一」以生；侯王得『一』以爲天下貞」。（三十九章）

韓非子解老篇曰：

「道者……天得之以高；地得之以藏；維斗得之以成威；日月得之以恒其光；五常得之以常其位；列星得之以端其行；四時得之以御其變氣；軒轅得之以擅四方；赤松得之與天地統；聖人得之以成文章。」

按：此卽大宗師篇「夫道……豨韋氏得之以挈天地；伏羲氏得之以襲氣母；維斗氏得之終古不忒；日月得之終古不息；堪坏得之以襲崑崙；馮夷得之以游大川；肩吾得之以處大山；黃帝得之以登雲山；顓頊得之以處玄宮；禺強得之立乎北極；西王母得之坐乎少廣；莫知其始，莫知其終；彭祖得之，上及有虞，下及五伯；傅說得之，以相武丁，奄有天下，乘東維，騎箕尾，而比於列星」之義也。

道生萬物之過程，老子分作兩個階段。在恍惚混沌，變而未變之際，稱之爲「無」，已變而尚未成具體事物之際，稱之爲「有」（張師起鈞語）老子曰：

「無，名天地之始；有，名萬物之母。」（一章）

按：此卽齊物論「有始也者，有未始有始也者，有未始有夫未始有始也者」，天地篇「泰初有无无，有无名，一之所起，有一而未形」之義也。

宇宙萬有爲道所生，而且尚須受道之法則所支配。故老子曰：

「大道氾兮，其可左右。萬物恃之以生而不辭，功成而不有，衣養萬物而不爲主。」（三十四章）

「道生之，德畜之，物形之，勢成之。是以萬物莫不尊道而貴德，道之尊，德之貴，夫莫之命而常自然。故道生之，德畜之；長之育之；亭之毒之；養之覆之。

生而不有，爲而不恃，長而不宰，是謂玄德。」（五十一章）

按：此「是謂玄德」卽天地篇「是謂玄德」之文也。

萬物不僅由道而生，在旣生之後，尙須長、養、覆、育，由此可見老子主張道「無所不包」說。此與莊子「道無所不在」說，顯然不同。知北遊曰：

「東郭子問於莊子曰：『所謂道，惡乎在？』莊子曰：『無所不在。』東郭子曰：『期而後可。』莊子曰：『在螻蟻。』曰：『何其下邪？』曰：『在稊稗。』曰：『何在愈下邪？』曰：『在瓦甓。』曰：『何其愈甚邪？』曰：『在屎溺。』東郭子不應。莊子曰：『夫子之問也，固不及質。正獲之問於監市履狶也，每下愈況。汝唯莫必，無乎逃物。至道若是，大言亦然。周徧咸三者，異名同實，其指一也。』」

老莊對「道」之觀念，在本體論中相同，然而在宇宙論中，卻頗有不同。吳怡曰：「老子稍偏於道無所不包說，認爲道是形而上的，物是形而下的。物雖然不是道；但物的一切作用，越不出道的範圍；所以道中有物，道生萬物。可是莊子卻強調道無所不在說，把形上形下打成一片，把道和物融成一體。認爲道非高不可攀；而是有物的地方，便有道的存在。」（道家思想的精神及其流變）又曰：「老子的道高高在上，其作用於人生的乃是許多理則。這些理則是變道。我們必須把握變道，才能回返常道。而莊子的道與物同在，且活現於人生；因此不必著意去應變，只要卽物就可以入道。」（同上）此言深得其要。兩者之區別在：老子是「道」與「萬物」之間有「變道」，故老子思想重應變。莊子是「道」與「萬物」融成一體，故莊子思想重齊物。

總觀以上本體論及宇宙論之比較，可略知老莊對「道」之觀念。下面再比較兩者對「德」之觀念。

二、比較老莊對「德」之觀念

(一)老子對「德」之觀念

老子曰：

「是謂玄德」（十章）

「孔德之容，惟道是從。」（二十一章）

「德者，同於德。」（二十三章）

「常德不離，復歸於嬰兒。」（二十八章）

「常德不忒，復歸於無極。」（同上）

「常德乃足，復歸於樸。」（同上）

「上德不德，是以有德；下德不失德，是以無德。上德無爲而無以爲；下德無爲而有以爲。」（三十八章）

「失道而後德，失德而後仁。」（同上）

「上德若谷。」（四十一章）

「廣德若不足。」（同上）

「建德若偷。」（同上）

「質德若渝。」（同上）

「善者吾善之，不善者吾亦善之，德善。」（四十九章）

「信者吾信之，不信者吾亦信之，德信。」（同上）

「生而不有，爲而不恃，長而不宰，是謂玄德。」（五十一章）

「尊道而貴德」（同上）

「修之身，其德乃眞；修之家，其德乃餘；修之鄉，其德乃長；修之邦，其德乃豐；修之於天下，其德乃普。」（五十四章）

「含德之厚，比於赤子。」（五十五章）

「早服謂之重積德。」（五十九章）

「兩不相傷，故德交歸焉。」（六十章）
「報怨以德。」（六十三章）
「常知稽式，是謂玄德。」（六十五章）
「不爭之德。」（六十八章）
「有德司契，無德司徹。」（七十九章）

㈡莊子對「德」之觀念

莊子曰：
「之人也，之德也，將旁礴萬物以爲一世蘄乎亂。」（逍遙遊）
「夫道未始有封，言未始有常，爲是而有畛也，請言其畛，有左有右，有倫有義，有分有辯，有競有爭，此之謂八德。」（齊物論）
「德蕩乎名，知出乎爭。」（人間世）
「德厚信矼，未達人氣。」（同上）
「名之曰日漸之德不成，而況大德乎！」（同上）
「若成若不成而後無患者，唯有德者能之。」（同上）
「支離其形者，猶以養其身，終其天年，又況支離其德者乎！」（同上）

「鳳兮鳳兮，何德之衰也。」（同上）

「已乎！已乎！臨人以德。」（同上）

「不知耳目之所宜，而遊心乎德之和。」（德充符）

「知不可奈何而安之若命，唯有德者能之。」（同上）

「猶務學以復補前行之惡，而況全德之人乎！」（同上）

「形全猶足以爲爾，而況全德之人乎！」（同上）

「德者，成和之修也。德不形者，物不能離也。」（同上）

「吾與孔丘，非君臣也，德友而已矣。」（同上）

「德有所長而形有所忘。」（同上）

「德爲接……無喪，惡用德。」（同上）

「以德爲循……以德爲循者，言其與有足者至於丘也。」（大宗師）

「其德甚眞。」（應帝王）

「是歎德也。」（同上）

「是殆見吾杜德機也。」（同上）

「儵與忽謀報渾沌之德。」（同上）

㈢老莊觀念之比較

總觀以上老莊對「德」之觀念，大不相同。老子所言之玄德、孔德、常德、上德、下德、廣德、建德、質德等，皆指自然之德。此德乃人之稟賦，其意義略近於儒家所言之「性」。然而莊子在內七篇中所言之德，皆指修行之德，此德非常人所能有，其意義略近於儒家所言之「德」。此兩者之異也。

第二節　知識論之比較

一、知識之本質

老子曰：

「知人者智，自知者明。」（三十三章）

此言經由觀察認識外物者謂之智；經由內省之功，知道自己天賦之本眞者謂之明。王弼注曰：「知人者智而已矣，未若自知者超人之上。」此「明」與「智」兩者之區別。老子言知識之本質，在尙「明」以求「眞知」；棄「智」以止妄知；知「不知」以守常道。玆分別說明如下：

㈠尚明以求眞知

老子曰：

「復命曰常，知常曰明。」（十六章）

此「知常曰明」者，言知萬物變化之常道者謂之明。又曰：

「聖人常善救人。故無棄人；常善救物，故無棄物。是謂襲明。」（二十七章）

「襲明」者，言因順常道也。又曰：

「用其光，復歸其明。」（五十二章）

「復歸其明」者，言照外之光，返照內心之本明也。又曰：

「知和曰常，知常曰明。」（五十五章）

此「知常曰明」與十六章「知常曰明」意同。

據以上所言，知老子所謂「明」者，乃是內明於心，見人之性；明萬物之本體，明萬物之變化也。

按：莊子曰：

「欲是其所非，而非其所是，則莫若以明。」（齊物論）

「是亦一無窮，非亦一無窮，故曰：莫若以明。」（同上）

「是謂滑疑之耀，聖人之所圖也。為是不用，而寓諸庸，此之謂以明。」（同上）

「彼人含其明，則天下不鑠也。」（胠篋篇）

觀莊子所言之「明」，乃是「明道」，與老子之「明」意同。齊物論曰：

「彼是（此）莫得其偶，謂之道樞。樞始得其環中，以應無窮。」

人間是非無窮，使其莫得對偶，卽無是無非之意，此乃眞人之境界。大宗師曰：

「有眞人而後有眞知。」

郭象注曰：「有眞人而後天下之知，皆得其眞，而不可亂。」是以知老莊皆注重睿智之知，內求之知，皆尙「明」以求眞知。

(二)棄智以止妄知

老子教人棄智，皆屬權謀智巧，外在之知，而非內在之知，非本然之知。故曰：

「使夫智者不敢爲也。」（三章）

「智慧出有大僞。」（十八章）

「絕聖棄智，民利百倍。」（十九章）

「人多伎巧，奇物滋起。」（五十七章）

「古之善爲道者，非以明民，將以愚之。民之難治，以其智多。以智治國，國之賊，不以智治國，國之福。」（六十五章）

按：莊子曰：

「舉賢則民相軋，任智則民相盜。」（庚桑楚）

「將爲胠篋探囊發匱之盜而爲守備，則必攝緘縢，固扃鐍，此世俗之所謂知也。然而巨盜至，則負匱揭篋擔囊而趨，唯恐緘縢扃鐍之不固也。」（胠篋）

是以知老莊所謂「智」，皆爲權謀機詐，而非人類固有之聰明智慧。所謂「愚」乃是教人去其權謀智巧，身不妄爲，意不妄動，而非所謂「愚笨」之「愚」。心存本眞之清明，棄智以止妄知，此老莊之所同也。故其知識之本質，應是不知之知。

㈢知不知以守常道

老子曰：

「是以聖人處無爲之事，行不言之敎。」（二章）

「知者不言，言者不知。」（五十六章）

莊子曰：

「知者不言，言者不知。」（天道篇）

「知者不言，言者不知，故聖人行不言之敎。」（知北遊）

按：老莊皆言「知者不言，言者不知。」意謂「知天道者不言，言者不知天道。」聖人知天道有常，守其常，故不言；世人所知者，乃逐物所得，雖多言，而不合天道。是以聖人行不言之敎，以輔萬物之自然。

老子曰：

「知不知上，不知知病。」（七十一章）

聖人知止其所不知，故曰：「知不知，上。」世人強不知以爲知，故曰：「不知知病。」莊子曰：

「知，止其所不知，至矣。」（齊物論）

與此同意。

按：莊子曰：

「齧缺問乎王倪曰：子知物之所同是乎？曰：吾惡乎知之？子知子之所不知耶？曰：吾惡乎知之？然則物无知耶？曰：吾惡乎知之？雖然，嘗試言之，庸詎知吾所謂知之非不知耶？庸詎知吾所謂不知之非知耶？」（齊物論）

「齧缺問於王倪。四問而四不知。」（應帝王）

「泰清問乎無窮曰：子知道乎？無窮曰：吾不知。又問乎無爲。無爲曰：吾知道。曰：子之知道亦有數乎？曰：有。曰：其數若何？無爲曰：吾知道之可以貴，可以賤，可以約，可以散，此吾所以知道之數也。泰清以之言也，問乎無始。曰：若是則無窮之弗知，與無爲之知，孰是而孰非乎？無始曰：不知深矣，知之淺矣；弗知內也，知之外也。於是泰清中而歎曰：弗知乃知乎！知乃不知乎！孰知不知之知？」（知北遊）

此數段皆言：知「不知」以守常道，與老子意同。

二、求知之方法

㈠破我執

老子曰：

「唯之與阿，相去幾何？善之與惡，相去何若？」（二十章）

「天下皆知美之爲美，斯惡矣；皆知善之爲善，斯不善矣。故有無相生，難易相成，長短相形，音聲相和，前後相隨。」（二章）

眞知存於絕對之本體，而不在相對之現象界。未始有物之先，萬物混然一體，本無美醜、善惡、唯阿、有無、難易、前後之區別。及人類皆知美之爲美，便執著於美；皆知善之爲善，便執著於善。使美與惡、善與不善，形成相對之觀念，以致引起紛爭。老子之態度，乃是對此紛爭局面，提出原理原則，作爲處理之方法。莊子則以爲此現象界之一切「稱謂」、「概念」、以及「價値判斷」，皆在相對之關係中產生。而此相對之關係，經常隨時間與空間之變動而改變。或今日以爲美，他日以爲醜；或此處以爲善，彼處以爲不善。因此世俗之一切「稱謂」、「概念」，以及「價値判斷」，隨時隨地皆在變動之中，故唯有破除主觀之執著，方能呈現本心之淸明；方能求得眞知。此兩者之異也。

按：莊子曰：

「未成乎心而有是非，是今日適越而昔至也；是以無有爲有。無有爲有，雖有神禹，且不能知，吾獨且奈何哉？」（齊物論）

「道惡乎隱，而有眞僞？言惡乎隱，而有是非？道惡乎往而不存？言惡乎存而不可？道隱於小成，言隱於榮華；故有儒墨之是非。以是其所非，而非其所是。」（同上）

老子書中，是非相對之說，不甚明顯。然時至莊子，由於百家爭鳴，紛然淆亂。莊子蓋本老子之意，主張齊萬物、一是非。故曰：

「物無非彼，物無非是，自彼則不見，自知則知之。故曰：彼出於是，是亦因彼；彼是方生之說也。雖然，方生方死，方死方生；方可方不可，方不可方可；因

是因非，因非因是；是以聖人不由，而照之於天，亦因是也。」（齊物論）

此「聖人不由，而照之於天」者，謂聖人能超脫於是非之論以外，不經由是非之途，而能照明於天然之大道也。又曰：

「莊子謂惠子曰：孔子行年六十而六十化，始時所是，卒而非之，未知今之所謂是之非五十九年非也。惠子曰：孔子勤志服知也。莊子曰：孔子謝之矣，而其未之嘗言。孔子云：夫受才乎大本，復靈以生。鳴而當律，言而當法，利義陳乎前，而好惡是非直服人之口而已矣。使人乃以心服，而不敢蘁立，定天下之定。已乎已乎！吾且不得及彼乎！」（寓言篇）

其「始時所是，卒而非之。」正乃說明世人無眞知，世俗之主觀，隨時間之變易而變易。現象界之知識，何者爲是？何者爲非？無共同絕對之標準。若各執己見以爲是，必會「樊然淆亂」。故曰：

「民溼寢則腰疾偏死，鰌然乎哉？木處則惴慄恂懼，猨猴然乎哉？三者孰知正處？民食芻豢，麋鹿食薦，蝍且甘帶，鴟鴉耆鼠；四者孰知正味？猨、猵狙以爲雌；麋與鹿交；鰌與魚游；毛嬙、麗姬，人之所美也，魚見之深入，鳥見之高飛，麋鹿見之決驟：四者孰知天下之正色哉？」（齊物論）

此以「正處」、「正味」、「正色」爲例，說明處、味、色，萬物之間無絕對標準。故曰：

「是以聖人和之以是非。」（齊物論）

「和之以是非」，卽破除由「智」而來之主觀執著，莊子處理之方法是「破我執」、齊「物論」；老子之處理方法是「絕聖棄智」、「少思寡欲」。此兩者之異也。

㈡辨名實

老子曰：

「名可名，非常名。」（一章）

「名」者所以命物，故名是形而下區別萬物之工具，此爲可名之名。「常名」是形而上之道體，此爲不可名之名。道生萬物，是由「無」而「有」，故曰：

「天下萬物生於有，有生於無。」（四十章）

有生於無，故「名」出於「無名」，道本無名，故曰：

「道常無名樸。」（三十二章）

由形而上至形而下，現象界萬物不得不有名，故曰：

「樸散則爲器。」（二十八章）

名者所以指物，既有所指，便不能隨意改變。如改「善」爲「惡」，改「是」爲「非」，豈不樊然淆亂，故曰：

「始制有名，名亦既有，夫亦將知止，知止可以不殆。」（三十二章）

名之功用，在認識外物，必止於名實相符，方能避免知識混亂，故曰：「知止可以不殆。」名必有義界，如不守其義界，則後起之名，亂而不止，故曰：

「化而欲作，吾將鎮之以無名之樸。」（三十七章）

人心由「貪欲」返回「眞樸」，此爲老子辨名實之目的。

按：逍遙遊曰：「名者實之賓也。」人間世曰：「德蕩乎名，知出乎爭，名也者相軋也；知也者爭之器也。二者凶器，非所以盡行也。……虛者心齋也。……若能入遊其樊，而無感其名，入則鳴，不入則止。」此「無感其名」，卽忘名之意。老子言「無名」，在「知止不殆」；莊子言「忘名」，在不譴是非。此兩者之異也。

㈢學不學

老子曰：

「學不學以復衆人之所過。」（六十四章）

莊子曰：

「學者學其所不能學也。」（庚桑楚）

按：老莊所學者是體悟大道；所不學者是世俗之學。體悟大道，可以挽救離道失眞之過，不學世俗之學，可以使知識不亂。故老子曰：

「絕學無憂。」（二十章）

河上公注曰：「學謂政教禮俗之學。」（河上公章句）又曰：「除浮華則無憂患也。」（同上），除去「唯」、「阿」、「善」、「惡」等世俗價値判斷之學，則無所憂慮，故曰：

「爲學日益，爲道日損。」（四十八章）

河上公曰：「學謂政教禮俗之學也。日益者，情欲文飾，日以益多。道謂自然之道也；日損者，情欲文飾，日益消損。」（河上公章句）「爲學」則情欲日增，崇尚智巧，以至於妄爲；「爲道」則情欲日損，若愚若拙，以至於無爲。「爲道」而「日損」之法，在「學不學」，故老子曰：

「不出戶，知天下；不闚牖，見天道。其出彌遠，其知彌少。是以聖人不行而知，不見而明，不爲而成。」（四十七章）

世人如能除情欲、順天理，則萬物之理，皆存之於心，故不出戶可知天下之事；不闚牖可見天道之常。心智外求，便失去內省之功，精神散亂，故其出彌遠，其知彌少。聖人應天理、順自然，故不行而知，不見而明，不爲而成。此老子反變歸常，與大道相通之方法也。

按：莊子曰：

「桓公讀書於堂上。輪扁斲輪於堂下，釋椎鑿而上，問桓公曰：『敢問，公之所讀者何言邪？』公曰：『聖人之言也。』曰：『聖人在乎？』公曰：『已死矣。』曰：『然則君之所讀者，古人之糟魄已夫！』桓公曰：『寡人讀書，輪人安得議乎！有說則可，無說則死。』輪扁曰：『臣也以臣之事觀之。斲輪，徐則甘而不固，疾則苦而不入。不徐不疾，得之於手而應之於心，口不能言，有數存焉於其間。臣不能以喻臣之子，臣之子亦不能受之於臣，是以行年七十而老斲輪。古之人與其不可傳也死矣，然則君之所讀者，古人之糟魄已夫！』」（天道）

此言世俗之學，在求古人之糟魄而已；莊子所學者，在學聖人之道。又曰：

「孔子謂老聃曰：『丘治詩書禮樂易春秋六經，自以爲久矣，孰知其故矣；以奸者七十二君，論先王之道，而明周召之迹，一君无所鉤用。甚矣夫！人之難說也，道之難明邪？』老子曰：『幸矣子之不遇治世之君也！夫六經，先王之陳迹也

，豈其所以迹哉！今子之所言，猶迹也。夫迹，履之所出，而迹豈履哉！」（天運）

此言世俗之學讀六經，然六經乃先王陳腐之遺跡，而非其眞跡；莊子所學者，在明先王之道。又曰：

「所謂暖姝者，學一先生之言，則暖暖姝姝而私自說也，自以爲足矣，而未知未始有物也。」（徐無鬼）

此謂世俗之學，在學一先生之言，自以爲足矣；莊子所學者，在明宇宙萬物所以然之理。又曰：

「吾生也有涯，而知也無涯。以有涯隨無涯，殆已！已而爲知者，殆而已矣！」（養生主）

此言世俗之知識無涯，世人以有限之生命，追求無涯之情欲，雖力竭精疲，終無追及之日，故又曰：

「緣督以爲經，可以保身，可以全生，可以養親，可以盡年。」（養生主）

世俗追求情欲之知識無窮，莊子所學者，在求眞知，故曰：

「有眞人而後有眞知」（大宗師）

此眞知，卽莊子所謂「學者學其所不能學也。」學不學，悟大道；棄糟魄，求眞知。此老莊之所同也。

第三節　人生哲學之比較

一、老莊時間觀念之比較

就「時」而言，老子教人「把握機先」，莊子則「與時俱化」。故老子思想重「應變」，偏於哲理之超脫，莊子思想重「順變」，偏於無爲而任化。茲舉例說明如下：

老子曰：

「其安易持，其未兆易謀，其脆易泮，其微易散。爲之於未有，治之於未亂。合抱之木，生於毫末；九層之臺，起於累土；千里之行，始於足下。……民之從事，常於幾成而敗之。愼終如始，則無敗事。」（六十四章）

此「爲之於未有，治之於未亂」，皆就時間而言，須掌握「機先」。又曰：

「圖難於其易。爲大於其細，天下難事，必作於易，天下大事，必作於細。是以聖人終不爲大，故能成其大。」（六十三章）

此「於其易」、「於其細」，「作於易」、「作於細」，皆謂處事治世原則，應把握有利「時機」。

按：莊子曰：

「始卒若環，莫得其倫。」（寓言篇）

此始卒若環，意謂時間無始無終。又曰：

「因之以曼衍，所以窮年也。」（齊物論）

此言順任自然（時間）之變化，不滯情於物，便能安時而處順，無憂無慮，享盡天賦之壽命。又曰：

「忘年忘義，振於无竟。」（齊物論）

此忘死生之年，意謂忘時間之長短。又曰：

「適來，夫子時也；適去，夫子順也。安時而處順，哀樂不能入也。」（養生主）

「得者，時也；失者，順也。安時而處順，哀樂不能入也。」（大宗師）

此安時而處順，意謂安於時機，順應自然之變。又曰：

「夫物，量无窮，時无止，分无常，終始无故。……證曏今故，故遙而不悶，掇而不跂，知時无止。」（秋水篇）

此「時无止」，謂時光流逝，永無休止。又曰：

「莊子行於山中，見大木，枝葉盛茂，伐木者止其旁而不取也。問其故，曰：『无所可用。』莊子曰：『此木以不材得終其天年。』夫子出於山，舍於故人之家。故人喜，命豎子殺雁而烹之。豎子請曰：『其一能鳴，其一不能鳴，請奚殺？』主人曰：『殺不能鳴者。』明日，弟子問於莊子曰：『昨日山中之木，以不材得終其天年，今主人之雁，以不材死；先生將何處？』莊子笑曰：『周將處夫材與不材之間。材與不材之間，似之而非也，故未免乎累。若夫乘道德而浮游則不然。无譽无訾，一龍一蛇，與時俱化，而無肎專爲；一上一下，以和爲量，浮游乎萬物之祖；物物而不物於物，則胡可得而累耶！』」（山木篇）

此言莊子不執於「時」，故能「與時俱化」。

二、老莊空間觀念之比較

就「位」而言，老子教人處「下」，守「後」，其言曰：

「聖人後其身而身先，外其身而身存，非以其無私耶？故能成其私。」（七章）

此就「位」而言，聖人效法天地之德，故「後其身」、「外其身」，「後」者意謂謙讓，虛己。「外」者意謂無私、忘己。又曰：

「江海能爲百谷王者，以其善下之，故能爲百谷王。是以聖人欲上民，必以言下之；欲先民，必以身後之。是以聖人處上而民不重，處前而民不害。」（六十六章）

此以江海處「下位」，故能爲百川所會往。比喻聖人（帝王）欲受萬民之擁戴，爲天下人心之所歸往者，必以言「下」之。「下」者謙下之義也。又曰：

「貴以賤爲本，高以下爲基。」（三十九章）

此言侯王應體悟「貴以賤爲本，高以下爲基」之理，而「居賤」、「處下」。「賤」、「下」者，謙卑之義也。又曰：

「大國以下小國則取小國；小國以下大國則取大國。故或下以取，或下而取。大國不過欲兼畜人，小國不過欲入事人。夫兩者各得所欲，大國宜爲下。」（六十一章）

此言大國應如江海之處「下位」，對小國謙下，便可取得小國之入事，爲天下人之所歸往。

老子執於「位」，講利用，故對先後、內外、上下、貴賤、高低等之相對關係，皆提出可守之理則。莊子不執於「位」，故無理則可守。此兩者之異也。

按：莊子曰：

「恢恑憰怪，道通爲一。」（齊物論）

此言大小美醜，以道眼觀之，了無區別。又曰：

「天下莫大於秋毫之末，而大山爲小；莫壽乎殤子，而彭祖爲夭。天地與我並生，而萬物與我爲一。」（齊物論）

此言以道眼觀之，萬物混同。又曰：

「至人神矣，大澤焚而不能熱，河漢沍而不能寒，疾雷破山，飄風振海而不能驚。若然者，乘雲氣，騎日月，而遊乎四海之外，死生無變於己，而況利害之端乎？」（齊物論）

此「死生無變於己，而況利害之端乎？」謂至人齊「死生」，一「利害」，故不講利用，不執於「位」，順應自然而已。又曰：

「旁日月，挾宇宙，爲其脗合，置其滑涽，以隸相尊。衆人役役，聖人愚芚，參萬歲而一成純，萬物盡然，而以是相蘊。」（齊物論）

此言聖人境界，量同宇宙，兼容並包，任萬物混同，不以己尊而物賤也。又曰：

「夢飲酒者旦而哭泣，夢哭泣者旦而田獵。方其夢也，不知其夢也。且有大覺而

後知此其大夢也。而愚者自以爲覺，竊竊然知之，君乎牧乎，固哉！」（齊物論）

此言愚者自以爲清醒，明察多智，待大覺而後始知此其大夢也。又曰：

「昔者莊周夢爲胡蝶，栩栩然胡蝶也。自喩適志與！不知周也。俄然覺，則蘧蘧然周也。不知周之夢爲胡蝶與？胡蝶之夢爲周與？周與胡蝶，則必有分也；夢則不知分也。此之謂物化。」（齊物論）

此言莊子唯化所適，不執著自我。亦不必執於「位」，以趨利避害。馬其昶曰：「至人深達造化之源，絕無我相，故一切是非利害，貴賤死生，不入胸次，忘年忘義，浩然與天地精神往來」是也。又曰：

「以道觀之，何貴何賤，是謂反衍；无拘而志，與道大蹇。何少何多，是謂謝施；无一而行，與道參差。嚴乎若國之有君，其无私德，繇繇乎若祭之有社，其无私福；泛泛乎其若四方之无窮，其无所畛域。兼懷萬物，其孰承翼？是謂无方。萬物一齊，孰短孰長？道无終始，物有死生，不恃其功；一虛一滿，不位乎其形。年不可擧，時不可止；消息盈虛，終則有始。是所以語大義之方，論萬物之理。物之生也，若驟若馳，无動而不變，无時而不移。何爲乎？何不爲乎？夫固將自化。」（秋水篇）

此一大段論萬物之理，在於說明萬物「固將自化」無理則可循，故不執著於「位」。

三、修己方法之比較

㈠全生保眞

「全生」者，謂保全天性；「保眞」者，謂保全天眞。老子以「樸」與「嬰兒」二詞比喻天性之全與天眞之德。其言曰：

「敦兮其若樸。」（十五章）

此言體道之士如未經雕琢之素材。又曰：

「見素抱樸，少思寡欲。」（十九章）

見素抱樸，言顯示純眞，堅守樸質也。又曰：

「知其雄，守其雌，爲天下谿。……知其白……守其辱，爲天下谷。爲天下谷，常德乃足，復歸於樸。」（二十八章）

復歸於樸，言回復眞樸之狀態。又曰：

「『道』常無名樸。雖小，天下莫能臣。侯王若能守之，萬物將自化。」（三十二章）

道常無名樸，言「道」永遠是無名而樸質之狀。又曰：

「化而欲作，吾將鎮之以無名之樸。」（三十七章）

此言萬物自化，而欲萌作時，我將以眞樸之理，使之鎮靜。又曰：

「我無欲而民自樸。」（五十七章）

此言帝王無貪欲之心，人民自然樸實。

就物而言，樸是無狀之狀，無物之象，故老子以「樸」比喻欲念未起時天賦之本眞。就人而言，嬰兒無後天之虛僞、變詐、權謀、機心，故老子以嬰兒比喻天眞之德。其言曰：

「載營魄抱一，能無離乎？專氣致柔，能如嬰兒乎？」（十章）

此言修養之境界，能與道爲一，致至柔之境，如嬰兒之無欲。又曰：

「衆人熙熙，如享太牢，如春登台，我獨泊兮其未兆，如嬰兒之未孩。」（二十章）

此言體道之士，淡泊恬靜，如嬰兒之未咳。又曰：

「知其雄，守其雌，爲天下谿。爲天下谿，常德不離，復歸於嬰兒。」（二十八章）

此言聖人守道，無爲而治。常德不離，如嬰兒純眞自然之狀。又曰：

「聖人在天下，歙歙焉，爲天下渾其心，百姓皆注其耳目，聖人皆孩之。」（四十九章）

此言聖人在位，收斂己欲，使人心歸於渾厚眞樸，如嬰兒般之純眞。又曰：

「含德之厚，比於赤子。毒蟲不螫，猛獸不據，攫鳥不搏。骨弱筋柔而握固。未知牝牡之合而全作，精之至也。終日號而不嗄，和之至也。」（五十五章）

此言體道之士，修養深厚，如赤子之純眞至柔。

按：此「見素抱樸，少思寡欲。」即莊子山木篇「其民愚而朴，少思而寡欲」之義也。此「載營魄抱一，能無離乎？專氣致柔，能嬰兒乎？」即莊子庚桑楚篇「全汝形，抱汝生，勿使汝思慮營營。……衞生之經，能抱一乎？能勿失乎？……能兒子乎？」之義也。此「知其雄，守其雌，爲天下谿。……知其白……守其辱，爲天下谷。」即莊子天下篇「老聃曰：知其雄，守其雌，爲天下谿；知其白，守其辱，爲天下谷」之文也。

又按：莊子曰：

「棄事形不勞，遺生則精不虧。夫形全精復，與天爲一。」（達生篇）

「氣也者，虛而待物者也；唯道集虛，虛者心齋也。」（人間世）

「夫醉者之墜車也，雖疾不死。骨節與人同而犯害與人異，其神全也。」（達生篇）

此言「精」、「氣」、「神」三者爲性命之根本。莊子養生主篇論養生之道曰：

「緣督以爲經，可以保身，可以全生，可以養親，可以盡年。」

在宥篇對全生保眞之道，大加闡揚。引廣成子告黃帝養生之道曰：

「至道之精，窈窈冥冥；至道之極，昏昏默默。無視無聽，抱神以靜，形將自正。必靜必淸，無勞女形，無搖女精，乃可以長生。目無所見，耳無所聞，心無所知，女神將守形，形乃長生。愼女內，閉女外，多知爲敗。我爲女遂於大明之上矣，至彼至陽之原也；爲女入於窈冥之門矣，至彼至陰之原也。天地有官，陰陽有藏，愼守女身，物將自壯。我守其一，以處其和，故我修身千二百歲矣。吾形未嘗衰。」

觀以上所言，知老莊皆主張全生保眞。

㈡少思寡欲

老子主張少思寡欲，乃是因其目睹人欲橫流，而提出之治方。少思者謂減少私心，寡欲者謂降低欲望。其言曰：

「五色令人目盲，五音令人耳聾，五味令人口爽，馳騁畋獵，令人心發狂，難得之貨，令人行妨。是以聖人爲腹不爲目，故去彼取此。」（十二章）

此言縱情於物欲之害，故老子教人寡欲。又曰：

「見素抱樸，少思寡欲。」（十九章）

此「少思寡欲」與莊子山木篇「少思而寡欲」文同。又曰：

「衆人皆有餘，而我獨若遺。我愚人之心也哉！沌沌兮。俗人昭昭，我獨昏昏。俗人察察，我獨悶悶。……衆人皆有以，而我獨頑且鄙。我獨異於人，而貴食母。」（二十章）

「貴食母」，王弼註曰：「生之本也。」道爲萬物化生之本。老子以守「道」爲貴，故「獨若遺」，「沌沌兮」，「獨昏昏」，「獨悶悶」，「獨頑且鄙」。衆人失其本眞，故「有餘」、「昭昭」、「察察」、「有以」。老子之所以教人少思寡欲者，卽在返樸而歸眞。又曰：

「名與身孰親？身與貨孰多？得與亡孰病？是故甚愛必大費；多藏必厚亡。知足不辱，知止不殆，可以長久。」（四十四章）

此言長久之道，在知足知止，少思寡欲。又曰：

「禍莫大於不知足；咎莫大於欲得。故知足之足，常足矣。」（四十六章）

此言不知足之害，多欲之罪，知足之樂。

按：莊子繕性篇曰：「喪己於物，失性於俗。」天地篇曰：「失性有五：一曰五色亂目，使目不明，二曰五聲亂耳，使耳不聰；三曰五臭薰鼻，困惾中顙；四曰五味濁口，使口厲爽；五曰趣舍滑心，使性飛揚，此五者皆生之害也。」是以知少思寡欲之觀念爲老莊之所同也。

㈢知常守靜

老子曰：

「我好靜而民自正。」（五十七章）

此言帝王應清靜無爲治理天下。帝王清靜，人民自然步上正軌。此與莊子天地篇「古之蓄天下者，無欲而天下足，無爲而萬物化，淵靜而百姓定」義同。又曰：

「孰能濁以靜之徐清，孰能安以動之徐生。保此道者，不欲盈。夫唯不盈，故能蔽而新成。」（十五章）

功名利祿交錯於前而心亂謂之濁，以恬淡養心謂之靜，以靜治濁謂之清。此「孰能濁之徐清」者，言悟道之士，守靜而心定也。又曰：

「致虛極，守靜篤。萬物並作，吾以觀復。夫物芸芸，各復歸其根。歸根曰靜，是謂復命。復命曰常，知常曰明。不知常，妄作凶。知常容，容乃公，公乃全，全乃天，天乃道，道乃久，沒身不殆。」（十六章）

此言修己之境界，能「致虛」、「守靜」、「知常」，便可終身不殆。此「復命」與莊子繕性篇「復初」意同。又曰：

「重爲輕根，靜爲躁君。……輕則失根，躁則失君。」（二十六章）

此言修己應求穩重、清靜，勿輕勿躁。縱欲輕身，則失治身之根；急躁好功，則失養神之本。又曰：

「不欲以靜，天下將自定。」（三十七章）

此言侯王若能不起貪欲之念，而清靜自正，則天下自然安定。又曰：

「靜勝躁，寒勝熱。清靜爲天下正。」（四十五章）

王弼註曰：「躁則多害，靜則全眞。」此言清靜能使天下人步入正途。又曰：

「大國者下流，天下之交。天下之牝，牝常以靜勝牡，以靜爲天下。」（六十一章）

此言牝之所以能勝牡，在於守「靜」，而態度處「下」位。

按：莊子曰：

「南郭子綦隱几而坐，仰天而噓，嗒焉似喪其耦，顏成子游立侍乎前，曰：何居乎？形固可使如槁木，而心固可使如死灰乎？……子綦曰：今者吾喪我。」（齊物論篇）

此「喪我」之境界，與老子「不欲以靜」義同。又曰：

「回曰：敢問心齋？仲尼曰：一若志，無聽之以耳，而聽之以心，無聽之以心，而聽之以氣。聽止於耳，心止於符，氣也者，虛而待物者也，唯道集虛，虛者心齋也。」（人間世篇）

此「心齋」之修養，與老子「不欲盈」義同。又曰：

「顏回曰：回坐忘矣。仲尼蹴然曰：何謂坐忘？顏回曰：墮肢體，黜聰明，離形去知，同於大通，此謂坐忘。」（大宗師篇）

此「坐忘」與老子「復命曰常，知常曰明」義通。又曰：

「方舟而濟於河，有虛船來觸舟，雖有惼心之人不怒。有一人在其上，則呼張歙之，一呼而不聞，再呼而不聞，於是三呼邪，則必以惡聲隨之。向也不怒而今也怒，向也虛而今也實。人能虛己以遊世，其孰能害之？」（山木篇）

此「虛己」與老子「致虛極」義同。又曰：

「南伯子葵問乎女偊曰：子之年長矣，而色若孺子，何也？曰：吾聞道矣。南伯子葵曰：道可得學耶？曰：惡！惡可？子非其人也。……不然，以聖人之道，告聖人之才，亦易矣！吾猶守而告之，三日而後能外天下，已外天下矣，吾又守之，七日而後能外物，已外物矣，吾又守之，九日而後能外生，已外生矣，而後能朝徹，朝徹而後能見獨，見獨而後能无古今，无古今而後能入於不死不生。殺生者不死，生生者不生，其爲物无不將也，无不迎也，无不毀也，无不成也，其名爲攖寧。攖寧也者，攖而後成者也。」（大宗師篇）

此「聞道」與老子「知常」義通。

四、處世態度之比較

㈠處弱貴柔

老子之道，有常有變。常道是天理；變道是人事。天理絕對，人事常變。人間任何事物皆有其相對性。例如：強與弱，柔與剛，兩者相對。此兩者演變之跡是：堅木易折，柔條難斷。以此推論人事，則弱能勝強，柔能克剛。故老子之處世態度，在處弱貴柔。其言曰：

「弱者道之用。」（四十章）

此言道之運用在弱。又曰：

「柔弱勝剛強。」（三十六章）

此言柔弱勝過剛強，與莊子天下篇「堅則毀也，銳則挫也」義同。又曰：

「天下之至柔，馳騁天下之至堅。」（四十三章）

此言柔弱之作用。至柔者能駕御至堅者。又曰：

「人之生也柔弱，其死也堅強，萬物草木之生也柔脆，其死也枯槁。故堅強者死之徒，柔弱者生之徒。是以兵強則不勝，木強則兵，強大處下，柔弱處上。」（七十六章）

老子觀察宇宙萬有，雖其形質不同，然非柔脆者不生。就人而言，柔弱者生，堅強者死。就草木而言，柔脆者生，枯槁者死。就兵而言，哀兵必勝，驕兵必敗。故推論曰：「強梁者不得其死。」（四十二章）而

「守柔曰強。」（五十二章）

如漢高祖與項羽之戰，高祖鬥智不鬥力，此即採取「用弱貴柔」之策略。老子又曰：

「天下莫柔弱於水，而攻堅強者莫之能勝……弱之勝強，柔之勝剛，天下莫不知

，莫能行。」（七十八章）

此以水爲例，說明柔能克剛之理。

按：莊子曰：

「顏闔將傅衞靈公太子，而問於蘧伯玉曰：有人於此，其德天殺，與之爲无方，則危吾國；與之爲有方，則危吾身，其知適足以知人之過，而不知其所以過。若然者，吾奈之何？蘧伯玉曰：善哉問乎？戒之愼之！正汝身哉！形莫若就，心莫若和。雖然，之二者有患。就不欲入，和不欲出。形就而入，且爲顚，爲滅、爲崩、爲蹶，心和而出，且爲聲，爲名，爲妖，爲孽。彼且爲嬰兒，亦與之爲嬰兒；彼且爲无町畦，亦與之爲无町畦；彼且爲无崖，亦與之爲无崖；達之入於无疵。」

形就而不入，心和而不出，此同於老子貴柔之觀念。「彼且爲嬰兒，亦與之爲嬰兒；彼且爲無町畦，亦與之爲無町畦；彼且爲無崖，亦與之爲無崖。」此同於老子用弱之觀念。

㈡謙下不爭

老子明哲保身之方法，卽是謙下不爭。其言曰：

「不尚賢，使民不爭。」（三章）

此謂不標榜賢明，可使人不起相爭之心。河上公註曰：「不爭功名，返自然也。」又曰：

「上善若水，水善利萬物而不爭，處衆人之所惡，故幾於道。居善地，心善淵，與善仁，言善信，正善治，事善能，動善時，夫唯不爭，故無尤。」（八章）

此以水性善利萬物而不爭，比喻上德者之境界。又曰：

「持而盈之，不如其已；揣而銳之，不可長保；金玉滿堂，莫之能守；富貴而驕，自遺其咎。功遂身退，天之道。」（九章）

此言持而盈之，揣而銳之，金玉滿堂，富貴而驕，皆不免於傾覆之患。如功業有成，而不自以爲有；含藏收斂，謙下虛己，此乃長保之道。又曰：

「聖人抱一爲天下式。不自見，故明；不自是，故彰；不自伐，故有功；不自矜，故長。夫唯不爭，故天下莫能與之爭。」（二十二章）

此言處世之道，在不與人相爭。不爭之道，在於「不自見」、「不自是」、「不自伐」、「不自矜」，此卽長久求全之道。又曰：

「善用人者，爲之下，是謂不爭之德。」（六十八章）

此言對人謙下，乃是不爭之德。又曰：

「天之道，不爭而善勝。」（七十三章）

此言天之道，不爭強而善於取勝。人類行爲應取法於天道。又曰：

「聖人不積，既以爲人己愈有，既以與人己愈多。天之道，利而不害，聖人之道，爲而不爭。」（八十一章）

此言天之道，利而不害。聖人效法天道，故爲而不爭，此是人類行爲之最高原則。

按：老子「不尙賢，使民不爭」，與天地篇「至德之世，不尙賢」義同。老子「功遂身退，天之道。」「不自伐，故有功」，與山木篇「昔吾聞之大成之人曰：『自伐者无功，功成者墮，名成者虧。孰能去功與名而還與衆人」義同。老子「聖人不積，既以爲人己愈有，既以與人己愈多。」與田子方篇「既以與人，己愈多」義同。莊子處世態度是忘物以免害，與老子謙下不爭之思想，就境界言之，兩者不同。

(三)處世理則

老子曰：

「塞其兌，閉其門，挫其銳，解其紛，和其光，同其塵。」（五十六章）

此言老子之處世原則。釋德清註曰：「兌爲口，爲說，謂聖人緘默自守，不事口舌，故曰塞其兌。不事耳目之玩，故曰閉其門。遇物渾圓，不露鋒芒，故曰挫其銳。心體湛寂，釋然無慮，故曰解其紛。紛謂紛紜雜想也。含光斂耀，順物忘懷，故曰和其光，同其塵。此非妙契玄微者不能也。」又曰：

「將欲歙之，必固張之；將欲弱之，必固強之；將欲廢之，必固興之；將欲取之，必固與之。」（三十六章）

釋德清註曰：「此言物勢之自然，而人不能察，教人當以柔弱自處也。天下之物，勢極則反。譬夫日之將昃，必盛赫。月之將缺，必極盛。燈之將滅，必熾明。斯皆物勢之自然也。故固張者，翕之象也。固強者，弱之萌也。固興者，廢之機也。固與者，奪之兆也。天時人事，物理自然。第人所遇而不測識，故曰微明。」此言機先之徵兆如此，處世原則當把握機先。又曰：

「勇於敢則殺，勇於不敢則活。」（七十三章）

此言勇於堅強者，不得其死；勇於柔弱者，可保其身，處世原則，以柔弱爲尚。

按：莊子人間世曰：「一若志，无聽之以耳，而聽之以心，无聽之以心，而聽之以氣。聽止於耳，心止於符。氣也者，虛而待物也。」此言處人間之世，應虛心以化物。又曰：「乘物以遊心，託不得已以養中，至也。」此言處世應虛心以順命。莊子

「虛心以待物」，「乘物以遊心」，皆謂處世之道，存之於「心」，不像老子之有理則可循，此二者之異也。

第四節　政治哲學之比較

一、政治主張之比較

老子之政治哲學，乃是由其宇宙觀演繹而來。老子曰：「人法地、地法天、天法道、道法自然。」「道法自然」者，謂道生萬物，純任其自己如此，又曰：「道常無為而無不為。」故崇尚自然，主張無為。無為而治是其政治思想之中心。其言曰：

「聖人處無為之事，行不言之教。萬物作焉而不辭，生而不有，為而不恃，功成而弗居。夫唯弗居，是以不去。」（二章）

此言聖人以無為之態度處理世事。又曰：

「聖人之治，虛其心，實其腹，弱其志，強其骨。常使民無知無欲。使夫智者不敢為也。為無為則無不治。」（三章）

此言聖人以無為之態度處理世事，可使人民心思清靜，安飽滿足，心無巧詐，體魄增強，純真樸質。又曰：

「天地不仁，以萬物爲芻狗；聖人不仁，以百姓爲芻狗。」（五章）

此言天地無所偏愛，任由萬物自然生長。聖人效法天道之無爲，無所偏愛，任由百姓自己發展。又曰：

「愛民治國，能無爲乎？」（十章）

此言帝王當行無爲之政，愛民治國。又曰：

「將欲取天下而爲之，吾見其不得已。天下神器，不可爲也，不可執也。爲者敗之，執者失之。」（二十九章）

此言「有爲政治」不可爲也，爲者敗之。不可執也，執者失之。是以聖人無爲，故無敗；無執，故無失。又曰：

「侯王若能守之，萬物將自賓。」（三十二章）

此言侯王若能守道，行無爲之政，則萬物賓服，四海歸心。又曰：

「道常無爲而無不爲，侯王若能守之，萬物將自化。」（三十七章）

此言侯王若能守道，行無爲之政，萬物將自然化育。又曰：

「上德無爲而無以爲。」（三十八章）

此言上德者，順任自然，無心作爲。又曰：

「侯王得一以爲天下貞。」（三十九章）

此言侯王得道，行無爲之政，可使天下安定。又曰：

「爲學日益，爲道日損。損之又損，以至於無爲。無爲而無不爲。取天下常以無事，及其有事，不足以取天下。」（四十八章）

此言治理天下，應無爲而治。又曰：

「聖人無常心，以百姓心爲心。善者吾善之，不善者吾亦善之，德善矣。信者吾信之，不信者吾亦信之，德信矣。」（四十九章）

此言帝王治理天下，應以百姓心爲心，渾厚眞樸，無爲而治。又曰：

「我無爲而民自化，我好靜而民自正，我無事而民自富，我無欲而民自樸。」（五十七章）

此言帝王應淸靜無爲而治理天下。又曰：

「其政悶悶，其民淳淳；其政察察，其民缺缺。」（五十八章）

此言「其政悶悶」，是無爲政治，故人民淳樸。「其政察察」是有爲政治，故人民機詐。又曰：

「爲無爲。」（六十三章）

此言聖人治理天下，以行「無爲」之政爲本。又曰：

「聖人無爲，故無敗；無執，故無失。」（六十四章）

此言聖人無爲，故無所失敗；無所執，故亦無所失。又曰：

「民之饑，以其上食稅之多，是以饑；民之難治，以其上之有爲，是以難治；民之輕死，以其求生之厚，是以輕死。」（七十五章）

此言人民之所以饑餓，所以難治，所以輕死，皆因有爲政治之害。

按：莊子亦主張順任自然，無爲而治，其言曰：

「汝遊心於淡，合氣於漠，順物自然而无容私焉，而天下治矣。」（應帝王）

此言聖人無爲而任化，無心而順物，則天下太平矣。又曰：

「老聃曰：明王之治，功蓋天下而似不自己，化貸萬物而民弗恃，有莫擧名，使物自喜，立乎不測，而遊乎无有者也。」（同上）

此言明王之治，雖功蓋天下，而不自居其功。立於不測之位，行其所無事者也。又曰：

「聞在宥天下，不聞治天下。在之也者，恐天下之淫其性也；宥之者，恐天下之遷其德也。天下不淫其性，不遷其德，有治天下者哉？」（在宥篇）

此言聖賢無爲，使百姓自在寬宥，則天下淸平。又曰：

「何謂道？有天道，有人道，無爲而尊者天道也。有爲而累者人道也。主者天道也，臣者人道也，相去遠矣，不可不察也。」（在宥篇）

此言天道無爲，人道有爲。帝王應效法天道之無爲，人臣應遵循人道之有爲。又曰：

「天地雖大，其化均也；萬物雖多，其治一也；人卒雖衆，其主君也。君原於德，而成於天，故曰：玄古之君天下無爲也，天德而已矣。以道觀言，而天下之君正，以道觀分，而君臣之義明。」（天地篇）

此「玄古之君天下無爲也，天德而已矣。」言遠古之君治理天下，在順任自然而無爲也。又曰：

「夫帝王之德，以天地爲宗，以道德爲主，以无爲爲常。无爲也則用天下而有餘，有爲也則爲天下用而不足。故古之人貴夫无爲也。上无爲也，下亦无爲也，是下與上同德；下與上同德則不臣。下有爲也，上亦有爲也，是上與下同道，上與下同道則不主。上必無爲而用天下，下必有爲爲天下用，此不易之道也。」（天道篇）

此言帝王之德，以無爲爲常。無爲也則用天下而有餘，故帝王必無爲而用天下。（天道篇所言君臣之義，老子書中未曾見。）莊子比喻有爲政治之害曰：

「南海之帝爲儵，北海之帝爲忽，中央之帝爲渾沌。儵與忽時相遇於渾沌之地，渾沌待之甚善。儵與忽謀報渾沌之德曰：『人皆有七竅以視聽食息，此獨無有，嘗試鑿之。』日鑿一竅，七日而渾沌死。」（應帝王）

此言明王之治，不任智巧。在儵忽以爲報德之舉，而在渾沌則爲破壞其眞樸也。由此可見有爲之害，而悟無爲之益也。

又按：老子「天地不仁，以萬物爲芻狗」，即齊物論「大仁不仁」，大宗師「韲萬物而不爲義，澤及萬世而不爲仁」，庚桑楚「至仁無親」之義也。老子「我無爲而民自化，我好靜而民自正，我無事而民自富，我無欲而民自樸」，即天地篇「故曰：古之畜天下者，无欲而天下足。无爲而萬物化，淵靜而百姓定」，天下篇「以空虛不毀萬物爲實」之義也。老子「是以聖人處無爲之事，行不言之敎」，即知北遊「夫知者不言，言者不知，故聖人行不言之敎」之義也。老子「爲道日損，損之又損，以至於無爲，無爲而無不爲」，即知北遊「故曰：爲道日損，損之又損，以至於無爲，無爲而無不爲」之文也。

二、用兵態度之比較

江瑔讀子巵言曰：「道家沈機觀變，最精於謀，若施之於戰陳之間，天下遂莫與敵。如太公之言曰：『鷙鳥將擊，其勢必伏，至人將動，必有愚色。』此卽兵家示敵以弱之術也。老子之言曰：『將欲翕之，必固張之；將欲奪之，必固與之』，此卽兵家餌敵之策也。又曰：『知其雄，守其雌』此卽兵家知己知彼，百戰百勝之道也，……大抵道家之術最堅忍而陰鷙，兵家卽師其術以用兵。」胡哲敷老莊哲學曰：「道家以慈爲主，並不如此陰鷙，惟太公確爲陰鷙有謀的兵家，然已不是純正的道家了。」實則老子反對戰爭，但對保國衞民之戰，確言之甚精。如用兵之動機，用兵之目的，用兵之原則，用兵之方法等，皆有所說明。其言曰：

「夫慈以戰則勝，以守則固。天將救之，以慈衞之。」（六十七章）

此言用兵之動機在「慈」，故曰：以「慈」而戰則勝，以「慈」而守則固。天將救民，聖人以「慈」衞民，聖人之心與天爲一，實不得已而用兵，故能「仁慈」者無敵矣。又曰：

「夫佳兵者，不祥之器，物或惡之，故有道者不處。君子居則貴左，用兵則貴右。兵者不祥之器，非君子之器，不得已而用之，恬淡爲上。勝而不美，而美之者，是樂殺人。夫樂殺人者，則不可得志於天下矣。吉事尚左，凶事尚右。偏將軍

居左，上將軍居右，言以喪禮處之。殺人之衆，以悲哀泣之，戰勝以喪禮處之。」（三十一章）

此言用兵之原因，在「不得已」，用兵之態度，在以「恬淡爲上」。雖勝而不以爲美，美之者則是樂殺人，樂殺人者，則不可得志於天下矣。又曰：

「以道佐人主者，不以兵強天下。其事好還。師之所處，荊棘生焉。大軍之後，必有凶年。善有果而已，不敢以取強。果而勿矜，果而勿伐，果而勿驕，果而不得已，果而勿強。物壯則老，是謂不道，不道早已。」（三十章）

此言用兵之目的，在「果」而已。有道者不得已而用兵，惟在善用。善用兵者「果而已」，意謂收到保國衞民之效果而休止。故戒之曰：「勿矜」，「勿伐」、「勿驕」、「勿強」。以「道」輔助人君者，不以兵逞強於天下，如以武力橫行，終將自食其惡果。又曰：

「用兵有言：『吾不敢爲主，而爲客；不敢進寸，而退尺。』是謂行無行；攘無臂；扔無敵；執無兵。禍莫大於輕敵，輕敵幾喪吾寶。故抗兵相加，哀者勝矣。」（六十九章）

此言用兵原則是「不敢爲主而爲客，不敢進寸而退尺」，聖人用兵，必懷戒懼之心，

不敢輕敵，以保全民命。不敢多殺，多殺則傷慈。兩軍相當，以慈衞民者勝矣。又曰

「善爲士者不武；善戰者不怒；善勝敵者不與。」（六十八章）

此言用兵之方略，在不戰而勝。故曰：善爲將帥者，不逞武勇；善於作戰者，以靜應戰而不怒；善勝敵者，不與之爭鬥。此如兵家所謂「攻心爲上，攻城爲下也。」又曰

「以正治國，以奇用兵。」（五十七章）

此言以正道治國，以奇術用兵。

按：老子思想是帝王學，故言用兵之道。莊子思想是心性修鍊之學，故不言用兵，此兩者所異也。大宗師篇所謂「故聖人之用兵也，亡國而不失人心」者，此處乃是述說聖人用兵之觀念，而非莊子主張用兵。人間世篇曰：「昔者堯攻叢枝、胥敖，禹攻有扈，國爲虛厲，身爲刑戮，其用兵不止，其求實无已。」此言叢枝、胥敖、有扈，因其用兵不止，求實无已，故國爲虛厲，身爲刑戮。由此可見莊子之觀念是反對用兵。

三、禮法觀念之比較

老子觀念以爲帝王應淸靜無爲治理天下，故主張棄去仁義禮法，而返其本眞。其言曰：

「失道而後德，失德而後仁，失仁而後義，失義而後禮。夫禮者忠信之薄而亂之首。」（三十八章）

此言世道人心，漸失其眞，失眞愈遠，衰敗愈甚。太古以道德爲尊，仁義次之，愈流愈下，禮乃忠信之薄，而爲禍亂之開端。故老子敎人返樸歸眞。又曰：

「大道廢，有仁義；智慧出，有大僞；六親不和有孝慈；國家昏亂有忠臣。」（十八章）

此言上古帝王以道治天下，雖無仁義智慧忠孝之名，而人人各得其所。後世帝王不能以道治天下，於是天下之民，離淳失樸，故不得不立仁義忠孝之名而用之。仁義之名既彰，故曰大道廢，有仁義。以智巧治國，多假仁義之名，行其詭詐之謀，故曰：智慧出有大僞。孝慈之名，則起於六親不和，故曰六親不和有孝慈。忠臣之名，則起於國家昏亂，故曰國家昏亂有忠臣。又曰：

「絕聖棄智，民利百倍；絕仁棄義，民復孝慈；絕巧棄利，盜賊無有。」（十九章）

此言聖王治民，無爲而化，絕棄「聖智」，「仁義」、「巧利」，人民便可恢復天性，返其眞樸，故曰：「民利百倍」，「民復孝慈」，「盜賊無有」。又曰：

「以正治國，以奇用兵，以無事取天下。吾何以知其然哉？以此：天下多忌諱，而民彌貧，朝多利器，國家滋昏；人多技巧，奇物滋起；法令滋彰，盜賊多有。故聖人云：我無爲而民自化；我好靜而民自正；我無事而民自富；我無欲而民自樸。」（五十七章）

此言聖人應以無事治理天下。此章所言之「忌諱」，「利器」，「技巧」，「法令」，皆爲有事，以其有事，故「民彌貧」，「國家滋昏」，「奇物滋起」，「盜賊多有」。聖人「無爲」、「好靜」、「無事」、「無欲」，故能「民自化」，「民自正」，「民自富」，「民自樸」。由此可知老子主張棄去仁義禮法。

按：大宗師曰：「堯旣已黥汝以仁義，而劓汝以是非矣，汝將何以遊夫遙蕩恣睢轉徙之途乎？」應帝王曰：「君人者以己出經式義度……是欺德也。」天道篇曰：「通乎道，合乎德，退仁義，賓禮樂，至人之心有所定矣。」在宥篇曰：「說仁邪？是亂於德也；說義邪？是悖於理也；說禮邪？是相於技也；說樂邪？是相於淫也……豈直過也，而去之邪！」天運篇曰：「禮義法度，應時而變者也。」胠篋篇曰：「攘棄仁義，而天下之德始玄同矣。」據此知莊子亦主張棄去仁義禮法，此老莊之所同也。

又按：老子「大道廢，有仁義」，即馬蹄篇「道德不廢，安取仁義」之義也。老子「智慧出有大僞」，即胠篋篇「世俗所謂知者，有不爲大盜積者乎」之義也。老子「絕聖棄智，民利百倍；……絕巧棄利，盜賊無有。」即胠篋篇「絕聖棄智，大盜乃止。」在宥篇「絕聖棄智，而天下大治」之義也。老子「故失道而後德，失德而後仁，失仁而後義，失義而後禮；夫禮者忠信之薄，而亂之首，前識者道之華，而愚之始。」即知北遊「故曰：失道而後德，失德而後仁，失仁而後義，失義而後禮。禮者道之華，而亂之首」之文也。

四、理想國家之比較

老子之理想國家是小國寡民。其言曰：「小國寡民。使有什伯之器而不用；使民重死而不遠徙。雖有舟輿，無所乘之；雖有甲兵，無所陳之。使民復結繩而用之。甘其食，美其服，安其居，樂其俗。鄰國相望，雞犬之聲相聞，民至老死，不相往來。」（八十章）

此爲老子之理想社會，就物質文明而言：有「什伯之器」，「舟輿」，「甲兵」，「甘食」，「美服」。就精神境界而言，「民重死而不遠徙」，「結繩而用之」，「甘其食，美其服」，「安其居，樂其俗，鄰國相望，雞犬之聲相聞，民至老死不相往來」。此「有什伯之器而不用」者，言無爲而治也。「民重死而不遠徙」者，言安其居，樂其俗也。「雖有甲兵無所陳之」者，言謙下不爭，以慈爲本也。「使民結繩而用之」者，言棄智返樸也。「甘其食美其服」者，言生活富裕也。「安其居，樂其俗，鄰國相望，雞犬之聲相聞，民至老死不相往來」者，言理想生活之精神境界也。

按：馬蹄篇曰：「至德之世，其行塡塡，其視顚顚。當是時也，山無蹊隧，澤無舟梁，萬物羣生，連屬其鄉，禽獸成羣，草木遂長，故其禽獸可係羈而遊，鳥雀之巢，可攀援而闚。夫至德之世，國與禽獸居，族與萬物並，惡乎知君子小人哉？」胠篋篇曰：「子獨不知至德之世乎？昔者容成氏、大庭氏、伯皇氏、中央氏、栗陸氏、驪畜氏、軒轅氏、赫胥氏、尊盧氏、祝融氏、伏戲氏、神農氏，當是時也，民結繩而用之，甘其食，美其服，樂其俗，安其居。鄰國相望，雞狗之音相聞，民至老死而不相往來。若此之時，則至治已。」觀莊子所言太古社會之氣象，就民德而言，敦厚淳樸，此種精神境界，同於老子之理想。就物質文明而言，莊子曰：「山無蹊隧，澤無舟梁」，老子曰：「有什伯之器而不用，雖有舟輿，無所乘之，雖有甲兵，無所陳之」，是以知兩者境界不同。

禮運大同篇曰：「昔者仲尼……喟然而歎……大道之行也，與三代之英，丘未之逮也，而有志焉。」老莊傷今思古之情，與孔子同。其理想之國家，非謂太古時代之生活方式，可返回於今日。其「思想」中，「心境」中，所要返者：就本體而言，返歸常道；就知識而言，名相泯絕；就人生而言，返歸太古時代之淳樸；就政治而言，返歸太古時代之清靜無爲。蓋太古之民情，可爲今日之榜樣。今人之道德修養與精神境界，老莊皆主張返回太古之世也。

中篇　莊子內七篇之探究

第一章　逍遙遊篇探究

第一節　篇名釋義

陸德明曰：「逍音銷，亦作消；遙如字，亦作搖；遊如字，亦作游。逍遙遊者，篇名。義取閒放不拘，怡適自得。」（莊子音義）

顧桐柏曰：「逍者銷也，遙者遠也。銷盡有爲累，遠見無爲理，以斯而遊，故曰逍遙。」（莊子集釋引）

司馬彪曰：「言逍遙無爲者能遊大道也。」（莊子注）

支道林曰：「物物而不物於物，故逍然不我待，玄感不疾而速，故遙然靡所不爲，以斯而遊天下，故曰逍遙遊。」（逍遙論）

穆夜曰：「逍遙者，蓋是放狂自得之名也。至德內充，无時不適，忘懷應物，何往不通，以斯而遊天下，故曰逍遙遊。」（成玄英莊子序引）

林希逸曰：「心有天遊也。逍遙言優遊自在也。」

陸西星曰：「逍遙遊，謂心與天遊也。逍遙者，汗漫自適之義。」

李衷一曰：「逍者，灑也；遙者，遠也。逍遙遊者，優遊自在也。」（以上三條，見南華眞經三註大全）

釋德淸曰：「逍遙者，廣大自在之意。」（莊子內篇註）

王夫之曰：「逍者，嚮於消也，過而忘也。遙者，引而遠也，不局於心知之靈也。」（莊子解）

陸樹芝曰：「遊者身之所寄，逍遙者，徜徉自得，高遠而無拘束也。」（莊子雪）

王先謙曰：「言逍遙乎物外，任天而遊無窮也。」（莊子集解）

林紓曰：「凡有欲者，咸不能逍遙，名爲逍遙，皆無欲而自足者也。……逍遙二字，不見說文。禮檀引消搖於門，漢書文選皆然。或曰，理無幽隱，故消然而當，形無巨細，故搖然而通。」（莊子淺說）

阮毓崧曰：「逍遙物外，任天而遊。」（莊子集註）

馬敍倫曰：「五經文字曰，逍遙說文漏略，今得之字林，則作消搖者是故書矣。逍遙者，疊韻連綿詞，遙以雙聲借爲愮。……說文解字曰：愮，薄樂也。薄者，怕之借字……說文曰，怕，無爲也。怕樂，言無爲之樂矣。本篇末章曰：彷徨乎無爲其側，逍遙乎寢臥其下。大宗師篇曰：芒然彷徨乎塵垢之外，逍遙乎無爲之業，即明示此義矣。遊字說文不收，游者，說文曰，旌旗之流。逕古文遊。然古文不從於，無旌旗之義，當是汓之或體，古文經傳借此爲游耳。說文曰：汓，浮行水上也。此行遊之本字，作游者借字，作遊者蓋游之別體，亦借字。」（莊子義證）

黃師錦鋐曰：「逍遙之意，是欲心意自得，而重在無爲，人不能逍遙，病在有爲。能達到無名、無功、無己的境地，自然就無爲了，自然就逍遙了。」（莊子讀本）

陳鼓應曰：「說明一個人當透破功、名、利、祿、權、勢、尊、位的束縛，而使精神活動臻於優游自在，無掛無礙的境地。」（莊子今註今譯）

陳啓天曰：「逍遙遊者，逍遙之遊也。逍遙，謂自由自在。遊，謂精神活動。精神活動欲求自由自在，須先以達觀大智解除小智之拘束。」（莊子淺說）

何敬群曰：「逍遙者，自適自得之謂也。遊者，如遊於大化之中之遊，謂生活也，物各遂其生，各適其性，各有悠然自得之生活，萬物並育而不相害，道並行而不相悖，如魚之相忘於江湖，斯乃所以爲逍遙矣。」（莊子義繹）

于鬯曰：「顏師古集注云：『須搖，須臾也』然則逍遙遊者，須臾遊也。須臾之說，即逍遙遊之義也。」（莊子校書）

封思毅曰：「心有天遊，即神之逍遙遊。這種神遊，除自由活動之意外，更具超化之形而上意義。因爲藉此使得精神從主觀形體和客觀現實，破空而出，進入一種絕對自在之最神秘活動。」（莊子詮言）

按：逍與消，遙與搖，遊與游，聲韻俱同，均可通用。說文無逍字。新附二下辵部：「逍，逍遙，猶翱翔也。从辵，肖聲。」音相邀切，心母，宵韻。十一上水部：「消，盡也。从水，肖聲。」音相幺切，心母，蕭韻。逍消皆从肖聲，凡從某聲，皆有某音，二字同以肖爲聲母，其音相同，故可通用。說文無遙字。新附二下辵部：「遙，逍遙也。又遠也。从辵，䍃聲。」音余招切，喻母，宵韻。說文十二上手部：「搖，動也。从手，䍃聲。」音余招切，喻母，宵韻。遙搖皆從䍃聲，凡从某聲，皆有某音，二字同从䍃爲聲母，其音相同，故可通用。說文無遊字。七上㫃部：「游，旌旗之流也。从㫃，汓聲。𨑖，古文游。」音以周切，喻母，尤韻。古音影紐，三部。說文游篆重文𨑖字下段注：「俗作遊」，是游遊正俗字，音義全同，故可通用。詩板：「及爾游衍」傳：「游，行也。」

又按：逍，盡也，謂銷盡「萬物與衆論」之不齊。遙，遠也，謂遠見「萬物與衆論」齊一。遊，行也，謂怡然自得，行乎世俗之外。逍遙猶翱翔也，謂超脫「萬物與衆論」之不齊，而進無待之境，精神翺翔於大道。逍遙遊涵義有二：上則乘天地之正，而御六氣之辯，以遊無窮；下則怡然自得遊乎人世也。

第二節　文義分析

第一段自「北冥有魚」起，至「去以六月息者也」止。

此託言物化，以明齊物之義。

寓言篇曰：「寓言十九，重言十七，巵言日出，和以天倪。」天下篇曰：「以巵言爲曼衍，以重言爲眞，以寓言爲廣。」莊子立言，不出此三種。若此，鯤、鵬、北冥、南冥，皆寓言之例，非謂實有之鯤、鵬、北冥與南冥也；引齊諧者，重言之例也，意謂鯤鵬變化之說大似不經，恐人不信，故引以爲據也。

夫物本不齊，其所以能齊之者，乃在以逍遙遊之境界觀察萬物。此由鯤「化而爲鳥，其名爲鵬」者，亦託言物化，以明齊物之義也。莊子以逍遙之境界觀物，故能一而化之矣。

大鵬待海運而徙，無海運則不得徙，故其逍遙有待於六月海動之大風也。此有待於外之逍遙，未達逍遙之極致也。

第二段自「野馬也」起，至「而後乃今將圖南」止。

此明物無大小，皆任天而動。

生物之以息相吹而遊動於天地之間，似奔馬游行，塵埃飛揚，其與大鵬之逍遙一也。天之蒼蒼，非天之正色，因其遠而無所至極故也。則鵬自天而下視，亦如人之視天而已。此中言生物之游動與大鵬之高飛，各適其性，各得其一面之逍遙也。

「水之積也不厚，則其負大舟也無力」，上承「去以六月息者也」，下啓「風之積也不厚，則其負大翼也無力」。以明鵬之有所待，不得不然之義也。「覆杯水於坳堂之上，則芥為之舟；置杯焉則膠，水淺而舟大也。」此乃喻中又設一喻，以明大小得宜，所謂理有至分，物有定極，各足稱事，皆得於逍遙之一術者也。

第三段自「蜩與學鳩笑之曰」起，至「之二蟲又何知」止。

此喻蜩鳩知近而不知遠，知小而不知大也。

蜩與鳩知小而不知大，自以為逍遙無待，而不屑大鵬，殊不知大小各有所待，「適莽蒼者三飡而反，腹猶果然；適百里者宿舂糧；適千里者，三月聚糧」此正說明大小雖殊，各有所待也。故斥之曰「之二蟲又何知！」

第四段自「小知不及大知」起，至「不亦悲乎」止。

此述世俗小知大知、小年大年之見也。

「小知不及大知，小年不及大年」乃承上文鳥蟲之大小而來，意仍一貫。二蟲之不知大鵬，此小知不及大知也；朝菌、蟪蛄不知冥靈大椿之壽者，小年不及大年也。而此「小知不及大知，小年不及大年」亦世俗之見也。

蓋小大之殊，各有定分，故小不必羨大，大不必欲小，各止其分，則各得其逍遙矣。世俗之人，昧於其理，而希比彭祖之壽，不亦悲乎？若以彭祖較大椿，則又可悲矣，而大椿比於天地，豈非又可悲乎？

故有此小大之見，仍不免於世俗相對之見也，有此分別之心，則不能齊物，物不能齊，則爲物所累，有所待也。必也無待而後乃得絕對之逍遙。莊子欲明此意，故先述世俗小大之見，然後破之，使歸於齊物無待，如此斯可入逍遙之極境也。

第五段自「湯之問棘也是已」起，至「此小大之辯也」止。

此明小大之辯，總結上文。

大鵬圖南之事，前已引齊諧爲證，此復引湯之問棘者，其事同而義別也。引齊諧者，以明小大之見；引湯問者，以明小大之辯。其所以再引證者，蓋重言之中或含卮言者也。

自此以上，歷舉鯤、鵬、芥、大舟、野馬、塵埃、蜩、學鳩、朝菌、蟪蛄、冥靈、大椿，以證世俗有小大之見，而喻俗人不知聖人之大，未曉逍遙之術，至此以「此小大之辯也」一句總結上文。

言斥鴳笑大鵬之高飛而自得於蓬蒿之間，既申上文「小知不及大知」之義，以喻世俗之人不知至人之大，不知逍遙之道，且為下文惠子之寫照。

第六段自「故夫知效一官」起，至「聖人無名」止。

此破除小大之執，以進於無待，乃逍遙之至。亦為逍遙遊之結論也。

斥鴳騰躍數仞，樂於翺翔蓬蒿之間，以小笑大也。今「宋榮子猶然笑之」，以大笑小也，其於未齊一也。宋榮子似特立獨行，尚未能樹立齊物之至德，直臻逍遙之至境；列子雖遺世而漸達於逍遙之境，然其行仍不能無待於風。莊子理想之逍遙遊境界，以無待為至上，故曰：「若夫乘天地之正，而御六氣之辯，以遊無窮者，彼且惡乎待哉？」達此絕對自由之境，則須無己、無功、無名，故曰：「至人無己，神人無功、聖人無名。」至此則無待於外，而可翺翔無何有之鄉，逍遙無為之域，獨與天地精神相往來矣，斯達逍遙之極境也。

自「若夫乘天地之正」至「聖人無名」數句，為全篇之結論。自篇首至此，方揭示逍遙遊之本意。此上，歷舉萬物有待之例，以喻世俗之人無齊物之見，而不能逍遙，以下或用寓言，或用重言，或用卮言，申論結論中「無己、無功、無名」之義，而假惠子之問，歸結於無用之用，方爲天下之大用，方足以逍遙乎廣莫之野，無何有之鄉。

第七段自「堯讓天下於許由」起，至「尸祝不越樽俎而代之矣」止。

此舉證結論中無功、無名之例。

堯治天下而有功，今願讓位於許由，可謂忘功矣，然其未忘禪讓之名。許由不受天下，則是「無名」；不治天下，則是「無功」，然云「鷦鷯巢於深林，不過一枝，偃鼠飲河，不過滿腹」，故知其如鷦鷯一枝、偃鼠滿腹，皆取足一己，尚未達「無己」之境。是故堯與許由，已能逍遙矣，然猶未能至其極境也。

第八段自「肩吾問於連叔曰」起，至「窅然喪其天下焉」止。

此舉證結論中無己、無功、無名之例，並申論之。

此神人與上文所言之至人、聖人，其實一也。就本體言，皆與道爲一者也；就現象言，因其功用不同而異名，莊子假此寓言以寄意耳。

神人與許由、堯比較，三者境界不同。此所謂「肌膚若冰雪」者，喻其超越世俗也。「淖約若處子」者，言其守柔也。「不食五穀」者，言其無待之境也。「吸風飲露」者，言其順應自然也。「乘雲氣」者，言其適應萬象之變也。「御飛龍」者，言其順應萬物之性也。「遊乎四海之外」者，言其逍遙無累也。「神凝」者，言其抱道懷一，清靜無爲也。「使物不疵癘而年穀熟」者，言天地位焉萬物育焉。「旁礴萬物」者，言混同萬物爲一也。「之人也，物莫之傷，大浸稽天而不溺，大旱金石流，土山焦而不熱」者，與秋水篇所謂「非謂其薄之也。言察乎安危，寧於禍福，謹於去就，莫之能害也」之義同。

神人所治者，萬物也。堯所治者，萬民也。天下萬民乃萬物之一耳，故堯見四子而頓悟有爲之治，不若無爲之治；治天下萬民，不若治天下萬物，萬物並治而民自治，何弊弊焉以天下爲事？故「窅然喪其天下焉」。於此足見神人御世無爲之大用，「乘雲氣、御飛龍，而遊乎四海之外」乃申明前文結論中「乘天地之正，而御六氣之辯，以遊無窮」之義。如此之人，方能以無用爲用，以達逍遙遊之最高境界，故下文言善用其大，及無用之用乃天下大用之理。

第九段自「惠子謂莊子曰」起，至「則夫子猶有蓬之心也夫」止。

此言善用其大，申述結論中「乘天地之正，而御六氣之辯，以遊無窮」之義。

惠子以大瓠之大而無當，而言其無用。莊子答以「夫子拙於用大矣」，卽言其不善用其大也。譬若不龜手之藥，彼宋人世世以爲洴澼絖，客得之，則用之以冬與越人水戰，而獲裂地之封，故曰「能不龜手一也，或以封，或不免於洴澼絖，則所用之異也」。善用其大者，則不爲物累。今有五石之瓠，「何不慮以爲大樽，而浮於江湖，而憂其瓠落無所容？」惠子執著有用爲用，不善用其大，實所見不達，而未能達逍遙之極境。故曰：「夫子猶有蓬之心也夫」。

第十段自「惠子謂莊子曰」起，至「安所困苦哉」止。

此言無用之用爲天下之大用，再申論結論中「乘天地之正，御六氣之辯，以遊無窮」之義，蓋卮言之例也。

惠子以大樹之「其大本臃腫而不中繩墨，其小枝卷曲而不中規矩，立之塗，匠者不顧」，以喩莊子之言大而無用。莊子亦嘲惠子以小知而求名求利之爲害，似狸狌之不免死於罔罟。並言造化各異，物性萬殊；斄牛雖大，而不能執鼠。順萬物之性而用之，則可以役物而不役於物也。

至人無求於世，故雖於世無用，而適足自得其樂，以終天年，豈不爲全眞養性之大用？是則無所可用，又何困苦哉！明此義者，則可乘天地之正，御六氣之辯，以遊無何有之鄉，廣莫之野，如此之人，安所待哉！斯逍遙之極致也。

第三節　結構表解

逍遙遊全文結構

- 逍遙遊
  - 引論—小大之辨
    - 第一段託言物化，以明齊物之意
    - 第二段物無大小，皆任天而動
    - 第三段物各有性，性各有適
    - 第四段世俗小大之見
    - 第五段明小大之辨（總結上文）
  - 結論—第六段破小大之執以進於無待乃逍遙之至
  - 舉證申論
    - 第七段舉證「無功、無名」之例
    - 第八段舉證「無己無功無名」之例
    - 第九段善用其大—申述結論中「乘天地之正，而御六氣之辯，以遊無窮」之義
    - 第十段無用之用爲天下之大用—再申結論中「乘天地之正，而御六氣之辯，以遊無窮」之義

逍遙遊分段表解

第一大段

小大之辨（引論）

- 第一段託言物化以明齊物之意
  - 北冥有魚，其名爲鯤，鯤之大，不知幾千里也，化而爲鳥，其名爲鵬。鵬之背不知其幾千里也，怒而飛，其翼若垂天之雲
- 第二段物無大小皆任天而動
  1. 野馬也，塵埃也，生物之以息相吹也，天之蒼蒼，其視下也，亦若是
  2. 夫水之積也不厚，則其負大舟也無力；風之積也不厚，則其負大翼也無力
  3. 覆杯水於坳堂之上，則芥爲之舟，置杯焉則膠
- 第三段物各有性性各有適
  1. 蜩與學鳩—決起而飛，槍榆枋而止，時則不至而控於地而已矣
  2. 適
     - 莽蒼者—三飡而反，腹猶果然
     - 百里者—宿舂糧
     - 千里者—三月聚糧
- 第四段世俗小大之見
  - 小知不及大知：朝菌不知晦朔，蟪蛄不知春秋
  - 小年不及大年
    - 朝菌蟪蛄之不及冥靈大椿
    - 衆人之不及彭祖

- 第五段明小大之辨（總結上文）
  - 鯤鵬待以六月息者，然後圖南—且適南冥也
  - 斥鴳騰躍數仞翱翔蓬蒿之間—彼且奚適也

第二大段

- 逍遙遊之結論（第六段破小大之執以進於無待乃逍遙之至）
  - 1. 破小大之執
    - (1) 夫知效一官，行比一鄉，德合一君，而徵一國者，其自視也。亦若此矣宋榮子猶然笑之—彼其於世未數數然也，雖然，猶有未樹也
    - (2) 列子御風而行，彼於致福者，未數數然也，此雖免乎行，猶有所待者也
  - 2. 無待
    - 乘天地之正，而御六氣之辯，以遊無窮—至人無己，神人無功，聖人無名

第三大段

- 第七段舉證「無功無名」之例
  - 無功
    - (1)堯讓天下於許由：「夫子立而天下治，而我猶尸之」
    - (2)許由不受：「子治天下，天下既已治也，而我猶代子，吾將爲名乎？」
  - 無名—許由：「予無所用天下爲」
- 第八段舉證「無己無功無名」之例
  - 神人
    - (1)肌膚若冰雪，淖約若處子，不食五穀，吸風飲露，乘雲氣，御飛龍，而遊乎四海之外，其神凝，使物不疵癘而年穀熟
    - (2)之德也，將旁礴萬物以爲一，世蘄乎亂，孰弊弊焉以天下爲事—無功
    - (3)之人也，物莫之傷，大浸稽天而不溺，大旱金石流土山焦而不熱—無己
    - (4)其塵垢粃糠，將猶陶鑄堯舜者也，孰肯以物爲事—無名
  - 堯往見四子，窅然喪其天下焉—宋人資章甫而適諸越，越人斷髮文身，無所用之

- 舉證
  - 第九段善用其大—申述結論中「乘天地之正而御六氣之辯以遊無窮」之義
    - 大瓠
      - 落無所容—大而無用
      - 以爲大樽而浮乎江湖—善用其大
    - 不龜手之藥
      - 世世以洴澼絖爲事—不善用其大
      - 多與越人水戰，大敗越人，裂地而封之—善用其大
- 申論
  - 第十段無用之用爲天下之大用—再申結論中「乘天地之正而御六氣之辯以遊無窮」之義
    - 1 喻例
      - (1) 大樹
        - 大本擁腫而不中繩墨
        - 小枝卷曲而不中規矩
        - 立之塗而匠者不顧
          - 大而無用
        - 樹之於無何有之鄉
        - 廣莫之野
        - 彷徨乎無爲其側，逍遙乎寢臥其下，
        - 不夭斧斤物無害者
          - 天下之大用
      - (2) 狸狌
        - 卑身而伏，以候敖者，東西跳梁，不辟高下，中於機辟，死於罔罟
          - 有用之害
      - (3) 斄牛
        - 其大若垂天之雲，而不能執鼠
          - 物性萬殊
    - 2 結論
      - 造化各異，物性萬殊，善用其大者，可以「乘天地之正，而御六氣之辯，以遊無窮」

第四節　篇旨探究

逍遙遊之篇旨，古今解說不同。茲泛舉紘綱，略爲九釋，述之如下：

郭象曰：「夫小大雖殊，而放於自得之場，則物任其性，事稱其能，各當其分，逍遙一也，豈容勝負於其間哉？」（莊子注）

支遁曰：「逍遙者，明至人之心也。」（莊子詮詁引）

成玄英曰：「言達道之士，智德明敏，所造皆適，遇物逍遙。」（莊子序）

陸西星曰：「心廣體大，但以意見自小，橫生障礙，此篇極意形容出致廣大道理。」（南華眞經副墨）

林師景伊曰：「莊子悲天下之沈濁不可處也，故求徜徉自得，高遠無所拘束，與天地同運，與造物者遊，以極其逍遙之致。夫能極其逍遙之致，而無所拘束者，蓋卽隨心所欲，亦今所謂自由也。」（中國學術思想大綱）

釋德淸曰：「此爲書之首篇。莊子自云：言有宗，事有君，卽此便是立言之宗本也。逍遙者，廣大自在之意。卽如佛經無礙解脫。佛以斷盡煩惱爲解脫；莊子以超脫形骸，泯絕知巧，不以生人一身功名爲累爲解脫。蓋指虛無自然爲大道之鄉，爲逍遙之境。如下云無何有之鄉，廣漠之野等語是也。意謂唯有眞人能遊於此廣大自在之場者。卽下所謂大宗師卽其人也。世人不得如此逍遙者，只被一箇我字拘礙，故凡有所作，只爲自己一身上求功求名。自古及今，舉世之人，無不被此三件事苦了一生。何曾有一息之快活哉！獨有大聖人，忘了此三件事，故得無窮廣大自在逍遙快活。可悲世人，迷執拘拘，只在我一身上做事。以所見者小，不但不知大道之妙，卽言之而亦不信。如文中小知不及大知等語，皆其意也。故此篇立意，以『至人無己，神人無功，聖人無名。』爲骨子，立定主意，只說到後，方才指出。此是他文章變化鼓舞處，學者若識得立言本意，則一書之旨了然矣。」（莊子內篇註）

李師勉曰：「本篇第一段爲總論，以『聖人無名、神人無功、至人無己』爲主旨，第二段第三段第四段爲分論，各爲上文『聖人無名、神人無功、至人無己』舉證；堯讓許由一段舉證聖人無名；肩吾問於連叔一段舉證神人無功；宋人資章甫一段舉證至人無己，此段言宋人不能忘己，猶以己所欲章甫資越，欲越購之，至人則不然，不以天下爲己有，堯受至人之化，亦忘己有天下，是明言至人無己也，乃古人以此段證神人無功，則與肩吾問連叔段重複矣，故古人之解誤。第五段第六段雖喻至人無己，但此二段恒稱『莊子曰』，莊子曰三字係他人稱莊子有所言，非莊子自稱，莊子爲文常借寓言重言巵言以託出己意，從不直陳己見，若自稱莊子曰，則直陳己意矣，故此二段爲後人僞託，非莊子之文，乃輯莊書者所附加也。且此二段文字語態有異於以上各段，詳讀之可知也。又第一段總論中，係以至人無己、神人無功、聖人無名依次序列，但以下各段分論之次序則第二段論聖人無名，第三段論神人無功，第四段論至人無己，與總論所列次序不同，以次序言，總論中三句當依分論次序改作聖人無名、神人無功、至人無己。總論中三句失序係古人傳寫之誤也。莊子內七篇文理蘊深，得象外之旨，且次序整齊，有總論分論，外雜篇多無之。」（莊子總論及分篇評注）

張默生曰：「莊子的作品分數等，此篇是第一等作品。第一等作品，又可分甲乙兩類。甲類作品，是先總論，次分論，並無結論，這是莊子文章的正宗，就內篇而言，除本篇外，尚有齊物論、養生主、大宗師，是屬於這一類。乙類作品，是先分論，次結論，並無總論，這是莊子文章的變體，就內篇而言，人間世、德充符、應帝王，是屬於這一類。實則甲類的總論，和乙類的結論，其性質是一樣的，都是揭示全篇的主旨，在前在後，沒有多大關係。總論在前的，已包含著結論了，結論在後的，已包含著總論了。……本篇的結構，自篇首至『故曰至人無己、神人無功、聖人無名』爲總論；以下各段，則分證至人無己、神人無功、聖人無名諸項，也就是分證總論中所含的意義。若是解剖此篇的內容，則此篇的標題，既名爲『逍遙遊』，亦不外發揮逍遙遊的意義。如何而始可稱得爲逍遙遊呢？逍遙遊究是何等的境界呢？此不外本篇中的『有所待』與『無所待』兩言而決。如係有所待，雖九萬里高的鵬鳥，泠然而善的列子，不得謂之爲逍遙遊；因爲列子必待御風而行，鵬鳥必待扶搖羊角而後始可飛騰的。必也『無所等待』以遊無窮之天者，始可達到逍遙遊的境界。能達到逍遙遊的境界者，便是與大自然泯合爲一。能與大自然泯合爲一者，即是所謂『上與造物者遊，而下與外死生無終始者爲友，』便無往而不逍遙。能無往而不逍遙者，稱之爲『至人』也可，稱之爲『神人』也可，稱之爲『聖人』也亦可。不過至人無己，是按道的本體說；神人無功，是按道的功用說；聖人無名是按道的名相說；其實是三位一體的，前人不明此篇眞義，誤將大鵬喩莊子；以列子禦風而行，爲逍遙遊之極致；豈知大鵬列子均有所待，何得爲之逍遙遊呢？明乎此，則本篇的文理脈絡，自可迎刃而解了。」（莊子新釋）

吳怡曰：「對於莊子思想的精神，我們將有以下的幾點認識：

1.莊子思想的精神，是體現眞我。莊子思想在理路上，是先把握住眞我，然後再橫說直說，隨說隨掃。能不留痕跡，卻眞意自存。

2.一般都以爲莊子的逍遙是忘我之境，其實忘我並非忘記自己，而是破除我執。忘我祇是負面的工夫。實證眞我才是正面的工夫。也惟有造道於眞我，才有逍遙之樂。

3.學習莊子的精神，不能從境界上著手。因爲境界是不可學的，一學便成放誕；而且莊子的境界是莊子的，愈學愈不像莊子，也愈失去了自己。

4.接受了莊子的教訓後，我們應返觀自己，從『知』上去切實磨鍊，從『德』上去實際修證，等到工夫成熟後，眞我自現。到了此時，才有境界可言。才能與莊子爲友，與造物同遊。」（逍遙的莊子）

按：逍遙遊是莊子中心思想。本篇主旨，在說明莊子之人生觀。所謂逍遙遊者，有至人、神人、聖人之逍遙；有通人、常人之逍遙；有萬物之逍遙。至於逍遙之極致，則以無待爲最上；其有不能達此，而各適其性者，亦得逍遙之一術，以遊乎世者也，特境界有不同耳！

從「北冥有魚」起，到「此小大之辨也」止，是本文引論。述萬物之逍遙，皆有所待。從「故夫知效一官」起，到「聖人無名」止，是本文結論。述人類之逍遙，文分二段：其前段「故夫知效一官……猶有所待者也」，此常人、通人之逍遙，猶有所待；其後段「若夫乘天地之正……聖人無名」，此至人、神人、聖人之逍遙，無所待者也。從「堯讓天下於許由」起，至「安所困苦哉」止，舉例申述結論中「乘天地之正，而御六氣之辯，以遊無窮者，彼且惡乎待哉？故曰：至人無己，神人無功，聖人無名」之義。

第五節　考辨述要

齊物論第十段，應帝王第一段，記王倪、齧缺、被衣三人之問答，於司馬彪本，當在逍遙遊篇。武內義雄莊子考曰：

「逍遙遊音義，出四子二字，其下注云：司馬彪李云，王倪、齧缺、被衣、許由。按逍遙遊篇，但記許由之事，無王倪、齧缺、被衣三子之名。三子之事，見於齊物論與應帝王。若從今本，則唐突四子，王倪以下四人矣。想司馬彪本莊子，記許由肩吾之事後，即當有今本齊物論、應帝王篇之王倪、齧缺、被衣三人之問答。蓋逍遙遊一篇之要旨，有『至人無己，神人無功，聖人無名』三句，而此三句之下，置堯讓天下於許由一章。而齊物論王倪答齧缺曰，至人神矣，又曰，死生無變於己。應帝王篇首承之，說無己之事，恰爲無己之說明。」

按：本篇第八段以肩吾與連叔對話方式，說明「藐姑射之山，有神人居焉」，而結尾又說「堯治天下之民，平海內之政，往見四子藐姑射之山，汾水之陽，窅然喪其天下焉。」此「四子」若是王倪、齧缺、被衣、許由四人，則今本齊物論、應帝王兩篇中有關王倪、齧缺、被衣三人之問答，當移置於逍遙遊篇，申論「至人無己，神人無功，聖人無名」之義，如此方可前後文理一貫也。

第二章　齊物論篇探究

第一節　篇名釋義

「齊物論」三字，由於讀法不同，古今解說各異。茲歸納為四類，述之如下：

一、主張「齊」「物論」斷句者：

林希逸曰：「物論者，人物之論也，猶言衆論也。齊者一也，欲合衆論而為一也。」

李衷一曰：「大凡物論不齊，皆始於有我。物我對立，是非互爭，而為齊物論矣。」（以上兩條皆見南華眞經三註大全）

王應麟曰：「莊子齊物論，非欲齊物也，蓋謂物論之難齊也。」（困學紀聞）

張四維曰：「所謂吹萬自己，則『物論』本齊矣。」（莊子口義補注）

陸長庚曰：「是我非彼『物論』之所以不齊。」（南華眞經副墨）

釋德清曰：「物論者，乃古今人物衆口之辯論也。」（莊子內篇註）

歸有光曰：「欲齊天下之物論，當觀諸未始有物之先。」（莊子詮詁引）

林雲銘曰：「明道之言，各有是非，是謂『物論』。」（莊子因）

王夫之曰：「物論者，形開而接物以相構者也。……不立一我之量以生相對之耦，而惡有不齊之物論乎？」（莊子解）

陸樹芝曰：「辨別事物之是非而必申其說，是爲物論。如堅白同異之辯，即物論之至不齊者也。然物本無是非，是非起於心之有知，心而有知，即爲成心，已失其虛明之本體矣……齊之者，無有是非，無有言說，而心常止於所不知，乃所以復其本體之明，而葆其光也。」（莊子雪）

蘇輿曰：「天下之至紛，莫如物論，是非太明，足以累心，故視天下之言，如天籟之旋怒旋已，如鷇音之自然，而一無與於我，然後忘彼是（此也），渾成毀，平尊隸，均物我，外形骸，遺生死，求其眞宰，照以本明，游心於無窮，皆莊生最微之思理。然其爲書，辯多而情激，豈眞忘是非者哉，不過空存其理而已。」（莊子說）

嚴復曰：「物有本性，不可齊也，所可齊者，物論耳。」（莊子評點）

阮毓崧曰：「論音倫，此物論二字屬讀，不得以齊物二字相屬而讀，論爲去聲。」（莊子集註）

朱桂曜曰：「舊以齊物連讀，非是。古無有以論名文體者，有之自呂氏春秋之六論始，卽本書三十餘篇中，亦無他例可援。且內七篇皆以三字成義，何獨於此而外乎？持論雖衆，未嘗不可以一齊同之也，故曰齊物論。」（莊子內篇證補）

蔣錫昌曰：「『齊』卽齊一，『物』卽萬物，『論』卽言論或辯論也。莊子受田駢等『齊萬物以爲首』之影響，而欲以『無言』齊一之也。莊子齊物論之作，其目的純在息天下各派是非之辯，蓋亦當時辯士好辯之反動也。」（莊子哲學）

何敬群曰：「物不可齊，如鵾鵬之飛必九萬里，鳩鷃之飛，則止於槍榆枋，此其本能則然，不可得而齊也。物論則可齊，如鵾鵬鳩鷃之各適其性，各盡於其能，故或安於九萬里，或樂於榆枋，其逍遙自適則一也，是則可齊者也。」（莊子義繹）

蕭純伯曰：「物論之難齊，是古今中外不可避兗之事實。」（莊子治要）

曹受坤曰：「物論，物議，乃漢魏間後起名詞，其意義是指世間批評，與莊子本篇大旨無涉。」（莊子內篇解說）

張成秋曰：「仍當以物論二字連讀。前人之稱齊物者，乃爲行文之方便，如稱左丘明爲『左丘』，稱司馬遷爲『馬遷』，未可以爲圭臬也。」（莊子篇目考）

辭源齊物論條下注曰：「莊子篇名。自是非彼者，物論也。莊子立說以齊之，因以名篇。」

二、主張「齊物」「論」斷句者：

夏侯湛曰：「遯世放言，『齊物』絕尤。」（莊周贊）

劉勰曰：「莊周齊物，以論爲名。」（文心雕龍論說篇）

劉琨曰：「遠慕老莊之『齊物』」（答盧諶書）

李善注曰：「莊子有『齊物』篇」（昭明文選）

釋湛然曰：「彼論『齊物』，一夢爲短而非短，百年爲長而非長。」（輔行記）

宣穎曰：「齊衆物之論也。」（莊子南華經解）

章太炎曰：「齊物屬讀，舊訓皆同，王安石、呂惠卿，始以物論屬讀，不悟是篇。先說喪我，終明物化，泯絕彼此，排遣是非，非專爲統一異論而作，應從舊讀，因物付物，所以爲齊，故與許行齊物不同。」（諸子學論略）

阮毓崧曰：「宣云，齊衆物之論也，案舊訓篇題，皆以齊物二字屬讀，自王安石、呂惠卿，以物論二字屬讀，遂多從之。」（莊子集註）

馬敍倫曰：「輔行記曰，彼論齊物，一夢爲短而非短，百年為長而非長，是唐人亦不以物論連讀也。檢說文曰：論，議也。莊子以物不可齊，故論之。後儒以中有辨是非之辭，讀物論爲一詞，非是。」（莊子義證）

黃師錦鋐曰：「『齊物』連讀就是章太炎所說的喪我、物化、泯滅彼此。既然無己，何有是非，則物論自齊，這樣『物論』自包括其中了。所以『齊物』連讀可以包括『物論』，而『物論』不可以包括『齊物』，所以仍以『齊物』二字連讀於義爲長。」（莊子讀本）

陳啓天曰：「齊物論者，齊物之論也。莊子以物字統萬物，包括人之一切在內。齊物，謂對於萬物等視齊觀，任其自然，不加分別也。故齊物論又可名爲萬物平等觀或任物自然論。」（莊子淺說）

李師勉曰：「莊子痛其道喪人鄙，遂創齊物之論。」（莊子總論及分篇評註）

梁冰枏曰：「齊物卽萬物平等之謂。莊子痛其道喪人鄙，遂創齊物之論，視天地萬物爲渾然一體，猶四肢百骸九竅六臟之分司其務，而合以爲人，所謂彼此、是非、大小、貴賤之別，其至高理想乃在齗萬物於齊一也。」（莊子內聖外王之道及其八大學說詮證）

孫志祖曰：「張文潛、王厚齋，皆以齊物二字連讀，謂物論難齊，而莊子欲齊之也。按文選魏都賦萬物可齊於一朝，劉淵林注，莊子有齊物之論，劉琨答盧諶書云，遠慕老莊之齊物，晉人崇尚玄學，皆不以物論二字連讀。梁劉勰文心雕龍論說篇直云，莊周齊物，以論為名，尤可證六朝舊讀矣。」（莊子篇目考引）

劉咸炘曰：「此篇初名萬物之然，因明彼我之皆是，故曰齊物。後人多認為破是非，雙遣兩忘，乃佛家所主。佛家主空，一切俱不要。道家主大，一切俱要。根本大異，豈可强同。」（莊子釋滯）

三、主張「齊物」又「齊物論」雙重意義者：

張默生曰：「齊物論三字，歷來講莊子的人，解說不一。大體說來，約有二種解釋：㈠將『齊物』二字連讀，『論』字是文章的體裁，如文選劉注『莊子有齊物之論』，文心雕龍論說篇『莊周齊物，以論為名』都是這種看法，其意義是說萬物的形色性質雖至不同，但在莊子看去，却是齊一的，如秋水篇『萬物一齊，孰短孰長』，天下篇『齊萬物以為首』正是這種意思。似此，則『齊物論』就是用論說體裁來闡發『齊物』之旨的。㈡將『物論』二字連讀，『物論』成了一個名詞，自王安石、呂惠卿、張文潛、王伯厚、歸有光、王夫之，以及當代有些研究莊子的人，都是這種看法，其意義是把百家爭鳴之學說當作『物論』，莊子以道的觀點來齊一這些『物論』，如儒墨的各是其是，各非其非，名家的堅白異同之辯，在莊子看來都是剖判大道，只見其偏，不見其全的，所以莊子要糾正他們，統一他們相持不下的異說，於是而著『齊物論』。按照以上的兩種說法來解釋本篇的題旨，都能說得通，但都不能概括全篇的意思。因爲在莊子全書中，的確是旣齊『物』，又齊『物論』的；在本篇中尤其是發揮這種道理。事物的紛紜不齊，是宇宙間的客觀現實；物論的是非同異，是人們對事物的主觀解釋。主觀的解釋，不必契合於客觀的現實，而客觀的現實，也決不去牽就主觀的解釋，於是事實與理論兩不相符，在天地間演出許多錯過。莊子在本篇中是勘定這雙重意義來立論的，他是期於把事實和理論撮合爲一的。所以他一方面來說明自然的現象，自天地之大，以至於昆蟲之微，儘管是形形色色，變化萬殊，然萬殊終歸於一本；一方面來評衡世間的言語名相，自聖賢之德，以至於辯士之談，儘管是公說公有理，婆說婆有理，然爲免除語過，仍須歸於無言。前者可說是齊『物』，後者可說是齊『物論』。如果『物』與『物論』，兩相符應，毫無出入，則卽所謂『萬物並育而不相害，道並行而不相悖』了。於此卽發爲物論，亦是因物付物，絕無訧尤，此卽莊子所謂『卮言日出』的道理。卮言，是無成見之言，亦可說是『無言』，所以莊子解釋卮言道：『言無言：終身言，未嘗言，終身不言，未嘗不言。』終身言，未嘗言，卽是因物付物，毫無成見，故終身言也未嘗言了；終身不言，未嘗不言，卽是物自顯著，不啻代我立言，故終身不言，也未嘗不言了。本篇中的『天籟』、『天均』、『天府』、『葆光』、『天倪』等詞，都可藉以見到老莊的這番意思。天籟，是無聲而又爲衆聲之所自出的；天均，是一切事理的變化都歸於均平之理的；天府，是包羅宇宙間萬有萬象的；葆光，是與天府同一意義的另一種稱謂的；天倪，是一切事理的變化都有天然的分際的，這些一連串的名詞，或是將觀察事物的所得給予一種結語，或是將觀察事物的所得給予一種認識。持此以觀物，持此以定物論，這便是本篇的主旨。所以本篇不是專講齊『物』的，也不是專講齊『物論』的，而是兩者都講的。章太炎說：『此篇先說喪我，終明物化，泯絕彼此，排遣是非，非專爲統一異論而作，應從舊讀。』石永楙（近人，著有莊子正）說：『論當作侖，侖卽倫論等之初文，倫者，類也，猶等差也，此篇要義在齊同萬物之等差而一之，故讀作物論，不如讀作物倫，然作侖則涵義尤廣。……外篇在宥曰：「倫與物忘，大同乎涬溟」卽是齊物侖三字注脚。論之所起，必生於等差之見，是物倫既齊，物論無不齊者矣。……物倫可齊，則彼我也，大小也，壽夭也，成敗也，一切差別之幻覺，立可歸於無何有之鄉，而眞知了然獨照矣。』章氏雖主張『齊物』連讀，但他說：『非專爲統一異論而作』，是他的言外之意，亦並不否認也是爲統一異論而作。至於石氏，是很顯然主張『物論』連讀的，但他說『論當作侖，侖卽倫論等之初文』是侖字已包括倫論二字之義，可見他對本篇的看法，也是承認有齊『物』兼齊『物論』的雙重意義。按內篇中其他六篇，沒有以文章體裁命題的，則本篇的命題，亦不應顯示有文章體裁的字樣。所以『物論』二字，應當連讀，並可從石氏的解說。」

四、主張「齊物」又「齊言」雙重意義者：

王先謙曰：「天下之物之言，皆可齊一視之。不必致辯，守道而已。」（莊子集解）

按：在宥篇曰：「墮爾形體，吐爾聰明，倫與物忘；大同乎涬溟，解心釋神，莫然无魂。」郭象注曰：「（倫與物忘）理與物皆不以存懷，而闇付自然，則無爲而自化矣。（大同乎涬溟）與物無際。（解心釋神，莫然无魂）坐忘任獨。」此「倫」與

「論」音同義通。「倫與物忘」，觀上下文之義，卽論與物兩忘。兩忘者，齊一也。「論」與「物」齊一，意謂：「齊一『物與論』也。」據此知本篇題旨，應作如下之解釋：

齊，忘也。物，萬物也。論，理也，此言衆論之理也。「齊物論」三字，意謂：忘「物」與「論」，亦卽齊「物」與「論」也。齊物者，謂齊一萬物，意謂：忘萬物之不齊。秋水篇曰：「以道觀之……萬物一齊，孰短？孰長？」德充符篇曰：「自其同者視之，萬物皆一也。」視其同卽至人之道。齊論者，謂齊一衆論，意謂：忘衆論之不齊。本篇曰：「和之以是非，而休乎天鈞，是之謂兩行。」又曰：「和之以天倪，因之以曼衍，所以窮年也。」又曰：「忘年忘義，振於無竟，故寓諸無竟」，皆是此意。茲舉例說明如下：

齊物之例，如齊物論篇曰：

「天下莫大於秋毫之末，而太山為小，莫壽於殤子，而彭祖為夭。天地與我並生，而萬物與我為一。」

齊論之例，如齊物論篇曰：

「有儒墨之是非，以是其所非，而非其所是。欲是其所非而非其所是，則莫若以明。物無非彼，物無非是。自彼則不見，自知則知之，故曰：彼出於是，是亦因彼。彼是，方生之說也。雖然，方生方死，方死方生，方可方不可，方不可方可，因是因非，因非因是。是以聖人不由，而照之于天，亦因是也。是亦彼也，彼亦是也；彼亦一是非，此亦一是非；果且有彼是乎哉？果且無彼是乎哉？彼是莫得其偶，謂之道樞。樞始得其環中，以應無窮，是亦一無窮，非亦一無窮。故曰：莫若以明。」

第二節　文義分析

第一段自「南郭子綦隱机而坐」起，至「怒者其誰邪」止。

此言物皆自取，其理不二。而其中又可以南郭子綦「吾喪我」與「萬竅怒號」爲重心。

「喪我」卽「忘我」也。其涵義有二：一是忘物，一是忘己。忘物並非否認外物之存在，而是打消差別相，以達外物之境界；忘我並非忘記自己之存在，而是捨去偏執心，以達無我之境界。能忘物，則外觀萬物，一律平等；能忘我，則超然形骸，無所不適也。物我雙忘，此乃齊物論之極致也。世上之所以有是非之爭，咸以吾人各執己見，自以爲是，欲消弭此紛爭，必打破現象界之差別相，故本文發端於南郭子綦「坐忘」之寓言，作爲齊物論之首段。

大道爲一，若天籟之無心而任化，而「山林之畏佳，大木百圍之竅穴，似鼻、似口、似耳、似枅、似圈、似臼、似洼者、似污者」，由於大小孔穴之異，因而有「激者、謞者、叱者、吸者、叫者、譹者、宎者、咬者」種種聲音之不同。然則風實無聲也。百家之爭鳴亦猶「萬竅怒號」，「前者唱于而隨者唱喁，泠風則小和，飄風則大和」蓋大道爲一，而世人因主觀之不同，將道術分裂，各執己見也。「厲風濟則衆竅爲虛」，天實無心分別萬物，而衆竅自爲之耳，故曰「夫吹萬不同，而使其自己也，咸其自取，怒者其誰邪！」。

第二段自「大智閑閑」起，至「其所由以生乎」止。

此剖析世人主觀之執著，即舉例說明「萬竅怒號」也。

莊子以爲「道」乃萬物生化之總原理，萬物皆得道之一端以生存發展，故自道之觀點以視萬物，則萬物齊一無有分辨。及道虧之時，自以爲得道之全，故皆以自身爲是，以他物爲非。此段乃以相對之觀點，分析辯者於交接之際所表現之種種狀態：

(一)辯者智慧與理解之異——大知、小知

㈡辯者言語之異——大言、小言

㈢辯者寤寐之異——魂交、形開

㈣辯者構思之異——縵者、窖者、密者

㈤辯者恐懼之異——大恐、小恐

㈥辯者攻守之異——發若機栝、留如詛盟

㈦辯者心境之異——喜、怒、哀、樂、慮、歎、變、慹、姚、佚、啓、態

㈧事變之異——樂出虛、蒸成菌

辯者由於固執成見，天眞日喪，故曰「其殺如秋冬，以言其日消也」。溺於所爲，不可使之覺悟，故曰「其溺之所爲之，不可使復之也」。近死之心，無可使之重返生道，故曰「近死之心，莫使復陽也」。辯者所主觀執著者，盡屬虛幻，苟能悟得此理，或可使「近死」之境復得生路，故曰「旦暮得此，其所由以生乎？」

第三段自「非彼無我」起，至「吾且獨奈何哉」止。

此言存其眞我，不爲形役也。

「非彼無我，非我無所取」言萬物皆各得其道之一端而生存發展，故無萬物，則大自然之禀受亦無從昭著。然而萬物本源之眞宰，其兆迹卻冥冥不得見，故曰「可行

己信，而不見其形，有情而無形」。

天地之有「眞宰」，猶如吾人之有「眞君」。眞君者，精神之眞我也。百骸、九竅、六藏僅「眞君」之寄寓耳。「一受其成形，不亡以待盡，與物相刃相靡，其行盡如馳，而莫之能止，不亦悲乎」，故若能識得眞君，明瞭萬物皆爲大化之所形，而不拘拘於自我，不以己心爲師，卽是存其眞我而不爲形役也。

第四段自「夫言非吹也」起，至「故曰莫若以明」止。

此破是非之執也。

「言非吹也」意謂言與吹（風）不同。吹爲自然之物，無是非存焉；人言則出於成心，各執己見，是非紛論因之層出而不窮。此卽百家爭鳴之由來也。

「道惡乎隱而有眞僞」意謂「道」必有所隱而始有眞僞，故云「道隱於小成」。「言惡乎隱而有是非」意謂「言」必有所蔽，乃有是非，故云「言隱於榮華」。「道惡乎往而不存」意謂「道」在衆人偏見之下則不能存。「言惡乎存而不可？」意謂「言」在衆人主觀浮誇之下則不可信。由此可知「道」本無眞僞之別，「言」本無是非之分，世間之有是非相對之觀念，皆是「是其所非而非其所是」也，故「聖人不由，而照之於天」，亦「莫若以明」也。

世人之爭辯，源於相對立場之不同，故「自彼則不見，自知則知之」。「方生方死，方死方生」明事物變化之速也；「方可方不可，方不可方可」明價値判斷之流變無定也；「因是因非，因非因是」是非判斷之永無定則也。欲打破此相對觀念，必掌握道心，故曰「彼是莫得其偶，謂之道樞，樞始得其環中，以應無窮」，此「環中」即超脫是非之天道也。結尾再度提出「莫若以明」，明者明道，此言開放封閉之心靈，破是非之執也。

第五段自「以指喻指之非指」起，至「是之謂兩行」止。

此言兩行以安其分也。

莊子既希望世人能破是非之執，故曰「以指喻指之非指，不若以非指喻指之非指。以馬喻馬之非馬，不若以非馬喻馬之非馬也。」蓋爭執常起於成心而師之，人既相非，則其相非之法，以同類事物相非，不如以非同類之事物相非，易使人置信。以同爲指而喻爲非指，不如以他物喻爲非指。「指」僅有彼指、我指之別，而謂彼指非指，則人孰信之？今若以足喻爲非指，則人信之。馬亦僅有色之別而已，而謂白馬非馬，亦不可也。故不如以他物爲喻。今若以牛喻爲非馬，則人信之矣。以指喻指，以馬喻馬，皆同類事物，以之爲喻，不如以非指非馬爲喻也。莊子更進而曰：「天地一指也，萬物一馬也」，「一」與「亦」通。此謂天地間一切現象，萬物中一切形類，亦如上文指馬之論，應以客觀立場評其是非，不可以主觀立場論其得失，若同乎我者爲是，異乎我者爲非，則是非不得其正。由此觀之，何必自是而非彼，勸人不必生是非也。（李師勉語）莊子之意，在棄差別而歸統一，棄對立而求調和也。

「惡乎可，可乎可？惡乎不可，不可乎不可。」「惡乎然，然於然，惡乎不然，不然於不然」皆在否定相對之觀念，蓋「道行之而成，物謂之而然」也，「道通爲一」也。同理「其分也，成也；其成也，毁也。凡物無成與毁，復通爲一。」任何事物皆在生生不息之變化過程中，然而，就整體世界而言，仍未改變其整體性。因此，「惟達者，知通爲一，爲是不用而寓諸庸」，惟有不用智辯，而寓於眞理，而後始能用、通、得，得而後幾於道矣。

「勞神明而不知其同也，謂之朝三。」彼役役焉辨析天下之大道者，與辨「朝三而暮四」、「朝四而暮三」之狙一也，是「名實未虧而喜怒爲用」。故聖人和是非，齊萬物，歸乎大道，任物之化，是之謂「兩行」，兩行以安其分也。

第六段自「古之人其知有所至矣」起，至「此之謂以明」止。

此言去智以安群異。

莊子將世界分成四層次之演變：未始有物、有物無封、有物有封而未始有是非、有是非而使道虧。有是非之主觀，遂破壞道之整體性，故曰「是非之彰也，道之所以虧」。而道之所以虧，愛之所以成也，若昭文之鼓琴、師曠之枝策、惠子之據梧、三子之智技皆盛者也，然而終身無成。「惟其好之也，以異於彼，其好之也，欲以明之，彼非所明而明之，故以堅白之昧終」，故欲成而虧之者，昭文之鼓琴也；不成而無虧者，昭文之不鼓琴也。故聖人圖去「滑疑之耀」，而寓諸常道，亦「以明」之道也。蓋是非之異，皆由師智而存焉。

第七段自「今且有言於此」起，至「因是已」止。

此從本體觀萬物，物無不齊也。齊物論正文至此而完，以下乃分條列論，申述前旨。

「今且有言於此……則與彼無以異矣」此莊子欲有所言（齊物論），而先自破其非也。

「有始也者……而未知有無之果孰有孰無也」，以天地言之，從「天地之始」向上推論到「天地之始以前之再前」；以有無言之，從「有」至「無」，至「未始有無」，至「未始有夫未始有無」。此卽莊子本體論之觀點。

「今我則已有謂矣……且得無言乎」此莊子所據以「齊」「物論」之理。

「一與言爲二……因是已」，自無而適有，此莊子說明其作齊物論之不得已。

第八段自「夫道未始有封」起，至「此之謂葆光」止。

此言齊物之用，以知止其所不知爲準。

「夫道未始有封」此爲齊物論物我齊一之境界，天地與我爲一也。「言未始有常」謂言未始有是非之常，百家爭鳴，只爲爭一個「是」字，故有彼此人我之界，以致辯論不休。儘管爭論有左、右、論、義、分、辯、競、爭之異，聖人議論之態度，亦只是「存而不論」，「論而不議」，「議而不辯」。聖人明瞭道體之全貌，衆人則執己所見道之一隅，故「聖人懷之，衆人辯之，以相示也，故曰：辯也者，有不見也。」

「大道不稱，大辯不言，大仁不仁，大廉不嗛，大勇不忮」，故聖人能懷藏至道，知止其所不知，此所謂「天府」也。其「注焉而不滿，酌焉而不竭，而不知其所由來」此喻其涵藏形迹，不與人爭辯，故謂之「葆光」。

第九段自「故昔者堯問於舜曰」起，至「而況德之進乎日者乎」止。

此言寬大容物，申論上文「葆光」之義也。

「十日並出，萬物皆照」，其德無窮，而況堯之德進於日者乎？則亦當普施其仁，何必伐此三國以求服我？勸堯應寬大容物，卽申上文「葆光」之義。

第十段自「齧缺問乎王倪」起，至「而況利害之端乎」止。

此由齊物之義以推論無知。申論上文「知止其所不知，至矣」之理。

齧缺問王倪，三問而三不知，言眞知之難也。自然之大道，無是非、大小之別，常人則以主觀判斷辨別，實爲不知也，故曰「庸詎知吾所謂知之非不知邪，庸詎知吾所謂不知之非知邪？」

次擧正處、正味、正色三例，證明萬物皆無共同之準則，故曰「自我觀之，仁義之端，是非之塗，樊然殽亂，吾惡能知其辯！」以明萬物之「知」，實非絕對之「知」也。

「至人神矣……而況利害之端乎」此以至人爲例，說明「無知」（眞知）之至，凝定不變，能超越形而下之相對觀念，而進入齊物之境界，進而達逍遙之境也。秋水篇曰：「知道者必達於理……非謂其薄之也，言察乎安危，寧於禍福，謹於去就，莫之能害也」，通達大道者，一死生，齊萬物，利害何侵乎？

第十一段自「瞿鵲子問乎長梧子」起，至「故寓諸無竟」止。

此言忘年忘義，振於無竟，故寓諸無竟也。本段說明聖人之行，全文可分爲二節。第一節爲瞿鵲子之言，第二節爲長梧子之言。

第一節說明聖人之行，能「遊乎塵垢之外」，「聖人不從事於務，不就利，不違害，不喜求，不緣道，無謂有謂，有謂無謂，而遊乎塵垢之外。」此「無謂有謂，有謂無謂」，與寓言篇「終身不言，未嘗不言，終身言，未嘗言」意同。此「遊乎塵垢之外」，即逍遙遊篇「乘雲氣，御飛龍，而遊乎四海之外」、「乘天地之正，而御六氣之辯，以遊無窮」之義。

第二節析論聖人之行，如下：

㈠「長梧子曰……而以是相蘊。」此言「參萬物而一成純」與秋水篇「兼懷萬物，其孰承翼，是謂無方。萬物一齊，孰短孰長。道無終始，物有死生，不恃其成。一虛一滿，不位乎其形。年不可舉，時不可止。消息盈虛，終則有始」義同。

㈡「麗之姬……予惡乎知夫死者不悔其始之蘄生乎？」此乃舉例說明悅生惡死之惑。

㈢「夢飲酒者……是旦暮遇之也」，論忘死生。此小節比喻人生如夢，必大覺而後知此其大夢。吾人如能知死生無常之理，方能「參萬歲而一成純」，「遊乎塵垢之外」，而達逍遙之鄉。此與秋水篇「明乎坦途，故生而不悅，死而不禍，知終始之不可故也」意同。

㈣「卽使我與若辯矣……而待彼也邪」此承上文之義，再論忘是非。

㈤「化聲之相待……故寓諸無竟」，歸結於忘死生之年，忘是非之義。齊生死所以能忘年歲之長短，一是非所以能忘是非之名義。具體方法是「和之以天倪，因之以曼衍」，此與「參萬歲而一成純」之義相呼應。

第十二段自「罔兩問景曰」起，至「惡識所以不然」止。

此言物皆獨化而有所待也。影有待於形體，形體有待於精神；蛇待於蚹而行，蜩待於翼而飛，故知萬物皆有所待也。此寓言重現於寓言篇，「衆罔兩問於景日……强陽者又何以有問乎！」

第十三段自「昔者莊周夢爲胡蝶」起，至「此之謂物化」止。

此破夢覺之知，以明物化也。莊周夢蝶，意在「不知周之夢爲胡蝶與，胡蝶之夢爲周與？」打破夢覺之知，不知究竟爲莊周抑爲胡蝶？世人皆執著此如夢之人生，故物我對立，不得逍遙。若明此「物化」之理，則能齊萬物矣。

齊物論由「吾喪我」至「物化」，卽破除我執而至眞我與萬物合而爲一，首尾相應。

第三節　結構表解

齊物論全文結構

- 齊物論
  - 正文
    - 分析物論由來
      - 第一段
        - 吾喪我……「齊」「物論」者—起筆
        - 大地萬竅怒號，（地籟—衆竅比喻世人主觀之執著）
      - 第二段
        - 剖析世人主觀之執著（人籟—比竹，比喻人間萬竅怒號）
    - 去執著齊物論
      - 第三段存其眞我，不爲形役
      - 第四段破是非之執
      - 第五段兩行以安其分
      - 第六段去智以安群異
      - 第七段從本體觀萬物，物無不齊，與第一段「吾喪我」前後呼應—結論（天籟即自然本體，本文以風爲喻）
  - 緒論
    - 物皆自取
    - 其理不二

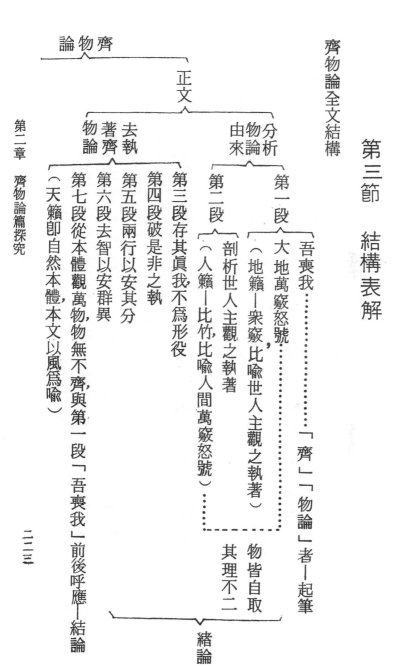

- 申論
  - 第八段言齊物之用，以知止其所不知為準
  - 第九段言寬大容物，申論上文「葆光」之義
  - 第十段由齊物之義，以推論無知，申論上文「知止其所不知，至也」之理
  - 第十一段忘年忘義，振於無竟，故寓諸無竟
  - 第十二段物皆獨化而有所待，以推論下文無待之境
  - 第十三段破夢覺之知，以明物化，與第一段「吾喪我」首尾呼應

齊物論分段表解

第一段

- 物皆自取，其理不二
  - (一)吾喪我
    - 南郭子綦隱机而坐，仰天而噓，荅焉似喪其耦
    - 形如槁木，心如死灰
  - 三籟
    - 人籟—比竹
    - 地籟—衆竅
    - 天籟
      - 大塊噫氣，其名為風，是唯無作，作則萬竅怒號
      - 吹萬不同，而使其自己也，咸其自取，怒者其誰邪

第二段

(二)萬竅怒號
- 萬竅之所在
  - 山林之畏隹
  - 大木百圍之竅穴
- 萬竅之形狀
  - 以人爲例：似鼻、似口、似耳
  - 以物爲例：似枅、似圈、似臼
  - 以地爲例：似洼似污
- 萬竅之聲音
  - 激者，謞者，叱者，吸者
  - 叫者，譹者，宎者，咬者
- 餘波
  - 百家有成心
  - 爭辯不休
  - 獨不見
    - 之調調
    - 之刁刁
    - 乎

1. 辯者智慧理解之異
   - 大知—閑閑
   - 小知—間間
2. 辯者言語之異
   - 大言—炎炎
   - 小言—詹詹

剖析世人主觀之執著

- 世人主觀之執著
  - 3. 辯者寤寐之異
    - 寐—魂交
    - 覺—形開
  - 4. 辯者構思之異
    - 縵者
    - 窖者
    - 密者
    - （縵者、窖者、密者）—與接爲構，日以心鬬
  - 5. 辯者恐懼之異
    - 大恐—縵縵
    - 小恐—惴惴
  - 6. 辯者攻守之異
    - 發若機栝—司是非
    - 留如詛盟—守勝
  - 7. 辯者心境之異—喜、怒、哀、樂、慮、歎、變、慹、姚、佚、啓、態
  - 8. 事變之異
    - 樂出虛
    - 蒸成菌
- 結果
  - 其殺如秋冬—以言其日消也
  - 其溺之所爲之—不可使復之也
  - 其厭也如緘—以言其老洫也
  - （以上）近死之心，莫使復陽也

第三段

存其眞我，不爲形役

- 眞宰（大道）
  - 非彼無我
  - 非我無所取
  - 是亦近也
    - 可行已信，而不見其形
    - 有情而無形
    - 特不得其眹
- 眞君（精神）
  - 求得其情，無益乎其眞
  - 求不得其情，無損乎其眞
  - 必有眞君存焉
- 形體
  - 一受其成形
  - 不亡以待盡
  - 百骸、九竅、六藏，賅而存焉
  - 可悲者：與物相刃相靡，其行盡如馳而莫之能止
  - 可哀者：終身役役而不見其成功，苶然疲役而不知其所歸
- 形神具化
  - 隨其成心而師之，誰獨且無師乎
  - 未成乎心而有是非，是今日適越而昔至也，是以無有爲有
  - 其形化，其心與之然
  - 可不謂大哀乎
- 結論——故存其眞我，不爲役形
  - 人之生也，固若是芒乎
  - 其我獨芒，而人亦有不芒者乎

第四段

破是非之執

1. 是非之起
   - 道惡乎隱而有眞僞—道隱於小成
   - 言惡乎隱而有是非—言隱於榮華
2. 欲破是非之執—莫若以明（明道）
3. 聖人不由，照之于天
   - 物無非彼，物無非是
   - 彼出於是，是亦因彼
   - 方生方死，方死方生
   - 方可方不可，方不可方可
   - 因是因非，因非因是

   —是非之途
4. 莫若以明
   - 道樞—彼是莫得其偶
   - 樞始得其環中，以應無窮
     - 是亦一無窮
     - 非亦一無窮

第五段

- 兩行以安其分
  - 天地一指，萬物一馬
    - 以指喻指之非指—不若以非指喻指之非指
    - 以馬喻馬之非馬—不若以非馬喻馬之非馬
  - 道通爲一
    - 唯達者—知通爲一
    - 惡乎可—可乎可
    - 惡乎不可—不可乎不可
      - 物固有所可，物無不可
    - 惡乎然—然於然
    - 惡乎不然—不然於不然
      - 物固有所然，物無不然
    - 物無成與毀
      - 其分也—成也
      - 其成也—毀也
  - 寓諸庸
    - 庸者—用也
    - 用者—通也
    - 通者—得也
    - 適得而幾矣
      - 因是已
      - 已而不知其然，謂之道

- 朝三（舉例）
  - 勞神明爲一—而不知其同
  - 狙公賦茅
    - 朝三暮四—衆狙皆怒
    - 朝四暮三—衆狙皆悅
    - 名實未虧—而喜怒爲用
- 兩行—聖人和之以是非，而休乎天鈞

第六段

去智以安群異

1. 古之人，其知有所至
   - 有以爲未始有物者
   - 有以爲有物矣而未始有封也
   - 有以爲有封焉而未始有是非也
2. 是非之彰
   - ⑴道之所以虧，愛之所以成
   - ⑵有成與虧，故
     - 昭氏之鼓琴
     - 師曠之枝策
     - 惠子之據梧
     - 終身無成
   - ⑶無成與虧—昭氏之不鼓琴也
   - ⑷推論—若是而可謂成乎？雖我亦成也，若是而不可謂成乎物與我無成也
3. 結論—滑疑之耀，聖人之所圖去爲是不用而寓諸庸

第七段

從本體觀萬物，物物無不齊

1. 自破其非
   - 今且有言於此，不知其與是類乎，其與是不類乎，類與不類相與爲類，則與彼無以異矣
2. 本體論
   - (1) 以天地而言
     - 有始也者
     - 有未始有始也者
     - 有未始有夫未始有始也者
   - (2) 以有無而言
     - 有有也者
     - 有無也者
     - 有未始有無也者
     - 有未始有夫未始有無也者
3. 「齊物論」之理
   - 天下莫大於秋毫之末，而太山爲小
   - 莫壽於殤子，而彭祖爲夭
   - 天地與我並生，而萬物與我爲一
   - 既已爲一矣，且得有言乎
   - 既已謂之一也，且得無言乎
4. 作齊物論之不得已
   - 一與言爲二，二與一爲三
   - 自無適有，以至於三
   - ——而況自有適有乎

第八段

言齊物之用以知止其所不知爲準

1. 衆人辯之
   - 言未始有常
     - 有左、有右、有倫、有義
   - 爲是而有畛
     - 有分、有辯、有競、有爭
   - 八德
2. 聖人懷之
   - 六合之外—存而不論
   - 六合之內—論而不議
   - 春秋經世、先王之志—議而不辯
   - 分也者，有不分也
   - 辯也者，有不辯也
3. 知止其所不知
   - 大道不稱—道昭而不道
   - 大辯不言—言辯而不及
   - 大仁不仁—仁常而不成
   - 大廉不嗛—廉清而不信
   - 大勇不忮—勇忮而不成
   - 五者园而幾向方矣
4. 存於天府—不言之辯，不道之道
5. 內蘊葆光
   - 注焉而不滿
   - 酌焉而不竭
   - 不知其所由來
   - 大智若愚，含蓄神光

第九段

言寬大容物

申論「葆光」之義

- 堯欲伐宗、膾、胥敖，南面而不釋然
- 舜
  - 夫三子者，猶存乎蓬艾之間
  - 昔者十日並出，萬物皆照
  - 而況德之進乎日者乎（當普施其德）
  - → 何必伐此三國

第十段

- 無知
  - 不知：齧缺問王倪，三問而三不知
  - 以住為例
    - 民溼寢則腰疾偏死，鰌然乎哉
    - 木處則惴慄恂懼，猨猴然乎哉
    - → 三者孰知正處
  - 以食為例
    - 民食芻豢
    - 麋鹿食薦
    - 蝍且甘帶
    - 鴟鴉耆鼠
    - → 四者孰知正味

由齊物之義以推論無知——申論「知止其所不知，至矣」之理

- 以色爲例
  - 猨猵狙以爲雌
  - 麋與鹿交
  - 鰌與魚游
  - 毛嬙、麗姬
    - 人之所美也
    - 魚見之深入
    - 鳥見之高飛
    - 麋鹿見之決驟
      - 四者孰知天下之正色
- 不辯
  - 仁義之端
  - 是非之塗
    - 樊然殽亂
- 至人無知之境
  - 死生無變
  - 不知利害
    - 於物不傷
      - 大澤焚而不能熱
      - 河漢沍而不能寒
      - 疾雷破山
      - 飄風振海
        - 而不能驚
    - 逍遙之境
      - 乘雲氣
      - 騎日月
      - 而遊乎四海之外

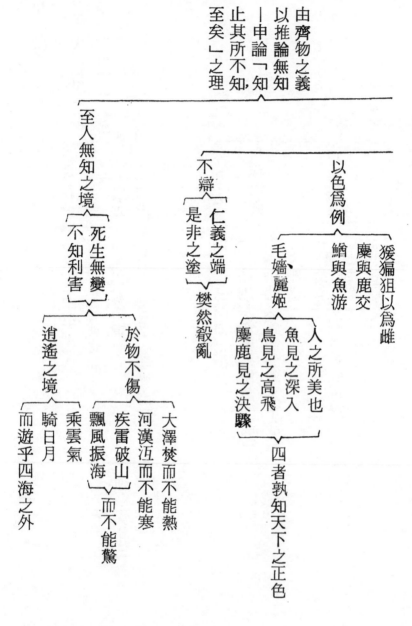

第十一段

言忘年忘義，振於無竟，故寓諸無竟

- 一、聖人之行
  - 不從事於務
  - 不就利
  - 不違害
  - 不喜求
  - 不緣道
  - 無謂有謂，有謂無謂
  - ——遊乎塵垢之外
- 二、析論聖人之行
  - (一)參萬歲而一成純
    - 旁日月，挾宇宙，爲其脗合，置其滑涽，以隸相尊
    - 衆人役役，聖人愚芚，參萬歲而一成純
  - (二)悅生惡死之惑（舉例說明）—麗之姬
    - 晉國之始得之—涕泣沾襟
    - 及其至於王所—與王
      - 同筐牀—而後悔
      - 食芻豢—其泣也
  - (三)論忘生死
    - 夢飲酒者，旦而哭泣，夢哭泣者，旦而田獵
    - 方其夢也，不知其夢也
    - 夢之中又占其夢焉，覺而後知其夢也
    - 有大覺而後知此其大夢

- ㈣再論忘是非
  - 我與若不能相知也，則人固受其黮闇，吾誰使正之
  - 我與若與人俱不能相知也，而待彼也邪
- ㈤忘死生之年 ─ 和之以天倪
- 忘是非之義 ─ 因之以曼衍
  - 寓諸無竟

第十二段

物皆獨化而有所待
- 罔兩問景
  - 曩子行，今子止
  - 曩子坐今子起
  - 何其無特操與
- 景曰
  - 吾有待而然者邪
  - 吾所待又有待而然者邪
  - 吾待蛇蚹蜩翼邪
  - 惡識所以然，惡識所以不然

第十三段

破夢覺之執，以明物化
- 有我之境
  - 莊周夢爲胡蝶─栩栩然胡蝶也自喻適志，不知周也
  - 俄然覺，則蘧蘧然周也
  - 蝶周分明
- 忘我之境
  - 不知周之夢爲胡蝶與
  - 胡蝶之夢爲周與
  - 蝶周不分（物化）

【真我之境】周與胡蝶，則必有分矣——體悟大道

第四節　篇旨探究

解析齊物論篇旨者，古今不同。茲泛舉七釋如下：

郭象曰：「夫自是而非彼，美己而惡人，物莫不皆然，然，故是非雖異，而彼我均也。」（莊子注）

王應麟曰：「是非毀譽，一付於物，而我無與焉，則物論齊矣。」（莊子詮詁引）

林紓曰：「齊物之意，無所謂人彼。有人有彼，即不能齊物，不能境智全忘，物我雙絕。」（莊子淺說）

林師景伊曰：「（莊子）以一死生，齊萬物，混善惡，而不遺是非，故欲齊物論。」（中國學術思想大綱）

釋德清曰：「物論者，乃古今人物衆口之辯論也。蓋言世無眞知大覺之大聖，而諸子各以小知小見爲自是，都是自執一己之我見，故各以己得爲必是。既一人以己爲是，則天下人人皆非，竟無一人之眞是者。大者則從儒墨兩家相是非，下則諸子衆口，各以己是而互相非，則終竟無一人可正齊之者，故物論之難齊也久矣

，皆不自明之過也。今莊子意，若齊物之論，須是大覺眞人出世，忘我忘人，以眞知眞悟，了無人我之分，相忘於大道。如此則物論不必要齊而是非自泯，了無人我是非之相，此齊物之大旨也。篇中立言以忘我爲第一。若不執我見我是，必須了悟自己本有之眞宰，脫卻肉質之假我，則自然渾融於大道之鄉，此乃齊物之功夫。必至大而化之，則物我兩忘，如夢蝶之喻，乃齊物之實證也。篇中以三籟發端者，蓋籟者猶言機也。地籟，萬籟齊鳴，乃一氣之機，殊音衆響，而了無是非。人籟，比竹雖是人爲，曲屈而無機心，故不必說。若天籟，乃人人說話，本出於天機之妙，但人多了一我見，而以機心爲主宰，故不比地籟之風吹，以此故有是非之相排。若是忘機之言，則無可不可，何有彼此之是非哉。此立言之本旨也。老子云，天地之間，其猶橐籥乎，虛而不屈，動而愈出，多言數窮，不如守中。此齊物分明是其注疏，以此觀之，則思過半矣。」（莊子內篇註）

李師勉曰：「夫美己而惡人，自是而非彼，常人之情也。天下之至紛，莫如物論，戰國之時，百家蜂起，衆論紛紜，自是非彼，爭辯不已，亂道傷眞，莫此爲甚，莊子痛其道喪人鄙，遂創齊物之論。齊物之道何在？曰：和是非、忘彼此、均可否、混成毀、平貴賤、齊死生是也。人莫不自是，莫不相非，故生是非之辯，辯起既矣，人心遂以不和，人心不和，社會所以紛亂，社會紛亂，國家所以割裂也。夫眞道果有是非乎哉？我所是者果是乎？我所非者果非乎？彼所是者果是乎？彼所非者果非乎？是非莫得其偶，故至人不由，照之於天，是非之彰也，道之所以虧也！夫眞道純然無雜，亦無彼此可否之別也；眞道不存得失，亦無成毀貴賤之分也；眞道無始無終，更無生死之異也，故聖人以道爲師，和之以天倪，能和之以天倪，則安時處順，喜怒不入，其心遊於天外，曠渺無極，與宇宙精神往來，相循無已，樂不可言，尚何有與人爭哉？故莊子齊物之道可以和樂人心，可以治國安民，誠至人之道也；然俗人愚劣，不明莊生至道，而猶自以爲是，此所以聾者無以與乎鐘鼓之聲也。」（莊子總論及分篇評註）

張默生曰：「本篇文體與逍遙遊同，自篇首至「此之謂葆光」爲總論。以下各段爲分論；唯此篇總論過長，當分若干節讀去。」（莊子新釋）

按：第七段曰「天地與我並生，而萬物與我爲一。」第十一段曰「忘年忘義，振於無竟。」前者是「萬物」齊一；後者是「衆論」齊一，此是本篇篇旨所在。

歸有光曰：「欲齊天下之物論，當觀諸未始有物之先」（莊子詮詁引）莊子欲齊物論，唯有推論「未始有物之先」，本無是非，而萬物混同。其言曰：

「古之人其知有所至矣！惡乎至？有以爲未始有物者，至矣盡矣，不可以加矣。其次以爲有物矣，而未始有封也。其次以爲有封焉，而未始有是非也。是非之彰也，道之所以虧也。」

從本體觀萬物，則「物論」無不均齊。故曰：

「有始也者，有未始有始也者，有未始有夫未始有始也者。有有也者，有無也者，有未始有無也者，有未始有夫未始有無也者；俄而有無矣，而未知有無之果孰有孰無也。」

郭象注曰：「（有始也者）有始則有終。（未始有始）謂無終始而一死生。（未始有夫未始有始）夫一之者，未若不一而自齊，斯又忘其一也。（有有）有有，則美惡是非具也。（有無）有無，而未知無無也，則是非好惡，猶未離懷。（未始有無）知無無矣，而猶未能無知，（未始有夫未始有無，俄而有無，而未知有無之果孰有孰無）此都忘其知也，爾乃俄然始了無耳。了無，則天地萬物，彼我是非，豁然確斯也。」

釋德清註曰：「（有始也者）卽老子無名天地之始。（有未始有始也者）此言有始亦無，謂無始也，卽老子云，同謂之玄。（有未始有夫未始有始也者）此本有亦無，卽老子云：玄之又玄，衆妙之門，此乃單言無形大道之原也。（有有也者）有卽天地人物，老子有名天地萬物之母也。（有無也者）因天地之有，乃推無名天地之始，此蓋就有形以推道本無形也。（有未始有夫未始有無也者）上言有無俱無，此言俱無亦無，迥絕稱謂，方是大道之玄同之域，故以此稱爲虛無妙道。（俄而有無矣）言大道體中了無名相，一法不立，故强稱虛無大道，忽生起有無，而不知誰使之也。（而未知有無之果孰有孰無也）言大道體中，有無不立，卽今之有無，誰使之有無邪？所謂若眞宰，而求不得其眹。今果返觀至此，有無尚無，安有是非之辯哉？」

莊子否定知識價值，故齊物論曰：

「齧缺問乎王倪曰：『子知物之所同是乎？』曰：『吾惡乎知之？』『子知子之所不知邪？』曰：『吾惡乎知之？』『然則物無知邪？』曰：『吾惡乎知之？』」

莊子認爲唯一眞正有價值之知識是與道冥合之至知，故齊物論曰：

「天地與我並生，而萬物與我爲一。」

本篇首言「吾喪我」，中對各家之認識作批評，末則歸結於「物化」。首尾呼應，脈絡一貫。

第五節　考辨述要

本篇第八段「道未始有封」下，釋文引崔云：

「齊物七章，此連上章，而班固說在外篇。」

武內義雄曰：

「今本雖與崔本同，然班固說在外篇，則漢時莊子經本，此條當在外篇矣。今檢陸氏音義，自『夫道未始有封』以下，至『故曰辯者有不見也』一一五字，陸氏但引證於崔譔音及李音而已，絕不引司馬彪說，則司馬彪本，亦與班固所見本同，此一一五字當在外篇。

今觀上下文，除此一一五字外，前後詞意連貫，文氣暢達，是今本齊物論，或非漢代之舊。故嚴靈峯曰：「莊子書闕有間，錯簡脫文，俯拾即是。尤其齊物論一篇爲甚，顛倒散亂，有不可句讀者。」近人傅斯年作誰是齊物論之作者（民國二十五年中央研究院史語所集刊第六本），以爲齊物論乃愼到所作，其理由如下：

(1)齊物論在莊子中獨成一格，其文詞曲折幽眇，與他篇之昭朗翺翔者不同。(2)思想決然無主，不似他篇之睥睨衆家。(3)莊子天下篇，舉愼到之學，說「棄知去已」「舍是與非」「塊不失道」等義，與齊物論思想合，而「齊萬物以爲首」一語，尤同於篇名。(4)莊子各篇，只有此篇名論，在愼到、荀況、呂不韋之前，亦未聞以論名篇。而史記孟荀列傳曰：「愼到著十二論。」則齊物論乃愼到所著十二論之首也。

吳康作「莊子齊物論作者辨」，反駁傅氏之說，其理由爲：

(1)莊周愼到同主自然之說，而內容趣致不同。莊子自然本相，休乎天鈞，是非兩行，萬物一體，此齊物論之中心思想。愼子則尙法重勢，以勢位推行法令，不賴賢智，使法勢成爲齊萬物之準。(2)愼子十二論已佚，篇名亦未著列，不可據「齊萬物以爲首」一語，斷其爲十二論之首篇。(3)莊書雖齊物外，無以「論」名篇，亦不能遽斷其非莊生作也。(4)齊物論文詞內容，左右屈伸，可隨人爲說，尤不易據以辨別其與他篇之異同也。（見錫園哲學文集）

今觀齊物論之意旨，如：「喪我」、「物化」、「存眞我」、「破是非」、「去智」、「天鈞」、「不知」、「葆光」、「忘年忘義」、「萬物爲一」等，皆合於莊子思想。其與愼子學說比較，實大相逕庭。人情萬變，而法不變，故愼子齊萬物者，齊之以法。物論無常，而道有常，故莊子齊萬物者，齊之以道。此不可不察也。

第三章　養生主篇探究

第一節　篇名釋義

陸德明曰：「養生以此爲主也。」（莊子音義）

林希逸曰：「主，猶禪家所謂主人公也。養其主此生者，道家所謂丹基也。」

陸西星曰：「養生主，養其所以主吾生者也。」

李衷一曰：「養生主者，養其生之主也。主，神也，所謂丹基也。」（以上三條，皆見南華眞經三註大全）

王夫之曰：「形，寓也，賓也；心知寓神以馳，役也，皆吾生之有而非生之主也。養生之主者，賓其賓，役其役，薪盡而火不喪其明；善以其輕微之用，遊於善惡之間而已矣。」（莊子解）

陸樹芝曰：「人之生也必有所藉以生者，是生之主也。生者形也，主者神也。神者形之所持以立也。養之者，順其自然，行所無事，不隨知識之紛紜，以耗其神也。此篇對偏執强辨、以形勞天下爲道，至於逐物傷生而不知反者說。」（莊子雪）

王先謙曰：「順事而不滯於物，冥情而不攖其天，此莊子養生之宗主也。」（莊子集解）

馬敍倫曰：「案主爲住省。說文作𠊱，從人，豈省聲。（今本作豆聲非）讀若樹。來者爲賓，住者爲主也。後賓主之稱同此。」（莊子義證）

黃師錦鋐曰：「人的形體是賓，精神才是主。形體有盡而精神無窮，所以養生是養我們的精神，不是養護形體。」（莊子讀本）

陳啓天曰：「養生主者，養生之主也，猶言養生之主旨也，爲一種自然養生論。」（莊子淺說）

林師景伊曰：「出世不可得，物論不能齊，退而欲求養其形之所恃以立者，而順於自然，故主養生主。」（中國學術思想大綱）

辭源養生主條下注云：「莊子篇名。生以養存，而養必有道，是之爲主，故云。」

按：養謂心性修養。人之生也，精神爲主，形體爲賓，故生之主謂精神。修養精神之具體方法是：依乎天理，因其固然。

第二節　文義分析

第一段自「吾生也有涯」起，至「可以盡年」止。

此言順應自然法則，可以保身盡年。亦即養生主全篇之總綱－緣督以爲經。莊子以爲眞知不爲吾人所知，而世俗之知無窮，故曰：「吾生也有涯，而知也無涯，以有涯隨無涯，殆已！已而爲知者，殆而已矣！」人生有限而俗知無窮，以有限之生，追求無窮之知，終不能及，且精疲神勞。爲善爲惡，必近名、近刑。近名者受名之累，近刑者受刑之害，皆不免勞神傷命。故唯有順應自然法則－緣督以爲經，才可以保身、全生、養親、盡年，斯養生之道也。

第二段自「庖丁爲文惠君解牛」起，至「得養生焉」止。

此以宰牛比喩養生。

「手之所觸，肩之所倚，足之所履，膝之所倚，砉然嚮然，奏刀騞然，莫不中音，合於桑林之舞，乃中經首之會」，形容庖丁宰牛技巧之高明。此爲「事」之說明，進而闡明宰牛之「理」。

宰牛之始，感官作用僅及牛之外形，三年後，所見者，已非牛之外形。至今，則能以心神接觸牛體。故能順牛體之天然結構，向筋骨之間隙處分解，自然能遊刃有餘，十九年而刀刃若新發於硎。卽使遇到筋骨交錯聚結之處，亦「怵然爲戒，視爲止，行爲遲，動刀甚微，謋然已解，如土委地」。

宰牛如此，接物處事亦然，平日順應自然而行。遇有困難障礙時，更須怵惕謹愼，專注精神。「視爲止，行爲遲」，則任何事亦皆能迎刃而解。

以宰牛之「依乎天理，批大郤，導大窾，因其固然」，以無厚入有間，而遊刃有餘，則養生之必須應自然法則，其理亦同。

第三段自「公文軒見右師而驚」起，至「非人也」止。

此以安於殘廢比喻養生。

右師之殘廢，若爲天生使然，則天生一足與天生雙足，同爲天之所與。何須怨天尤人？若爲刖刑使然，則亦「爲惡近刑」之天理，順應天理，安於殘廢，與前者同樣不怨天尤人，養生之道卽在此矣。

第四段自「澤雉十步一啄」起，至「不善也」止。

此以澤雉不入樊籠比喻養生。

澤雉雖十步一啄，百步一飲，卻安於此種生活，而不願被畜養於樊籠。籠中之雉雖日飼其美食，而生活受限制，不能迹遍林澤，抑鬱不得志，又何談養生？故澤雉不入樊籠，但求精神之逍遙，而得養生也。

第五段自「老聃死」起，至「不知其盡也」止。

此以達觀死生爲養生之最高理解。

宇宙萬物生生不息，則生來死去，亦自然之變化而已。「適來，夫子時也；適去，夫子之順也。」如同薪盡火傳之理，變化與無常本是人生之特徵，能體變任化，隨順自然，則「安時而處順，哀樂不能入也。」生死觀念能打破，哀樂之情，不入於胸中，此養生之最高理解也。

第六段自「指窮於爲薪」起，至「不知其盡也」止。

此以薪火相傳，說明形體與精神之關係。

「指窮於爲薪，火傳也」謂脂薪燃燒雖盡，火已傳延空中，比喻形體雖死，而精神不滅，故聖人重其神，而不重其形，所謂外形骸是也。能如此則不必以死爲悲，此秦失所以三號而出也。

第三節　結構表解

養生主表解

養生主

- 一、養身之道（緒論）—緣督以爲經
  - 原因—生也有涯，知也無涯，以有涯隨無涯，殆已
  - 目的—可以保身，可以全生，可以養親，可以盡年
- 二、喻例
  - 1. 庖丁解牛
    - (1) 解牛
      - 起始—所見無非牛者
      - 三年後—未嘗見全牛
      - 方今
        - 以神遇而不以目視，官知止而神欲行
        - 依乎天理，批大郤，導大窾，因其固然
    - (2) 所解數千牛矣，而刀刃若新發於硎
      - 彼節者有間，而刀刃者無厚，以無厚
      - 入有間，恢恢乎其於遊刃，必有餘地
    - (3) 每至於族
      - 吾見其難爲，怵然爲戒，視爲止，行爲遲，
      - 動刀甚微，謋然已解
  - 2. 右師介足，安於殘廢
    - 公文軒驚者—惡乎介也，天與，其人與
    - 右師答者—知其天也，非人也
  - 3. 澤雉不蘄畜乎樊中—神雖王，不善也

三、達觀死生（結論）
- 1. 秦失弔老聃（舉例）
  - (1) 遁天之刑——老者哭之，如哭其子；少者哭之，如哭其母——遁天之情，忘其所受
  - (2) 順應變化—適來，夫子時也；適去，夫子順也
  - (3) 帝之縣解—秦失三號而出—安時而處順，哀樂不能入
- 2. 精神不滅—指窮於爲薪，火傳也，不知其盡也

第四節　篇旨探究

養生主之篇旨，玆舉古今五釋如下：

郭象曰：「夫生以養存，則養生者理之極也。若乃養過其極，以養傷生，非養生之主也。」（莊子注）

胡遠濬曰：「此卽楞嚴經不循聲色，守於眞常之義。」（莊子詮詁）

釋德淸曰：「此篇教人養性全生，以性乃生之主也。意謂世人爲一身口體之謀，逐逐於功名利祿，以爲養生之策，殘生傷性，終身役役而不知止，卽所謂迷失眞宰，與物相刃相靡，其形盡如馳，而不知歸者，可不謂之大哀耶！故教人安時處順

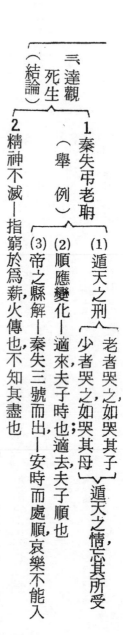

，不必貪求以養形，但以清靜離欲以養性，此示入道之工夫也。」（莊子內篇註）

李師勉曰：「養生主者，莊子言養生之道而以此爲主也。夫生以養存，故不得有所養；然若養之太過，則反以養傷其生，此非養生之主也；然則養生之主爲何？曰：『順事推移，冥情塞慾，而不强爲也，』若乃得失太明，物欲太深，或以有涯之生求無窮之知，則反以此傷其生，此非養生之主也；若乃求善以近名，爲惡以近刑，此亦非養生之主也；故養生之道，在順乎自然，安時而處順，冥情而塞慾，不以己意强謀也，則喜怒哀樂不能入，此爲養生之主也。然古今能以此爲養生者幾何人哉？屈原不能以此爲養生，故憂傷以自絕；韓愈不能以此爲養生，亦抑鬱而轗軻，皆不知養生之主也。蘧伯玉邦有道則仕，邦無道則卷而懷之，令尹子文三仕爲令尹無喜色，三已之無慍色，柳下惠三黜而安之若素，此皆明道安性，知養生之主者也，較以屈韓之流，仕則喜，黜則憂，强露才智以求名位者，可同日語哉？此篇首段爲總論，次段言順乎天理，不宜强爲。三段言聽天順命，四段言自由可貴，不羨虛榮，末段言人之生死乃造化之變，能聽順變化，則哀樂不入乎胸次，不能聽順變化，則痛苦於心，似受刑罰，此種刑罰謂之遁天之刑。且人身乃暫寄於世，倘能修其德，則身雖死而精神永存，此所以秦失三號而出，不

以爲悲也。」（莊子總論及分篇評註）

張默生曰：「本篇文體，與逍遙齊物論同。自篇首至「可以盡年」爲總論，以下各節爲分論。此篇標題爲「養生主」，乃卽說明養生之道，當以何者爲原則。此篇重要之點有五：㈠養生之人，不可作知識上的追求；因爲壽數是短促的，知識是無窮的；以短促的人生，追逐無窮的知識，不惟勞而無功，抑且徒增煩惱，足以爲養生之敵。㈡養生之人，不可爲善；因爲善近名，自己便不得安閒；結果，能者多勞，亦是殺生之機。㈢養生之人，不可爲惡；因爲惡近刑，更不足以全其生命。㈣養生之人，當處之以虛，旣不爲惡，亦不爲善；如此，則名固不至，刑亦不及，可得從容之餘地，以全其生。㈤養生之人，當打破生死關頭；因養生若不將死關打破，世事卽難擺脫，然尙有死的問題横亘心中，則不免生樂死悲，亦是生前一大煩惱。必將生死視爲一條，以爲有生必有死，則待至生命將盡之時，可以欣然而去。必如此，始可盡養生之能事。」（莊子新釋）

按：養生主，言吾人養生之道，在順應自然，達觀死生，以保身、全生、養親、盡年。本篇首段爲緒論，言養生之道。二、三、四段，舉例比喩養生之道。五、六段爲結論。五段舉例說明達觀死生之理。六段說明吾人形體有盡，而精神永恆不滅也。

第五節　考辨述要

繕性篇曰：

「喪己於物，失性於俗也。」

吾人因物而喪己；因俗而失性，故須修養生之主。何謂「喪己」？答案見於齊物論篇，其言曰：

「一受其成形，不亡以待盡，與物相刃相靡，其行盡如馳而莫之能止，不亦悲乎？終身役役而不見其成功，苶然疲役而不知其所歸，可不哀邪！人謂之不死，奚益？其形化，其心與之然，可不謂大哀乎？」

何謂失性？答案見於天地篇，其言曰：

「失性有五：一曰五色亂目，使目不明；二曰五聲亂耳，使耳不聰；三曰五臭薰鼻，困惾中顙；四曰五味濁口，使口厲爽；五曰趣舍滑心，使性飛揚，此五者，皆生之害也。」

五色、五聲、五臭、五味，皆生之害，養形者尚之而失性。吾人「一受其成形」便「不亡以待盡」，而「與物相刃相靡」，因以喪己，不亦悲乎？不善養生者，殘生傷性，故莊子以庖丁解牛一事，比喻養生之道。釋德清註曰：

「只一庖丁解牛之事，則盡養生主之妙，以此乃一大譬喻耳。若一一合之，乃見其妙。庖丁喻聖人，牛喻世間之事；大而天下國家，小而日用常行，皆目前之事也；解牛之技，乃治天下國家，用世之術智也。刀喻本性，卽生之主，率性而行，如以刀解牛也。言聖人學道，妙悟性眞，推其緒餘以治天下國家，如庖丁先學道而後用於解牛之技也。初未悟時，則見與世齟齬難行，如庖丁初則滿眼只見一牛耳，旣而入道已深，性智日明，則看破世間之事，件件自有一定天然之理，如此則不見一事當前，如此則目無全牛矣。旣看破世事，則一味順乎天理而行，則不見有一毫難處之事，所謂技經肯綮之未嘗也。以順理而行，則無奔競馳逐以傷性眞，故如刀刃之十九年若新發於硎，全無一毫傷缺也。以聖人明利之智，以應有理之事務，則事小而智鉅，故如游刃其間，恢恢有餘地矣。若遇難處沒理之事，如筋骨之盤錯者，不妨小心戒惕，緩緩斟酌於其間，則亦易可解，亦不見其難者。至人如此應世，又何役役疲勞以取殘生傷性之患哉。故結之曰，聞庖丁之言得養生焉。而意在至人率性順理而無過中之行，則性自全而形不傷耳！善體會其意，妙超言外，此等譬喻，唯佛經有之。世典絕無僅有，最宜詳玩，有深旨哉！

」（莊子內篇註）

王叔岷引隋釋吉藏百論疏卷上之上曰：

「莊子外篇，庖丁十二年不見全牛。今本此文在內篇養生主第三。」（莊子校釋）

唐蘭曰：

「養生主老聃死一章……屬內篇，就文辭論，可認爲眞。」（老聃的姓名和時代考）

今觀本篇文理一貫，庖丁解牛事，當在內篇養生主第三。或有以其字數，在諸篇中最少，而疑其散失者，蓋無據之言也。

第四章　人間世篇探究

第一節　篇名釋義

陸德明曰：「此人間見事，世所常行者也。」（莊子音義）

林希逸曰：「前言養生，此言人間世。蓋謂既有此身，而處此世，豈能盡絕人事？但要人處得好耳，便是外篇所謂，物莫足爲也，而不可不爲一段意思。」

李衷一曰：「人間世者，涉世也。夫道非絕俗，德非遁世，養生之人，功行未滿，潛伏人間，安能不與世交接？」（上二條，皆見南華眞經三註大全）

釋德清曰：「此篇蓋言聖人處世之道」（莊子內篇註）

王先謙曰：「人間世謂當世也，事暴君處亂世，出與人接，無爭其名，而晦其德，此養全之道，末引接輿歌云，來世不及待也，往世不可追也，此漆園所以寄慨，而以人間世名其篇也。」（莊子集解）

阮毓崧曰：「慨人間之世界也。以世變無窮，惟人類間尤難處耳。」（莊子集註）

黃師錦鋐曰：「按人間世不外論述處人與自處的道理，處人之道，在不見有人。

自處之道，在不見有己。無人無己，則無往而不可了，可與養生主篇參看。」（莊子讀本）

陳啓天曰：「按人間世篇爲一種亂世處世論。人間世者，人間之世也。莊子所生之世爲亂世，所言之人間爲暴君統治之人間。亂世對於暴君宜如何自處自全，此本篇所詳言者。」（莊子淺說）

何敬羣曰：「人間世者，六合之內，圓頂方踵之倫所居之世，非六合之外，超乎人生遊息之世也。道之用：在以覆載萬物，事天治人爲事，非以澤藪閒曠，枯槁赴淵爲事，故曰人間世也。」（莊子義繹）

辭源人間世條下注云：「莊子篇名。人與人相代謝，斯世與世相遞嬗。謂之間者，明世變之多故也。」

按：人間世者，人間之世也。處此人間之世，當虛心以待物，忘物以免害。

第二節　文義分析

第一段自「顏回見仲尼」起，至「而況散焉者乎」止。

此言虛心以化物。藉顏回與仲尼對答，表達莊子處世之道。

顏回以衞君「其年壯，其行獨，輕用其國，而不見其過」，因此欲「以所聞，思其所行」。仲尼則告之以「名」「知」乃相軋、相爭之凶器，非處世之道，而強以仁義繩墨之言述暴人之前者，必反遭人惡。且舉桀殺關龍逢，紂殺王子比干爲例，是皆修其身，以下拂其上者也，亦好名者也。堯攻叢枝、胥敖，禹攻有扈，此亦求名實者也。誡顏回勿以名實爲之。

顏回復提出「端而虛，勉而一」、「內直」、「外曲」、「成而上比」之方法，欲以此糾正他人過失，仲尼指其太多政，且猶師心自用，不足以化人，最後以「心齋」一法指示顏回。

心齋者，虛心也。「若能入遊其樊而无感其名，入則鳴，不入則止，无門无毒，一宅而寓於不得已，則幾矣。」唯虛而能容物，唯道集虛，亦唯虛心，始能順應萬物變化之原則，斯則行事無礙矣。

第二段自「葉公子高將使於齊」起，至「此其難者」止。

此言虛心以順命。藉葉公與仲尼對答，以處理外交事物，申言處世之道。

葉公將使於齊，已因得失心重，而使已受陰陽之患，更何況事若不成，必有人道之患，故請教於仲尼。仲尼以天下之大戒二告之，其一，命也，其一，義也。此無可逃於天地之間也。既爲無可逃於天地之間者，莫若行事之情而忘其身，知其不可奈何而安之若命，何暇至於悅生惡死哉！

外交之事，固然難行，既爲人臣子，固有所不得已。譬若人生處世亦然，故當超然物外，「乘物遊心，託不得已以養中」，世事之變化既無法預料，與其憂慮如何完成國君之使命，莫若虛心順命，任化而爲。

第三段自「顏闔將傅衛靈公太子」起，至「可不愼邪」止。

此言正身以順物。以蘧伯玉答顏闔將傅於天殺者之道爲喻，說明正身順物者處世之道。

蘧伯玉答顏闔「正女身哉，形莫若就，心莫若和」，爲傅於天殺者之道。「形莫若就，心莫若和」順物也，然順物必以正身爲前提，否則易陷於合塵逐流，故「就不欲入，和不欲出」也。

螳臂擋車者，不知其不勝任也，「積伐而美者以犯之，幾矣。」一喻；養虎者、時其飢飽，達其怒心，虎媚養己者，順也，二喻；愛馬者，拊之不時，則缺銜毀首碎胸，不能順物之性也，三喻。故處世之道，必先內求諸己，而後順應外物，因物付物，斯免螳臂擋車，愛馬喪生之譏！

第四段自「匠石之齊」起，至「不亦遠乎」止。

此言以無用爲大用。

櫟社樹「其大蔽數千牛，絜之百圍，其高臨山，十仞而後有枝，其可以爲舟者旁十數」，卻爲匠伯棄而不顧，以其爲散木也。散木者，不材之木也，於人無所可用，世所以爲無用者也，然其爲大用亦於此也。蓋柤梨橘柚，果蓏之屬，以其能爲世俗所用，故不克終其天年，散木則因無用而得保其天年，終成社樹，是其大用也。

天生我材必有用，端視可被利用之對象而異，莊子以無用爲大用之觀點，正是尊重萬物之表現，打破執著世俗名利之價值觀。

第五段自「南伯子綦遊乎商之丘」起，至「此乃神人之所以爲大祥也」止。

此言以不材爲大祥。

商丘之大木：細枝拳曲而不可以爲棟梁；大根軸解而不可以爲棺槨；咶其葉，則口爛而爲傷；嗅之，則使人狂酲三日不已。而荆氏之楸柏桑，其拱把而上者，求狙猴之杙者斬之；三圍四圍，求高名之麗者斬之；七圍八圍，貴人富商之家，求樿傍者斬之。前者，爲不材之木，反因此而成其大，後者則有材之患，中道夭於斧斤。祥於世人者，不祥於己；又巫祝以爲不祥者，神人以爲大祥。孰祥，孰不祥耶？

莊子以不材爲大祥，與以無用爲大用，正爲相同之論點。

第六段自「支離疏者」起，至「又況支離其德者乎」止。

此言支離其德可延年益壽。

支離疏其形支離，由世俗觀之，其爲不材之人，然而亦因此而免除徵役，且得「上與病者粟」。挫針治線，鼓筴播米，生活逍遙而自在。由此推論，「支離其形者，猶足以養其身，終其天年，又況支離其德者乎！」支離其形謂形體不全，支離其德謂才德不露。才德不露，不遭人忌，即可延年益壽，逍遙人間。

第七段自「孔子適楚」起，至「無傷吾足」止。

此言忘物以免害。

楚狂接輿之言，語重而心長，「天下有道，聖人成焉；天下无道，聖人生焉。方今之時，僅免刑焉」。莊子之寫人間世，或正有感於此。「迷陽迷陽，无傷吾行，吾行卻曲，无傷吾足」，其處世之小心謹慎，仍不免擔憂受害。「已乎已乎，臨人以德；殆乎殆乎，畫地而趨」，臨人以德，畫地而趨，皆執著己德，因此容易受害。唯忘物而能順化任變，則百變不侵其身，何害之有？

第八段自「山木自寇也」起，至「而莫知無用之用也」止。

此言無用以盡年。與前第四段、第五段呼應。以「山木自寇，膏火自煎，桂可食，故伐之，漆可用，故割之」爲例，再申無用以盡年之義。並以「人皆知有用之用，而莫知无用之用也」作結。明人皆執於世俗之價値觀，但知外表之有用，而不能體會無用之妙用，汲汲於表露鋒芒，卻不知此正銷損其本性。明乎此理，方可逍遙於人間之世。

第三節　結構表解

人間世全文結構

人間世
- 一、以顏回見仲尼請行於衞爲喻，說明虛心化物之意
- 二、以葉公子高使齊問仲尼爲喻，說明虛心順命之意
- 三、以顏闔將傅而問蘧伯玉爲喻，說明正身順物之意
- 四、舉例說明無用爲大用之意
- 五、舉例說明以不材爲大祥之意

六、以支離疏者爲喻，說明支離其德可逍遙人間
七、以楚狂接輿之言，說明忘物免害之意
八、再明無用以盡年之意

人間世分段表解

第一段

以顏回見
- 1.「以所聞思其行」之不可行
  - (1) 道不欲雜—雜則多，多則擾，擾則憂，憂則不救
  - (2) 先存諸己，而後存諸人—所存於己者未定，何暇至於暴人之所行
  - (3) 名也者，相軋也；知也者，爭之器也—二者凶器，非所以盡行
  - (4) 德厚信矼，未達人氣，名聞不爭，未達人心—菑人者，人必反菑之
  - (5) 苟悅賢而惡不肖，惡用而求有以異
    - 无詔—王公必將乘人而鬥其捷
    - 不信厚言—必死於暴人之前
  - (6) 名實者，聖人之所不能勝
    - 桀殺關龍逢，紂殺王子比干—好名者
    - 堯攻叢枝，胥敖，禹攻有扈—求實無已

仲尼請行於衞爲喻，說明虛心化物之意。

- 2.「端而虛勉而一」之不可行
  - 衞君按人之所感，執而不化，外合而內不訾，
  - 以求容與其心，其庸詎可乎
- 3.「內直外曲成而上比」之難合
  - (1)內直—與天爲徒
  - (2)外曲—與人爲徒
  - (3)成而上比—與古爲徒
  - 太多政，法而不諜，止於无罪，何可以及化，猶師心者也
- 4.心虛化物之方
  - (1)心齋—專一其志，聽之以氣，虛而待物
  - (2)應物—入遊其樊而無感其名，入則鳴，不入則止，無門無毒，一宅而寓於不得已
  - (3)總論
    - ①爲人使易以僞，爲天使難以僞
    - ②瞻彼闋者，虛室生白，吉祥止之—夫且不止，是之謂坐馳
    - ③徇耳目內通而外於心知，鬼神將來舍，而況人乎

第二段

以葉公子高使齊問仲尼爲喻，說明虛心順命之意。

- 1. 葉公子高使齊有二患
  - 事不成有人道之患
  - 事成有陰陽之患
- 2. 孔子之答
  - (1) 天下有大戒二
    - 命—不可解於心—子之愛親
    - 義—無所逃於天地之間—臣之事君
    - 知其不可奈何，而安之若命／行事之情而忘其身
  - (2) 再申言
    - ① 傳兩國之言
      - 兩喜必多溢美之言
      - 兩怒必多溢惡之言
      - 傳其常情，無傳其溢言，則幾乎全
    - ②
      - 以巧鬥力—始乎諒，常卒乎鄙
      - 以禮飲酒—其作始也簡，其將畢也巨
      - 忿設無由，巧言偏辭
      - 獸死不擇音，氣息茀然，於是並生心厲，
      - 剋核大至，則必有不肖之心應之，而不知其然
      - 无遷令，无勸成，過度益也
    - ③ 結論—乘物遊心，託不得已以養中

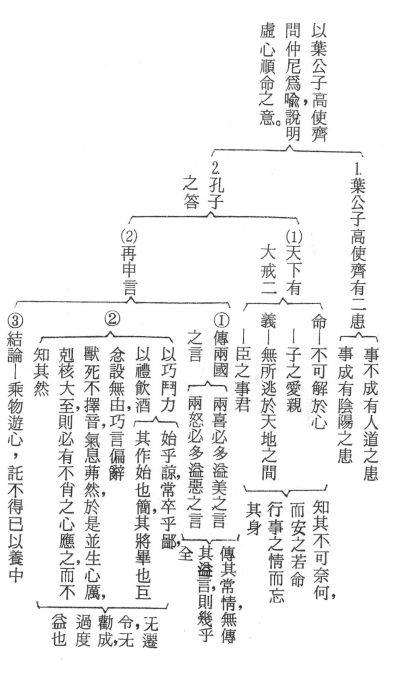

第三段

以顏闔將傅而問蘧伯玉爲喻說明正身順物之意。

- 1. 傅於天殺者之道
  - 正女身哉
    - 形莫若就
    - 心莫若和
    - 就不欲入，和不欲出
- 2. 正身順物
  - 1. 方法
    - (1) 彼且爲嬰兒，亦與之爲嬰兒
    - (2) 彼且爲无町畦，亦與之爲无町畦
    - (3) 彼且爲无崖，亦與之爲无崖
    - 達之，入於無疵
  - 2. 舉例
    - (1) 螳臂當車
      - 不知其不勝任
      - 是其才之美
      - 積伐而美者以犯之，幾矣
    - (2) 養虎者
      - 時其飢飽
      - 達其怒心
      - 虎
        - 媚養己者，順也
        - 故其殺者，逆也。
    - (3) 愛馬者
      - 拊之不時則缺
      - 銜毀首碎胸
      - 意有所至而愛有所亡

第四段

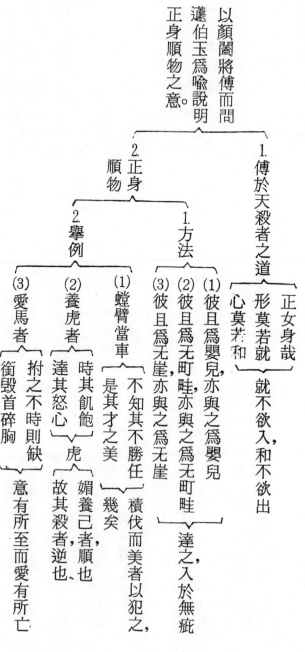

第五段

- 舉例說明以無用爲大用之意
  - (1)櫟社樹—是不材之木也，無所可用，故能若是之壽
  - (2)相梨橘柚，果蓏之屬
    - 實熟則剝，剝則辱
    - 大枝折，小枝泄
    - → 以其能苦其生者也，故不終其天年而中道夭
  - (3)彼其所保與衆異，而以義譽之，不亦遠乎

- 舉例說明以不材爲大祥之意
  - 1.以商丘之大木爲例
    - 細枝—拳曲而不可以爲棟梁
    - 大根—軸解而不可以爲棺槨
    - 咶其葉—口爛而爲傷
    - 嗅之—使人狂酲，三日而不已
    - → 不材之木，以至於此其大
  - 2.以荊氏之楸柏桑爲例
    - 拱把而上—求狙猴之杙者斬之
    - 三圍四圍—求高名之麗者斬之
    - 七圍八圍—貴人富商之家，求樿傍者斬之
    - → 未終其天年，而中道夭於斧斤，此材之患
  - 3.以「解」之不祥爲例
    - 牛之白顙
    - 豚之亢鼻
    - 人有痔病
    - → 巫祝以爲不祥，神人以爲大祥

第六段

以支離疏者爲喻說明支離其德可延年益壽

- 挫鍼治繲——足以糊口
- 鼓筴播精——足以食十人
- 上徵武士——支離攘臂而遊於其間
- 上有大役——以有常疾不受功
- 上與病者粟——受三鍾與十束薪

支離其形者，猶足以養其身，終其天年又況支離其德者乎

第七段

以楚狂接輿之言說明忘物免害之意

1. 方今之時，僅免刑焉
2. 福輕乎羽，莫知之載／禍重乎地，莫知之避——已乎已乎，臨人以德；殆乎殆乎，畫地而趨

第八段

再明無用以盡年之意

- 山木自寇
- 膏火自煎
- 桂可食，故伐之
- 漆可用，故割之

人皆知有用之用，而莫知無用之用

第四節　篇旨探究

人間世之篇旨，玆舉古今六釋如下：

郭象曰：「與人羣者，不得離人。然人間之變故，世世異宜，唯無心而不自用者，爲能隨變所適，而不荷其累也。」（莊子注）

陸樹芝曰：「天位乎上，地位乎下，而人與人並生其間，則天地之間一人間也。閱人成世，而我亦同處其間，適當此世。世涂中之險阻艱虞，有不可勝窮者，豈不危哉！必極備虛靈，因物以付，無不委曲周匝，庶世藉身而有功，身涉世而無患也。要而言之，欲以身入世，而一如出世，又必其身之不爲世用，而後得成其大用焉，此一篇之大旨也。」（莊子雪）

釋德清曰：「此篇蓋言聖人處世之道也。然養生主，乃不以世務傷生者，而其所以養生之功夫，又從經涉世故以體驗之，謂果能自有所養，即處世自無伐才求名、無事強行之過。其於輔君奉命，自無誇功溢美之嫌，而其功夫又從心齋坐忘，虛己涉世，可無患矣。極言世故人情之難處，苟非虛而待物，少有才情求名之心，則不免於患矣。故篇終以不才爲究竟，苟涉世無患，方見善能養生之主，實與

前篇互相發明也。以孔子乃用世之聖人，顏子乃聖門之高弟，故借以爲重，使其信然也。」（莊子內篇註）

林師景伊曰：「莊子人間世篇之主旨，實論所以處世之道。……故其論行事之情，交接之道，及傳言之難，皆所以明處世之方。」（中國學術思想大綱）

李師勉曰：「此言人間之世，汚濁混亂，不可安處，故以人間世名其篇，以寄其憤疾之由，並藉以言處世之方，處世之方，亦『乘物遊心』而已；乘物遊心者，己無堅執，順事推移，心無功名之存念也。中庸云：『君子居易以俟命』，又云：『明哲以保身』，此皆合乎莊子處世之方也；夫以顏回顏闔之賢，往說暴戾之君，又以葉公子高之能，受使於楚王之命，孔子蘧伯玉憂其危，故臨行戒以忘功忘名忘己之道也。忘功，欲其不敢強諫以鬻智；忘名，欲其不敢炫德以邀譽；忘己，欲其不敢執己以強爲，持此三者，始能免乎暴君之忌而自全其生，此處亂世之方也；龍逢比干惟不知此，故忠心未達，而身已先死，子胥屈原有至忠之德，亦遭殺身黜逐之禍，此皆強行獻智，自飾其才，遇暴君不能乘物遊心之故也；故孔子曰：『天下有道則仕，無道則隱』，范蠡亦所以逍遙乎江海之上，此皆處亂世之方也。嗚呼，世道艱危，自古已然，迷陽迷陽，可不愼歟？余遊台灣台南市開元寺，見一聯以題神人曰『大肚能容，了卻人間多少事，滿腔歡喜，笑開天下古今愁』，此言神人心無芥蒂，故能忘懷得失，滿腔歡喜，此亦處亂世之方也，所謂心無芥蒂卽乘物遊心之謂，謂無存心也。匠石之齊以下各段，皆言處身濁世，不宜強示有用，強示有用，適足召禍，韜光匿迹，乃可全生，楸柏之木，自示有用，故人伐之，樗櫟之材，自示無用，故人全之，此於人爲無用，於己則有養生全命之用，此乃無用之用也，人間強獻才智，以求人用，欲藉之邀圖富貴者，宜愼乎哉！」（莊子總論及分篇評註）

張默生曰：「人間世，卽人間的意思；篇中所論，都是關於處世的道理，不過是莊子所見的處世道理，不是尋常的處世道理。尋常人的處世，是想戰勝環境勾心鬥角的，莊子則是適應環境與世無爭的；尋常人的處世，是露才揚己自矜其能的，莊子則是韜光晦迹甘居無用的。甚且聖賢的處世態度，莊子也和他站在相反的地步；聖賢的處世，是想以德感人，以敎化人的，莊子則是力戒以德臨人，以言敎人的；聖賢是想以道易世，改善社會的，莊子則是力戒不能正己先去正人的。甚且老子的『報怨以德』也和他所主張的『德不形』的話，頗有出入；那就更無論於英雄豪傑的『寧我負人，勿人負我』了。要之，莊子的這套處世法寶，大體說來，是承受了老子的『和光同塵，與世能忤』的原則；但是莊子的處世態度，則較老子更覺圓通，更不著痕跡。因爲他在本篇中，極力發揮一『虛』字，發揮「無用爲用」之旨，與養生主篇所謂『緣督爲經』的道理，完全是一貫的。本篇共分七段：第一段是論如何才能與剛愎獨斷的暴君相處，第二段是論如何才能完成與敵國辦外交的使命，第三段是論如何才能與桀傲難馴的太子相周旋。莊子特取這三件最難的事，藉著問答的方式加以討論，如果能將這樣的事都處理完善，則人世間便沒有難處的人了。第四段，第五段，均借不材的樹木爲喻，發揮『無用爲用』之旨，以說明在人世間自處的道理。第六段，更借支離形殘的人，既足以自全其生，又可以免攖世禍，舉出一『無用爲用』的實例。最末一段，以『接與之歌』顯示正意，即作爲結論，以見生當亂世之人，不得不講求處世的態度了。按此篇以理論言，也可稱爲莊子的『處世哲學』。」（莊子新釋）

按：人間世雖是莊子處世哲學，實則在說明修養之道，故仲尼教顏回以「心齋」。聖人虛心應世，故可遊乎人間而得其逍遙之樂也。此篇與養生主爲一表一裏，與逍遙遊爲一實一虛。

本篇可分爲八段。前七段爲分論，末段爲結論。第一段以顏回見仲尼請行於衞爲喻，說明虛心化物之意。第二段以葉公子高使齊問仲尼爲喻，說明虛心順命之意。第三段以顏闔將傅而問蘧伯玉爲喻，說明正身順物之意。第四段舉例說明以無用爲大用之意。第五段舉例說明以不材爲大祥之意。第六段以支離疏者爲喻，說明支離其德，可延年益壽，逍遙人間。第七段以楚狂接輿之言，說明忘物免害之意。第八段爲結論，歸結於無用以盡年。

第五節　考辨述要

列禦寇篇曰：

「孔子曰：凡人心險於山川，難於知天；天猶有春秋夏冬旦暮之期，人者厚貌深情。故有貌愿而益，有長若不肖，有順懁而達，有堅而縵，有緩而釬。故其就義若渴者，其去義若熱。故君子遠使之而觀其忠；近使之而觀其敬；煩使之而觀其能；卒然問焉而觀其知；急與之期而觀其信；委之以財而觀其仁；告之以危而觀其節；醉之以酒而觀其側；雜之以處而觀其色。九徵至，不肖人得矣。」

人心既險於山川，故聖人處人間之世，在「乘物以遊心，託不得已以養中」。乘物遊心，則忘己；託不得已，則忘物，物我兩忘，不爲世俗物欲所蔽，故能超然物外，以道自全。雖人心難測，而天道有常，守其常，全其德，無心而不自用，可以全性，可以逍遙也。

葉國慶莊子研究，以人間世篇爲僞作，其言曰：

「向來內篇是被人視爲眞品的。不知內外之別，乃後人所定，不出於莊子。郭象本外雜篇之分，便與向秀本不同。現在內外篇的區分，乃郭象定的，我們須就文論文，不必奉爲絕對標準。玆試述人間世可疑點如下：

㈠體裁不類

內篇諸篇中皆有議論，有譬喻—亦可謂之故事。應帝王先舉譬喻而後總以論議，大宗師則先發議論而繼以譬喻，德充符先舉譬喻而後總以議論。養生主又先發議論而後繼以譬喻。至齊物論逍遙遊二篇譬喻與議論交融，渾然一體。可見中間有法則在。而人間世則否。此篇第一章言顏回見仲尼請之衞故事，第二章爲葉公子高使齊事，第三章爲顏闔問蘧伯玉事，第四章爲匠石見社樹事，第五章爲南伯子綦見大木事，第六章爲支離疏事，第七爲孔子適楚事。全篇只是七段故事的組合。

㈡意義不連貫

第四第五第六章皆喻不才之物得以自全，與上文之意不連串。第四第五章一言社樹，一言大木又是重複。末段楚狂譏孔子不知進退，又與上段意不合。蓋第一第二段仲尼爲一明道之人，在末段忽變爲一暗昧之人。前後自相矛盾呢！

㈢思想不類

『古之至人，先存諸己，而後存諸人，所存于己者未定，何暇至於暴人之所行。』此意與逍遙遊：『至人無己，神人無功，聖人無名』云云不合，而其句則似脫自大學：『是故君子有諸己而后求諸人，無諸己而后非諸人，所藏乎身不恕而能喻諸人者，未之有也。』『仲尼曰：……子之愛親命也，不可解於心。臣之事君義也，無適而非君也，無所逃於天地之間。是之謂大戒。是以夫事其親者，不擇地而安之，孝之至也，夫事其君者，不擇事而安之，忠之盛也。』莊子書凡設爲仲尼之語者其言必用莊子之意。否則別設以難之。此則不然，純爲儒家口吻。而全篇文筆亦板而滯，不似逍遙遊齊物論。

㈣抄襲

『孔子適楚。楚狂接輿遊其門曰，鳳兮鳳兮，何如德之衰也。來世不可待，往世不可追也，天下有道，聖人成焉。天下無道，聖人生焉。……已乎已乎，臨人以德；殆乎殆乎，畫地而趨。』上段乃衍論語微子篇而成者。微子篇云：『楚狂接輿歌而過孔子曰，鳳兮鳳兮，何德之衰，往者不可諫，來者猶可追，已而已而，今之從政者殆而。』莊子乃洸汪自恣之人，豈屑循人畦徑哉。可見此文非眞。

按：

㈠葉氏謂內篇諸篇中皆有議論，有譬喻—亦可謂之故事，而人間世則否。其實不然，細觀此篇第一段（按葉氏稱章）雖是「言顏回見仲尼請之衞故事」，而故事中以顏回與仲尼對話方式，表達議論。其義在以此故事，譬喻（隱喻）虛心以化物之意。第二段雖是「葉公子高使齊事」，而故事中以葉公子高與仲尼對話方式，表達議論。其義在以此故事，譬喻虛心以順命之意。第三段雖是「顏闔問蘧伯玉事」，而故事中以顏闔與蘧伯玉對話方式，表達議論。其義在以此故事，譬喻正身順物之意。第四段雖是「匠石見社樹事」，而故事中以匠石與弟子對話方式，表達議論，以見無用為大用之意。第五段雖是「南伯子綦見大木事」，而故事中有議論。其義在舉例譬喻，以明不材為大祥之意。第六段雖是「支離疏事」，而故事中有議論。其意義在以此故事為譬喻，說明支離其德，可逍遙人間之世。第七段雖是「孔子適楚事」，而故事中有議論。其意義在以此故事，說明忘物以免害。第八段為全篇之結論，歸結於無用以盡年。總上所論，知人間世篇中，有故事，有議論，有譬喻。其與他篇所異者，在表達方式不同而已。

㈡第四第五第六段，此乃舉三例，譬喻不才之物得以自全，故第七段申論忘物以免害之意，第八段歸結於無用以盡年。意義無不連貫，此蓋卮言之例。第一第二段仲尼爲一明道之人，在末段忽變爲一暗昧之人，前後矛盾者，莊子書中或揚孔，或抑孔，隨文而發，絕無定規。此假借孔子之名以寄意，寓言之例也。天下篇曰：「以謬悠之說，荒唐之言，無端崖之辭，時恣縱而不儻，不以觭見之也。以天下爲沈濁，不可與莊語，以卮言爲曼衍，以重言爲眞，以寓言爲廣。」其此之謂乎？

㈢葉氏謂「思想不類」，其理由實不足取。所謂「『古之至人，先存諸己，而後存諸人，所存于己者未定，何暇至於暴人之所行』，此意與逍遙遊『至人無己，神人無功，聖人無名』云云不合」者，此不知至人、神人、聖人，有「與天地精神往來而不敖倪於萬物」之一面，亦有「不譴是非，以與世俗處」之一面，故天下篇曰：

「上與造物者遊，而下與外死生無終始者爲友。」

本篇爲人間世，自當討論處世之道。所謂「『仲尼曰……子之愛親命也，不可解於心。臣之事君義也，無適而非君也，無所逃於天地之間，是之謂大戒。是以夫事其親者，不擇地而安之，孝之至也；夫事其君者，不擇事而安之，忠之盛也。』……純爲儒家口吻。」者，此不知孝親與忠君二事，既無所逃於天地之間，自當虛心以順命。此莊子思想與儒家所同者。如既處人間之世，而又不孝親，且不忠君，如何能逍遙人間，而不爲物所害。儒道兩家，皆淵源於中國傳統文化，其所異者，僅彼此取舍之立場不同而已。易經、書經、詩經、論語，乃儒家之經典，然而其中有些言論，看來卻純爲道家口吻。茲舉論語爲例如下：

子曰：「無爲而治者，其舜也與！夫何爲哉？恭己正南面而已矣！」（衞靈公）

子曰：「君子矜而不爭，羣而不黨。」（衞靈公）

子曰：「……君子哉！蘧伯玉，邦有道則仕，邦無道則可卷而懷之。」（衞靈公）

曾子曰：「以能問於不能，以多問於寡，有若無，實若虛，巍巍乎舜禹之有天下也，而不與焉！」（泰伯）

子曰：「民可使由之，不可使知之。」（泰伯）

子曰：「君子不器。」（爲政）

子曰：「吾有知乎哉？無知也。有鄙夫問於我，空空如也，我叩其兩端而竭焉。」（子罕）

子絕四：「毋意，毋必，毋固，毋我。」（子罕）
子在川上，曰：「逝者如斯夫，不舍晝夜。」（子罕）
子曰：「回也，其庶乎，屢空。」（顏淵）
子曰：「聽訟，吾猶人也，必也使無訟乎？」（顏淵）
季康子患盜，問於孔子，孔子對曰：「苟子之不欲，雖賞之不竊。」（顏淵）
子曰：「予欲無言。」子貢曰：「子如不言，則小子何述焉？」子曰：「天何言哉，四時行焉，百物生焉，天何言焉！」（陽貨）

觀以上諸例中，其「無爲」、「不爭」、「不器」、「無知」、「毋我」、「屢空」、「無訟」、「不欲」、「無言」等，純爲道家口吻，吾人可謂論語此諸篇乃僞作乎？

(四)莊子引用論語之言以寄意，乃重言之例，不可謂之抄襲。人間世此段文字之來源，不可得而知。或非出於論語，而是與論語同一淵源，蓋儒道二家同源於中國文化道統也。

第五章　德充符篇探究

第一節　篇名釋義

崔譔曰：「此遺形棄知，以德實驗也。」（莊子注）

郭象曰：「德充於內，應物於外，外內玄合，信若符命，而遺其形骸也。」（莊子注）

陸德明曰：「此遺形棄知，以德實之驗也。」（莊子音義）

林希逸曰：「符，應也。有諸己，則可以應諸外。充，足也。德足於己，則隨所感而應也。」

李衷一曰：「德充者，內充也。充，足也；符，驗也。德充之驗也。」（以上三條，皆見南華眞經三註大全）

王夫之曰：「充者，足於內也。符者，內外合也。內本虛而無形之可執，外忘其形，則內之虛白者充有可驗也。」（莊子解）

陸樹芝曰：「克全其天之謂德，德充於己，而驗應於人，若符節之相合然，故曰

符。」（莊子雪）

王先謙曰：「德充於內，自有形外之符驗也。」（莊子集解）

胡遠濬曰：「德不形，充也；物不能離，符也。常因自然而不益生，所謂上德無為而無以為也。故老子又云：天地所以能長且久者，以其不自生。」（莊子詮詁）

阮毓崧曰：「凡內充玄德者，其外必有明徵，符卽徵驗之謂。」（莊子集註）

吳康曰：「有道者放於自然，懷德者不以形累，所謂德有所長而形有所忘，外內玄合，信若符命，德充符之所以告人者如是哉！」（老莊哲學）

黃師錦鋐曰：「德充符就是『德充於內而自符應於外』的意思。」（莊子讀本）

陳啓天曰：「德者，修道有得於己也。充者，足也。符者，證也。德充符者，德充之符也，猶言修道，有得於己而充足之證也。」（莊子淺說）

何敬羣曰：「德充符者，全德之符驗也。」（莊子義繹）

陳鼓應曰：「主旨在於破除外形殘全的觀念，而重視人的內在性，藉許多殘畸之人為德行充足的驗證。」（莊子今註今譯）

按：德，全德也。充，足也。符，驗也。全德充足於內者，必能符驗於外。至人遊於形骸之外，不索人於形骸之內，德充而物聚，此符驗之證也。

第二節　文義分析

第一段自「魯有兀者王駘」起，至「彼且何肯以物爲事乎?」止。

此言德充而物聚也。

兀者王駘立不教，坐不議，而從之遊者與夫子中分魯，且虛而往，實而歸。蓋彼德充於中，而自符驗於外也。斯德乃眞人之全德，非世俗之德也。

「死生亦大矣，而不得與之變，雖天地覆墜，亦將不與之遺。審乎無假而不與物遷，命物之化而守其宗也」王駘識得天地間無妄之道，故能順化守宗，了解天地間變異之原則，故雖死生之大變，天地之覆墜，亦無動於中。

「自其異者視之，肝膽楚越也；自其同者視之，萬物皆一也」以其能明瞭萬物之差別相，而賦予平等之精神，故能「不知耳目之所宜，而遊乎德之和，物視其所一，而不見其所喪，視喪其足，猶遺土也」，故能忘其形骸之殘而保守本始之性，德於是充乎內，眞機流露，自能收默化之功。

如人之鑑於水，「唯止能止衆止」，松柏之常青，堯舜之獨正，亦「幸能正生，以正衆生，」皆盡己之性，以盡人之性也。王駘盡己之性，守宗任化，爲「官天地、府萬物、直寓六骸、象耳目、一知之所知，而心未嘗死者」，彼且超然物外，遺世獨立，而萬物歸之，此充實而有光輝者也。

第二段自「申徒嘉」起，至「子無乃稱」止。

此言忘形以安命也。

子產不與兀者同行同止，以其執於虛名，索人於形骸之內也。申徒嘉雖爲兀者，而未嘗知其爲兀者，以其「知不可奈何而安之若命」也，斯遊於形骸之外者也。形骸之內，僅軀殼而已，往來於塵世刑網之中，難免觸犯世俗禮法，猶「遊於羿之彀中，中央者，中地也，然而不中者，命也」，知其不可奈何，則當安之若命，否則亦徒然傷神而已。遨遊於形骸之外，不知耳目之所宜，而遊乎德之和，與道同存，亦德充者也。

第三段自「魯有兀者叔山無趾」起，至「安可解」止。

此言全德者，不立異名也。

仲尼重視節操，務求無所過失，既犯過則務求改正。故仲尼曰「子不謹，前既犯患若是矣，雖今來，何及矣。」又曰：「猶務學以復補前行之惡，」是不忘禮法，務求施行仁義之道。而無趾以此爲「諔詭幻怪之名聞」，至人「以是爲己桎梏」也。

「以死生爲一條，以可不可爲一貫」者，一死生，齊是非也。齊物而後乃得逍遙，斯「解其桎梏」也。全德者，得於天之道，齊物之理，任化安命，體道而行，故不立異名也。

第四段自「魯哀公問於仲尼」起，至「德友而已矣」止。

此言全德者不露也。

哀駘它無權勢、無聚祿、無容貌、無言說、無智慮，然卻使匹夫匹婦思慕而不能離去，且使一國之君傳國焉，是德充而物聚，才全而德不形者也。

「死生存亡，窮達貧富，賢與不肖毀譽，飢渴寒暑，是事之變，命之行也；日夜相代乎前，而知不能規乎其始者也。故不足以滑和，不可入於靈府，使之和豫通，而不失於兌；使日夜无郤，而與物爲春，是接而生時於心者也，是之謂才全」，此與首段「審乎無假，而不與物遷，命物之化，而守其宗」意同。故「才全」者亦德充也。

「德者成和之修也。德不形者，物不能離也」，此與老子「上德不德，是以有德」義同，如水之平者「其可以爲法也，內保之而外不蕩也」。蓋內保者，成和之修也，外不蕩者，物不能離也。惟其不以德爲德，故能成其德，哀駘它之不露，亦如文中所言「未嘗有聞其唱者也，常和人而已矣」。

第五段自「闉跂支離無脤說衛靈公」起，至「獨成其天」止。

此言忘形以成天也。

由闉跂支離無脤與甕㼜大癭二例爲喻，可見「德有所長而形有所忘」之義。形骸僅爲吾人暫時之寄寓，故本篇特別強調上謀於天之「德充」，而貶抑形而下之形骸，故曰「人不忘其所忘，而忘其所不忘，此謂誠忘」。

又以聖人依乎天理，故不謀，不斲、無喪、不貨，所謂「天鬻」者也。既依乎天理，故「有人之形，無人之情」。無人之情者，無世俗是非好惡之情也，故能保存天然本眞，故能忘其形，而「獨成其天」也。

第六段自「惠子謂莊子」起，至「子以堅白鳴」止。

此言不以好惡內傷其身也。

此段承前段「有人之形，無人之情」而來。「道與之貌，天與之形」，故「有人之形」也。「人之不以好惡內傷其身，常因自然而不益生」者，是「無人之情」也。「今子外乎子之神，勞乎子之精，倚樹而吟，據槁梧而瞑，天選子之形，子以堅白鳴」，此舉惠子一反前文之例，惠子雖得完全之形貌，卻以「堅白鳴」而外神勞精，是以好惡內傷其身也。

第三節　結構表解

德充符全文結構

德充符
- 德充而物聚
- 忘形以安命
- 全德者不立異名
- 全德者不露
- 忘形以成天
- 不以好惡內傷其身

德充符分段表解

第一段

德充而物聚

- 不言之教
  - 立不教
  - 坐不議
  - 虛而往
  - 實而歸
    - 無形而心成
- 守其宗
  - 死生而不得與之變
  - 天地覆墜，將不與之遺
  - 審乎無假，而不與物遷
    - 命物之化
- 自同者視之
  - 不知耳目之所宜，遊心乎德之和
  - 物視其所一，而不見其所喪
  - 視喪其足猶遺土
    - 萬物皆一
- 人莫鑑於流水而鑑於止水，唯止能止衆止
  - 喻王駘凝止明靜
  - 故能留止衆人
- 受命於地，唯松柏獨也正，冬夏青青
  - 喻王駘超然獨存
  - 如松柏長青

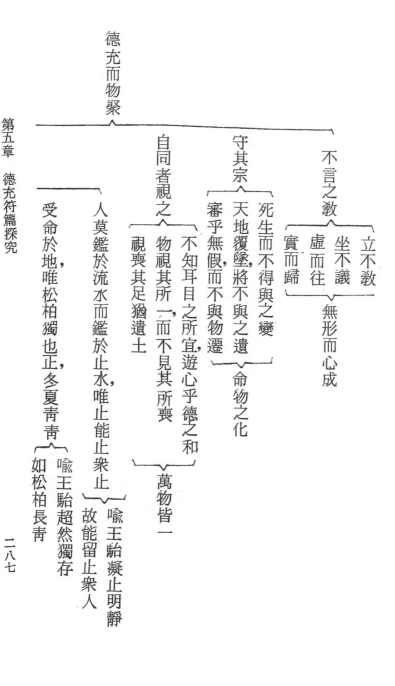

- 德充者之喻
  - 受命於天，唯舜獨也正
    - 喻王駘卓然獨立，不為物遷，故為衆所歸
  - 幸能正生，以正衆生。
    - 堯舜先自正性
    - 故能正衆人之性
      - 喻王駘能正其性
  - 保始之徵，不懼之實，勇士一人，雄入於九軍
    - 喻王駘持道於內
    - 故死生不變於己
- 德充者
  - 官天地
  - 府萬物
  - 直寓六骸
  - 象耳目
  - 一知之所知
    - 擇日而登假，人則從是

第二段

忘形以安命
- 非德充者
  - 執政者（子產）
    - 不與兀者同行同止
    - 悅執政而後人
  - 世俗之人
    - 自狀其過，以不當亡者衆
    - 不狀其過，以不當存者寡
    - 以全足笑不全足者衆
    - ——索人於形骸之內
- 德充者
  - 申徒嘉—知不可奈何，安之若命
  - 伯昏无人—申徒嘉與之遊十九年，而未嘗知其爲兀者
  - ——遊於形骸之外

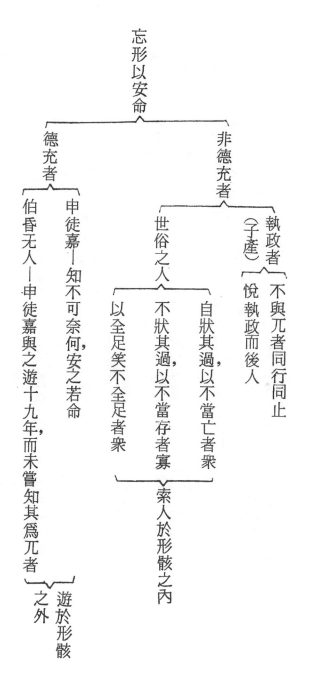

第三段

- 全德者不立異名
  - （譬喻）仲尼
    - 无趾見之—犯患若是，雖來何及
    - 未知有尊足者存
    - 以諔詭幻怪之名聞
    - 未至於至人
  - 全德至人
    - 如天無不覆，地無不載
    - 以死生爲一條
    - 以可不可爲一貫
    - 以諔詭幻怪之名爲桎梏

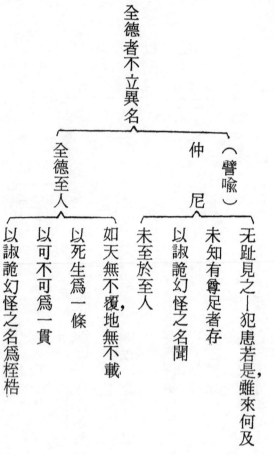

第四段

- 全德者不露
  - (譬喻)哀駘它
    - 其形惡
      - 丈夫與之處，思而不能去，婦人見之，寧為其妾
      - 未聞其唱者，常和人而已
      - 无君人之位，以濟乎人之死
      - 无聚祿以望人之腹
    - 哀公與之處
      - 不至以月數，有意乎其為人
      - 不至乎期年，而信之
      - 國无宰，傳國焉—悶然而後應，氾而若辭
      - 卒授之國
      - 無幾何去，卹焉，若有亡，若無與樂是國
      - → 才全而德不形者
  - 精神重於形體
    - 所愛其母者非愛其形也
    - 愛使其形者（根本—精神）
  - 形全
    - 戰而死者其人之葬也，不以翣資
    - 刖者之屨無為愛之
      - → 無其本也
    - 為天子之諸御，不爪翦，不穿耳
    - 取妻者止於外，不得復使
      - → 求形全

- 全德
  - 才全
    - 死生存亡，窮達富貴，賢不肖毀譽，飢渴，寒暑 — 事之變，命之行也
    - 日夜相代乎前，知不能規乎其始
    - 不足以滑和，不可入於靈府
      - 使和豫通
      - 不失於兌
    - 日夜無郤而與物爲春—接而生時于心
  - 德不形
    - 如水平
      - 水停之盛也
      - 其可以爲法也
        - 內保之而外不蕩也
    - 德者
      - 成和之脩
      - 物不能離
- 哀公告閔子
  - 始
    - 南面而君天下
    - 執民之紀而憂其死
    - — 以爲至通
  - 今
    - 聞至人之言，恐吾無其實
    - 輕用吾身而亡吾國
  - 與孔丘
    - 非君臣
    - 德友而已矣

第五段

忘形以成天
- 衆人
  - 誠忘—不忘其所忘，而忘其所不忘
  - 人爲
    - 用知
    - 用約
    - 用德
    - 用商
- 聖人
  - 忘形
    - 德有所長，形有所忘
    - 例
      - (一)闉跂支離無脤—說衞靈公，靈公說之，而視全人，其脰肩肩
      - (二)甕㼜大癭—說齊桓公，桓公說之，而視全人，其脰肩肩
  - 天鬻
    - 不謀—惡用知
    - 不斲—惡用膠
    - 無喪—惡用德
    - 不貨—惡用商
    - 受食於天，惡用人
  - 成天
    - 有人之形—羣於人—屬於人
    - 無人之情—是非不得於身
    - 眇乎小哉，所以屬於人
    - 謷乎大哉，獨成其天

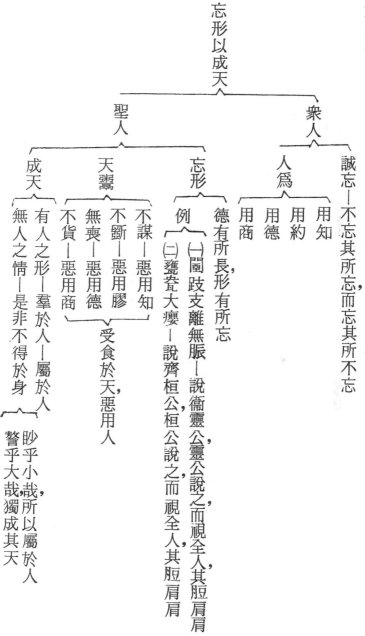

第六段

- 不以好惡內傷其身
  - 益生傷身——惠施
    - 外乎神
    - 勞乎精
    - 倚樹而吟
    - 據梧而瞑
    - 以堅白鳴
  - 無情（無俗情）——莊子
    - 人之不以好惡內傷其身
    - 常因自然而不益生

第四節　篇旨探究

德充符之篇旨，茲舉古今四釋如下：

釋德清曰：「此篇立意，謂德充實於內者，必能遊於形骸之外，而不寢處軀殼之間。蓋以知身爲大患之本，故不事於物欲，而心與天遊，故見之者自能神符心會，忘形釋智，而不知其所以然也。故學道者，唯務實德充乎內，不必計其虛名見

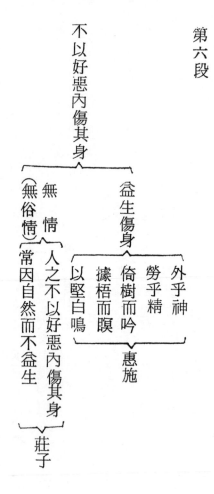

乎外，雖不求知於世而世未有不知者也。故引數子以發之，蓋釋老子處衆人之所惡，故幾於道之意也。」（莊子內篇註）

林師景伊曰：「雖與世俗處，獨能與天地精神往來，而不敖倪於萬物；遺形棄知，爲德之驗，故作德充符。」（中國學術思想大綱）

李師勉曰：「本篇共分六章，前五章以重言寓言分論，末一章與惠子問答爲結論。……全篇大旨言遺形棄知而以德充實之，則必有身外之符應。篇內所舉王駘、哀駘它二人皆因德充於內，故爲天下之人所倚重，此則德充於內而有身外符應之證也，此之謂德充符。彼二人貌甚醜而德至高，固知貌醜不足爲病，在聖人視之，德有所長則形有所忘，若以貌取人，則孔子固已失之子羽，而平原君亦失之毛遂也。本篇自魯有兀者至安可解一段，文理膚淺，疑亦後人所竄。」（莊子總論及分篇評註）

張默生曰：「本篇爲第一等作品中的乙類作品，全篇共分七段，第六段『故德有所長，而形有所忘』一段，是本篇的結論，亦即本篇的主旨。最末一段，是從反面來襯托題旨的。『德充符』三字，怎樣講呢？即是『德充於中而符應於外』的意思；與大學上所謂『誠於中而形於外』，孟子所謂『充實而有光輝』是類似的意義。本篇前五段所論，如兀者王駘，兀者申徒嘉，兀者叔山無趾，醜人哀駘它，以及緯號闉跂支離無脤與甕㼜大癭諸人，有的遭受刖刑，有的天然醜陋，有的因病改形，可說是些殘廢人物；但是他們都能忘其形骸，惟德是務，於是德充於中，自然發爲光輝，而獨秀人羣。他們不惟自己忘其形殘貌醜，使他人亦忘其形殘貌醜；不惟忘其形殘貌醜，更令人敬愛倍至，如磁石之引鐵一般。這就是『德充於中，而符應於外』的實際表現。反之，若末段所說的惠施，旣然是『天選其形』自是形貌無缺的；但他卻不知內充其德，只是外神勞精，以致形怠心倦，現出一副可憐模樣。此中孰得孰失，是不言而喻的。所以莊子慨然道：『故德有所長，而形有所忘，人不忘其所忘，而忘其所不忘，此謂誠忘！』這便是一篇的大意。按『德充符』的『德』字，不是世俗所謂道德之德，而是得於道之德，得於天（自然）之德，所謂『道與之貌，天與之形，不以好惡內傷其身，常因自然而不益生也。』可見德充於中，並非外鑠我者；我能保全其所得於天者而不失，卽是德充於中，卽有光輝之顯現。」（莊子新釋）

按：德充符是莊子道德論。天地篇曰：「通於天地者德也，行於萬物者道也。」是道德之義，在順應天理，率性而行。本篇主旨在說明：德充而物聚，忘形以安命，故曰：「德有所長，而形有所忘。」馬蹄篇曰：「道德不廢，安取仁義；性情不離，安用禮樂？」據此知莊子排斥禮樂，宗道而貴德。凡能游心於德之和者，卽是純眞至善，充實而有光輝。

本篇可分爲六段。前五段爲分論，舉證忘形而全性者，德充之驗。第六段爲結論。歸結於不以好惡內傷其身，常因自然而不益生。

第五節　考辨述要

唐蘭曰：

「德充符魯有兀者叔山无趾一章，……兩『孔子曰』可疑，但或屬錯誤。」（老聃的姓名和時代考）

李師勉曰：

「末章不爲莊子手筆，疑爲續莊子者所爲，蓋莊子爲文，從不自稱莊子。」（莊子總論及分篇評注）

按：本篇第三段述叔山无趾與孔子對話，主旨在說明全德者不立異名。故譏孔子「以諔詭幻怪之名聞，不知至人之以是爲己桎梏邪」，又曰「胡不直使彼（孔子）以死生爲一條，以可不可爲一貫者，解其桎梏」，歸結於「天刑之，安可解？」此純屬莊子思想。本篇末段主旨，言人之不以「好惡內傷其身，常因自然而不益生」，此亦屬莊子思想。又按：本篇第三段，兩稱「仲尼」，兩稱「孔子」，兩稱「夫子」，皆爲稱人語氣。一稱「孔丘」，一稱「丘」，皆爲自稱語氣。本段稱謂不統一，疑爲傳抄者筆誤所致。郭象曰：「達觀之士，宜要其會歸，而遺其所寄，不足事事曲予生說，自不害其弘旨。」此言最得其要。

第六章　大宗師篇探究

第一節　篇名釋義

陸德明曰：「崔云：遺形忘生，當大宗此法也。」（莊子音義）

林希逸曰：「大宗師者，道也。猶言聖法天，天法道，道法自然也。」

李衷一曰：「宗師，學者所尊主之稱。冠之以大，猶云衆父父也。釋氏言最無上乘是也。」（以上二條，皆見南華眞經三註大全）

王夫之曰：「凡立言者，皆立宗以爲師。」（莊子解）

陸樹芝曰：「大宗師，猶言大道法也。」（莊子雪）

王先謙曰：「本篇云：人猶效之，效之言師也。又云：吾師乎吾師乎，以道爲師也。宗者主也。」（莊子集解）

阮毓崧曰：「道可以爲衆父父，卽大祖大宗也，卽人與天地所師法者也。」（莊子集註）

吳康曰：「莊子之學，以涵養性眞，與大化冥合，放於自然之塗，而游乎無端之

紀，然後至德通於神明，而利澤施乎萬世，此種純粹「天道」之境界，惟眞人爲能有之，則所謂大宗師者也。」（老莊哲學）

黃師錦鋐曰：「大，稱讚之詞，謂宇宙中可以做爲宗主師法的，唯有大道。所以稱爲大宗師。大宗師兼有兩層意思，一是論道，謂大宗師就是道，就是天地萬物之所宗，爲天地萬物的主宰。一是論得道，卽眞人自覺地以道爲師，也就是與道同體。其實『論道』與『論得道』在本篇是不可分割的，所以這篇可以說是莊子『論道』和『論得道』的綜合。」（莊子讀本）

陳鼓應曰：「大宗師，卽宗大道爲師。」（莊子今註今譯）

陳啓天曰：「大宗師者，大宗之師也，猶言以大道爲宗之師也。」（莊子淺說）

辭源大宗師條下注云：「莊子篇名。師，法也。言遺形忘生，當大宗此法也。」

按：老子二十五章曰：

「有物混成，先天地生。寂兮寥兮。獨立而不改。周行而不殆。可以爲天下母。吾不知其名，字之曰道。強爲之名曰大。」

是則「道」與「大」同實而異名，皆指萬物之本體。故大宗師之「大」，當釋爲「道」。宗，主也。師，法也。大宗師者，謂大道當爲吾人所宗主，所師法也。此卽老子所謂「人法地，地法天，天法道，道法自然」之意。

第二節　文義分析

第一段自「知天之所為」起，至「是之謂眞人」止。

此論眞人。

明瞭天人之際，此知之至也。然知必有待而後當，而其所待者未定，庸詎知其為天乎？抑為人乎？故欲得眞知，必先有眞人。

眞人之境界與大道冥合。此處以四層次探究之：

一、就眞人之「知」而論，「不逆寡、不雄成、不謨士，若然者過而弗悔，當而不自得也。若然者，登高不慄、入水不濡、入火不熱」故知其知能登假於道者也。此與秋水篇「知道者，必達於理，達於理者，必明於權，明於權者不以物害己。至德者，火弗能熱，水弗能溺，寒暑弗能害，禽獸弗能賊，非謂其薄之也，言察乎安危，寧於禍福，謹於去就，莫之能害也」意同。此就形而上之知而論。

二、就眞人與衆人比較而觀之：「其寢不夢，其覺無憂，其食不甘，其息深深」，此數句皆形容眞人安閒恬淡，虛靜凝寂。「眞人之息以踵，衆人之息以喉」，此比較眞人與衆人之異。眞人之氣息自根（踵）而起，意謂眞人本乎天道；衆人之氣息自末（喉）而起，意謂衆人本乎人欲。天機清靜恬淡，無有嗜欲；人機嗜欲深重而貪求無厭。至人懷天機，衆人懷人機，故曰：「其耆欲深者，其天機淺。」

三、就生死觀而論：眞人「不知說生，不知惡死。其出不訢，其入不距，翛然而往，翛然而來而已矣」，「受而喜之，忘而復之」。以死生爲一化，故能忘死生也。忘死生故能外物，故其「喜怒通四時，與物有宜而莫知其極」。

四、就其人之狀而論：「其狀義而不朋，若不足而不承」此如老子所謂「大智若愚」者也。「與乎其觚而不堅也……悗乎忘其言也」均爲讚其因應無爲之體象。又常人之「以刑爲體，以禮爲翼，以知爲時，以德爲循」，而眞人以爲勤行者也。眞人冥合大道，其好之也一，其弗好之也一，以其無好惡之感。故「其一也一，其不一也一。」其一與道冥合，與天爲徒也，其不一與道不相合，與人爲徒也，天與人不相勝，天實勝人也。眞人明乎此理，存天理、去人欲、冥道而行，故不以心捐道，不以人助天也。

第二段自「死生，命也」起，至「而一化之所待乎」止。

此言遊於變化。

死生者，變化也。如夜旦之常，此人之所不得與也。故曰命也、天也、物之情也。死生，既非吾人所能主宰，與其勞神役形於生死之道，何不一任大化遊於其間耶！「大塊載我以形，勞我以生，佚我以老，息我以死」其此之謂也。昧者藏舟於壑，藏山於澤，謂之固矣，殊不知萬化無極，萬物無有常存而不遯者也。故聖人遊於物之所不得遯而皆存，此亦藏天下於天下，是恆物之大情也。

泉涸，魚相處於陸，縱得相呴以濕，相濡以沫，何若處於江湖之中而相忘乎？「魚相造乎水，人相造乎道……魚相忘乎江湖，人相忘乎道術」，蓋江湖者，魚之「道」也，其於道中，自能悠遊無礙，如人世之中，與其受俗情之約束，何若放於天理之「道」而行，故亦曰「與其譽堯而非桀，不如兩忘而化其道」，遊於大道者，則變化無礙矣。

第三段自「夫道，有情有信」起，至「而比於列星」止。

此言道與得道。

道之體性，實有而無形。因此可寄言傳授，卻不易領受其理；可自得於心，卻無法形之於色。且超越時空限制，故能神鬼神帝，生天生地，此亦明其無所不至，無始俱存者也。

得道之敍述，自「豨韋氏得之，以挈天地」至「傅說得之，以相武丁，奄有天下，乘東維，騎箕尾，而比於列星」，實亦老子「天得一以淸，地得一以寧，神得一以靈，谷得一以盈，萬物得一以生，侯王得一以爲天下貞」之意。蓋得道則天地定位，萬物各得其分也。

第四段自「南伯子葵問乎女偊」起，至「參寥聞之疑始」止。

此言傳道與學道。

學道之次序，猶須守而告之。外天下而後乃能外物，心不爲物役乃能忘我。既能忘我，自無我見，無我見則無所不見。由是乃能見無始無終，無古無今之道，見道自亦無古今時空之執著。則生死之變，自能達觀。如此方入不死不生之境界。不執著生死，則能隨順造化流行，生死成毀，皆無法擾動其心，斯得道矣。

而學道之方法，則先得自書籍文字，進而反覆誦讀，見解明徹後，又攝念自許，進而勤行勿怠，詠歎歌吟，及至寂默無爲，方得參悟空虛，此時始體悟道之不可端倪，似有始而未曾有始者也。

道可傳而不可受，可得而不可見，故傳道者須不離道，而學道者則須有聖人之才，以聖人之道授聖人之才，斯易得道矣。

第五段自「子祀子輿子犁子來四人相與語」起，至「蘧然覺」止。

此言以死生爲一化也。

子輿有病而能「心閑無事」；子來病，喘喘然將死，亦能「成然寐，蘧然覺，」何也？安時處順，順應造化也。「不能自解者，物有結之」，世人不能看破生死，故遇疾則憂心忡忡，遇喪則哀不自勝，此自累於物情者也。子祀等四人，以生死存亡爲一體，以无爲首，以生爲脊，以死爲尻，實已達觀死生，順化之變，故哀樂不能入也。

「以天地爲大鑪，以造化爲大冶，無往而不可」，此任自然之化，隨遇而安之；較之大冶鑄金，而曰：「必爲鏌鋣」，犯人之形，而曰：「人耳人耳」者，逍遙而自得也。

第六段自「子桑戶，孟子反，子琴張三人相與友」起，至「天之小人也」止。

此言明乎方外，共行於方內也。

有道者與世人相處，各遂其性而不相役，各適其生而不相擾，俱遊於逍遙之境，自本自根不必相待，是卽「相與於無相與，相爲於無相爲」也。

子桑戶死，孟子反，子琴張，臨尸而歌，顏色不變。彼以死生爲一化，假於異物，託於同體，忘其肝膽，遺其耳目，反覆終始，不知端倪。異於常人而侔於天，是天之君子，人之小人，此方外之人也。遊於方外者，芒然彷徨乎塵垢之外，逍遙乎無爲之業，故孔子亦欲以方外之道，共行於方內也。

魚於水中，則悠然而自得，各適其適，相與於無相與，相爲於無相爲；同理，人於大道之中，依乎天理，順乎自然，登天遊霧，撓挑無極，自能不爲物役，則行於方內，無往而不自得矣。

第七段自「顏回問仲尼」起，至「乃入於寥天一」止。

此言順化以入道也。

孟孫才盡方內之禮，行方外之道，故「哭泣無涕，中心不戚，居喪不哀」。以其不知生死，亦不知去就，故順其化而已。順化者，順其自然也，若造適之不及笑，獻笑之不及排。安排去化，乃入於寥天一，卽入於道矣。

生死之變滅，一如覺夢之無常，唯安於自然而任化，方可與大道冥合。

第八段自「意而子見許由」起，至「此所遊已」止。

此言遊心於道也。

躬服仁義，明言是非，猶黥以仁義，劓以是非也。故無以遊乎逍遙自由，縱任變化之境，亦無以遊心於道也。如齊物論所云：「是非之彰也，道之所以虧也；道之所以虧，愛之所以成」。道者「整萬物而不爲義，澤及萬世而不爲仁，長於上古而不爲老，覆載天地，刻雕衆形而不爲巧」乃無爲而爲，大巧若拙者也。

第九段自「顏回曰」起，至「丘也請從而後也」止。

此言坐忘也。

「墮肢體，黜聰明，離形去知，同於大通，此謂坐忘」，故坐忘者，無所不忘也，內忘其知，外忘其形，然後曠然與變化爲體，而無不通也。無物不同，則未嘗不適，未嘗不適，則何好何惡哉？無分別心故也。同於化者，唯化所適，亦無所不至，則無所執著矣。此皆坐忘也。

禮樂、仁義忘矣，斯外物也，及至坐忘，乃能外死生，而後方與大道冥合，則無往而不適矣。

第十段自「子輿與子桑友」起，至「命也夫」止。

此言安命也。

子桑貧病，鼓琴歌曰「父邪？母邪？天乎？人乎？」繼而思之「父母豈欲吾貧哉？天无私覆，地无私載，天地豈私貧我哉？」思之不得，終而曰「命也夫」，此於無可奈何後之自尋解脫也。

老子云：「人法地，地法天，天法道，道法自然」，「命」亦大化之流行也，時也。大化既無常，「命」亦非恆常不變，否則天地豈私貧我哉？故既遇無可奈何之時，恐天尤人，徒增憂慮而已，何不逆來順受，安之若命，一任大化之流轉。天與人不相勝，以人合天，亦取法於「大宗師」者也。

第三節　結構表解

大宗師全文結構

大宗師

- 眞人與道
  - 一、論眞人
    - 眞知—知天知人與知之極至
    - 眞人—具天人合一之境界
  - 二、遊於變化—言生死乃自然之規律，個人當與大化同流
  - 三、道與得道
    - 1. 道體之無形，永恆及無限性
    - 2. 萬物得道以生
- 例證
  - 四、傳道與學道—舉例述學道之進程
  - 五、以死生爲一化—體認死生存亡之一體
  - 六、明乎方外，共行於方內—能悟解方外，無懼死生，始可共行於方內
  - 七、順化以入道—能知變化之道，死生之理，方能入於道
  - 八、遊心於道—言若受世俗諸禮所限，必無能遊心於道
  - 九、坐忘—離形去智，同於大通，謂之坐忘
  - 十、安命—安於自然之變化

大宗師分段表解

第一段

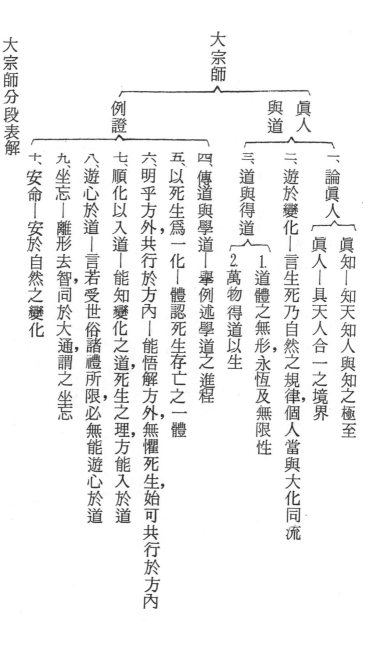

論眞人

- 眞知
  - 知之範限
    - 天之所爲—天而生也
    - 人之所爲
      - 以知之所知，養其知之所不知
      - 終其天年，不中道夭
    - 知之至矣
  - 知之條件
    - 有所待而後當
    - 其所待者特未定
      - 所謂天之非人乎
      - 所謂人之非天乎
    - 有眞人而後有眞知
- 其知
  - 不逆寡—過而弗悔
  - 不雄成—當而不自得
  - 不謨士
    - 登高不慄
    - 入水不濡
    - 入火不熱
  - 能登假於道
- 天機
  - 其寢不夢……
  - 其覺無憂……
  - 其食不甘……
  - 其息深深—自踵……
  - 耆欲淺，天機深

- 眞人
  - 生死觀
    - 不知悅生—其出不訢，翛然而來，不忘其所始，受而喜之
    - 不知惡死—其入不距，翛然而往，不求其所終，忘而復之
    - → 順自然
  - 體性
    - 其心志—內中
    - 其容寂／其顙頯 → 外貌
    - 淒然似秋，煖然似春／喜怒通於四時，與物有宜而莫知其極 → 涵養
  - 境界
    - 其狀義而不朋，若不足而不承
    - 與乎其觚而不堅也，張乎其虛而不華也
    - 邴邴乎其似喜也，崔乎其不得已也
    - 滀乎進我色也，與乎止我德也
    - 厲乎其似世也，警乎其未可制也
    - 連乎其似好閉也，悗乎忘其言也
  - 體道
    - 其好之也一
    - 弗好之也一
    - 其一也一—其一與天爲徒
    - 其不一也一—其不一與人爲徒
    - → 天與人不相勝也

第二段

遊於變化

- 死生齊一
  - 命也—死生
  - 天也—其有夜旦之常
  - 物之情—人之有所不得與
  - ——自然變化
- 識眞宰
  - 以天爲父而身猶愛之，而況其卓乎
  - 以有君爲愈乎己，而身猶死之，而況其眞乎
  - ——順應大道
- 兩忘化道
  - 泉涸，魚相處於陸，相呴以濕，相濡以沫，不如相忘於江湖
  - 譽堯而非桀，不如兩忘而化其道
- 恆物常情
  - 昧者—藏舟於壑，藏山於澤，謂之固矣，然而夜半有力者負之而走
  - 聖人—將遊於物之所不得遯而皆存
  - 萬化無極—藏天下於天下而不得所遯
  - ——人隨造化而變
- 游于道
  - 小者—善夭善老，善始善終者
  - 大者—萬物之所係，一化之所待
  - ——與天地同流

第三段

道與得道

- 道
  - 1.有情有信，無爲無形
  - 2.可傳而不可受，可得而不可見
  - 3.自本自根
    - （1–3）體性
  - 4.神鬼神帝，生天生地——功能
  - 5.未有天地，自古以固存
  - 6.在太極之先而不爲高，在六極之下而不爲深，先天地生而不爲久，長於上古而不爲老
    - （5–6）時空性
- 維斗得之—終古不忒
- 日月得之—終古不息
  - 天得一以清
- 堪坏得之—以襲崑崙
- 西王母得之
  - 坐乎少廣
  - 莫知其始
  - 地得一以寧

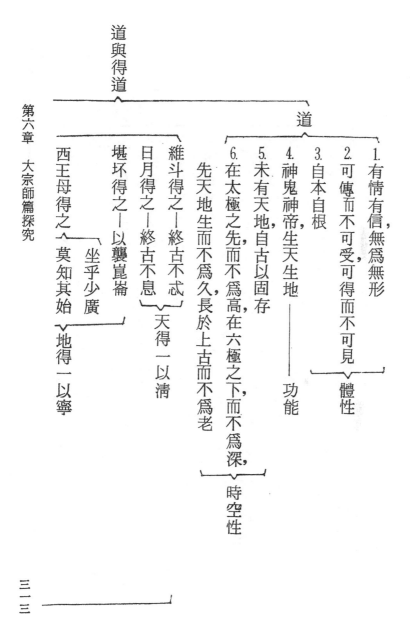

得道

- 莫知其終
  - 肩吾得之—以處大山
- 谷得一以盈
  - 馮夷得之—以游大川
  - 禺強得之—立乎北極
- 王侯得一以爲天下貞
  - 狶韋氏得之—以挈天地
  - 伏戲氏得之—以襲氣母
  - 黃帝得之—以登雲天
  - 顓頊得之—以處玄宮
  - 傅說得之—以相武丁，奄有天下，乘東維，騎箕尾，而比於列星
- 神（人心）得一以靈
  - 彭祖得之—上及有虞，下及五伯

萬物得一以生

第四段

傳道與學道

- 聞道—年長而色若孺子（女偊）
- 傳道—以聖人之道，授聖人之才
- （傳道須不離道，學道者須有聖人之才）
- 學道之進程
  - 守而告之，三日後 → 能外天下，七日後 → 能外物，九日後 → 能外生
  - ↓ 朝徹
  - ↓ 見獨
  - ↓ 无古今
  - → 入於不死不生（與造化同功，與天地合德）

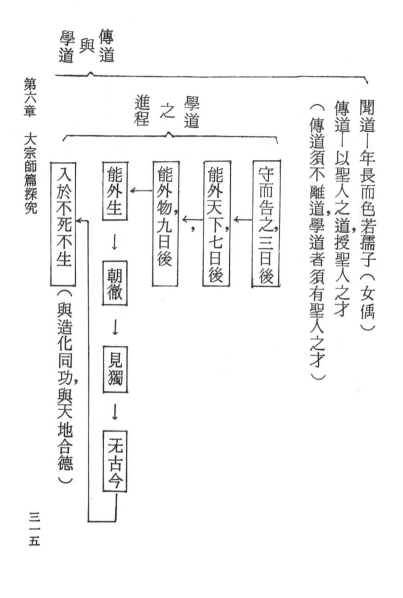

（道可傳而不可受，可得而不可見）

攖寧：
- 攖—卽將、卽迎、卽毀、卽成
- 寧—朝徹、見獨、无古今、不死生

動不傷寂也

求道之途徑

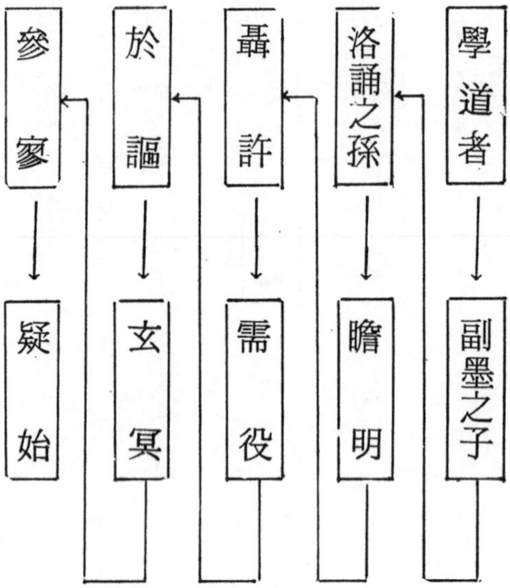

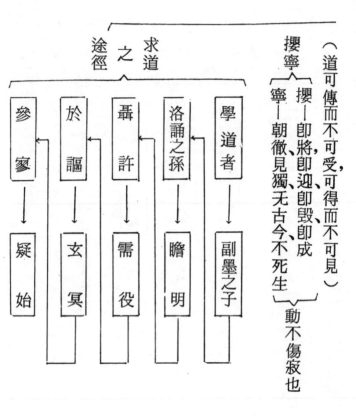

第五段

- 以死生爲一化
  - 意義—以生死存亡爲一體，以无爲首，以生爲脊，以死爲尻
- 安時處順
  - (1)病狀
    - ①曲僂發背，上有五官，頤隱於齊，肩高於頂，句贅指天
    - ②陰陽之氣有沴
    - （子輿病）
  - (2)適應—心閒而無事
  - (3)縣解
    - 得者—時也
    - 失者—順也
      - 哀樂不能入也
        - 浸假而化予之左臂以爲雞，予因以求時夜
        - 浸假而化予之右臂以爲彈，予因以求鴞炙
        - 浸假而化予之尻以爲輪，以神爲馬，予因以乘之，豈更駕哉
    - 不能自解者，物有結之

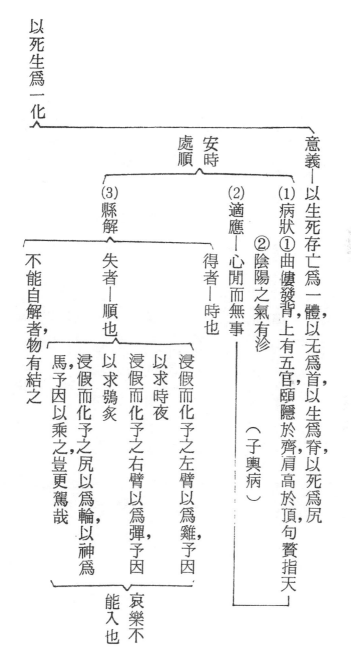

- 順應造化
  - 化者
    - 子來病，喘喘然將死
    - 何適
      - 為鼠肝
      - 為蟲臂
  - 造化於人
    - 陰陽於人，不翅於父母，唯命之從
    - 大塊
      - 載我以形
      - 勞我以生
      - 佚我以老
        - 善我生者
      - 息我以死—善吾死者
  - 不祥者
    - 大冶鑄金，「必為鏌鋣」
    - 犯人之形曰，「人耳人耳」
- 結論—以天地為大鑪，以造化為大冶，惡乎往而不可哉
- 成然寐
- 蘧然覺

第六段

1. 主旨
   - 相與於無相與，相為於無相為
   - 登天遊霧，撓挑無極
   - 相忘以生，無所終窮

明乎方外，共行於方內

- 2. 方內之人
  - 境界—天之戮民—世俗之禮，乃桎梏形性
  - 其事—孔子使子貢往侍事焉
  - → 天之小人　人之君子
- 3. 方外之人
  - 境界
    - (1)與造物者為人，遊乎天地之一氣
    - (2)遺形骸
      - 以生為附贅縣疣，以死為決𤴯潰癰
      - 忘其肝膽，遺其耳目，反覆終始，不知端倪
    - (3)忘心智
      - 惡知死生先後之所在
      - 假於異物，託於同體
      - 芒然彷徨乎塵垢之外，
      - 逍遙乎無為之業
  - 其事
    - 修行無有
    - 外其形骸
    - 臨尸而歌
    - 顏色不變
  - → 天之君子　人之小人
- 4. 明於外行乎內
  - 魚相造乎水，穿池而養給——魚相忘乎江湖
  - 人相造乎道，無事而生定——人相忘乎道術

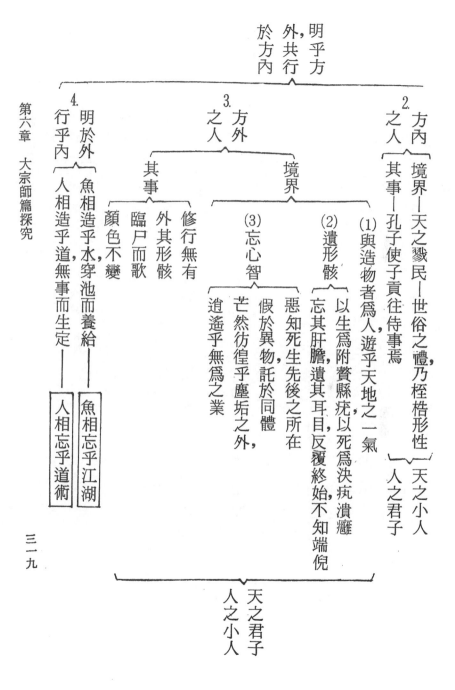

第七段

順化以入道

- 意義—順任自然，以待其所不知之化
- 譬喻
  - 孟孫才
    - (一)表現
      - 哭泣無涕
      - 中心不戚
      - 居喪不哀
      - → 善處喪
    - (二)能齊物—不知所以生，不知所以死，不知就先，不知就後
    - (三)順其化—且方將化，惡知不化哉，方將不化，惡知已化哉
    - (四)進於知—有駭形而無損心，有旦宅而無情死
    - → 覺者—達造化之道
  - 顏回、孔子
    - (一)相與吾之耳矣，庸詎知吾之所謂吾果爲吾，果非吾乎
    - (二)夢爲鳥而戾乎天，夢爲魚而沒於淵
    - (三)今之言者不知其爲覺者乎，夢者乎
    - → 夢者
- 結論
  - 造適不及笑，獻笑不及排
  - 安排而去化，乃入於寥天一
  - → 入於道

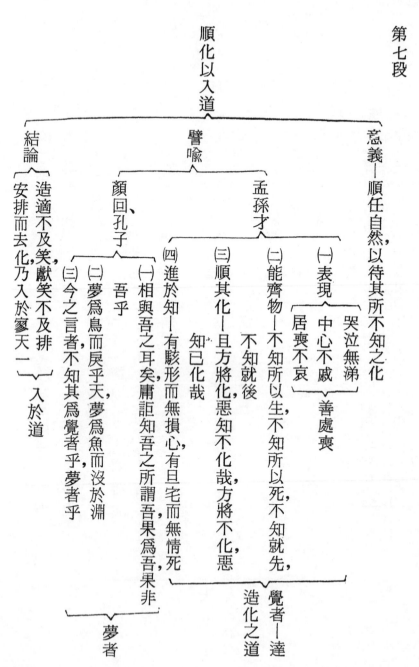

第八段

- 遊心於道
  - 意義—遊夫遙蕩恣睢轉徙之塗
  - 譬例
    - 許由言
      - ㈠堯既已黥汝以仁義，而劓汝以是非
      - ㈡
        - 盲者无以與乎眉目顏色之好
        - 瞽者无以與乎青黃黼黻之觀
      - 結果—無以遊夫遙蕩恣睢轉徙之塗
    - 意而子言
      - 无莊失其美
      - 據梁失其力
      - 黃帝亡其智
      - （以上）皆在鑪捶之間
  - 結論—吾師乎，吾師乎。
    - 整萬物而不爲義
    - 澤及萬世而爲仁
    - 長於上古而不爲老
    - 覆載天地
    - 雕刻衆形
    - （覆載天地、雕刻衆形）而不爲巧
    - （以上）道（此所遊已）

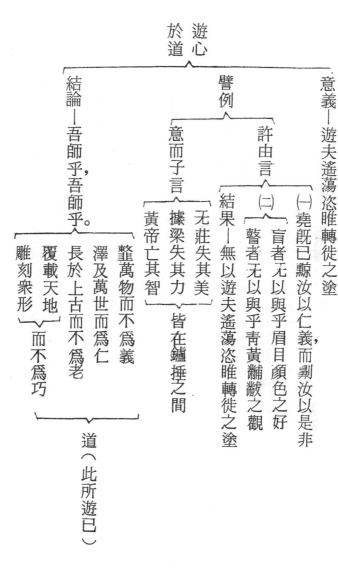

第九段

坐忘（修養境界）
- 意義—墮肢體，黜聰明，離形去知，同於大通
- 譬例
  - 人物—孔子，顏回
  - 坐忘之程序
    - 1. 忘禮樂
    - 2. 忘仁義
    - 3. 坐忘
- 結論—同則無好也，化則無常也

第十段

安命
- 意義—天無私覆，地無私載，天地豈私貧我哉，知命之所爲，順之而已
- 譬例
  - 子桑殆病矣，子輿裹飯往食之
  - 至子桑門，則若歌若哭，鼓琴曰：父邪，母邪，天乎，人乎
  - 有不任其聲而趨舉其詩焉
  - 子輿入曰：子之歌詩，何故若是
  - 子桑曰：吾思乎使我至此極者而弗得也
- 結論—求其爲之者而不可得，然而至此極者，命也夫

第四節　篇旨探究

大宗師之篇旨，茲舉古今六釋如下：

郭象曰：「雖天地之大，萬物之富，其所宗而師者，無心也。」（莊子注）

釋德清曰：「大宗師道全德備，渾然大化。忘己，忘功，忘名。其所以稱至人、神人、聖人者，必若此乃可爲萬世之所宗而師之者，故稱之曰大宗師。是爲全體之大聖，意謂內聖之學，必至此爲極則。」（莊子內篇註）

宣穎曰：「張子云，乾爲父，坤爲母，民吾同胞，物吾與也，可以知大宗矣。老子云，人法地，地法天，天法道，道法自然，可以知大師矣。」（南華經解）

胡遠濬曰：「能知萬物一本，萬法歸一，則達道矣，則知天命矣。」（莊子詮詁）

林師景伊曰：「上與造物者遊，下與外死生無終始者爲友，不落於形體，不墮於一偏，是爲道之大宗，故作大宗師。」（中國學術思想大綱）

李師勉曰：「莊子內七篇大抵先有總論而後有分論，本篇至比於列星爲總論，歷述眞人之至旨及道之至體。道爲萬物之所係，一化之所待，不見其功而無不爲功；不見其仁而無不爲仁，韋氏得之，以挈天地，伏戲得之，以襲氣母，此皆道之至神，故眞人以道爲大宗師也，下文連呼吾師乎，吾師乎，蓋欲世人亦以道爲大宗師也。人之所喜者生，所哀者死，以道爲師，則知生死皆自然之化，人力之所不能與，則何喜何哀？子輿子來將死而不自爲哀，子反、琴張，亡友而猶喜以歌，此皆通生死之變，而以道爲大宗師也，乃世俗不察，以爲小人，然世俗之以爲小人者，天則以爲君子也，故孔子自比於天之戮民，而欲共顏回以依於彼也。本篇前數段統言守道順化，應知生死爲一，不當以生爲樂，以死爲哀。最後三段，言忘仁義，去是非，則心無所累，得遊於逍遙之境，並應忘形去智，則得同於大通。最後一段勸世人達時安命。」（莊子總論及分篇評註）

張默生曰：「本篇文體，爲第一等作品中的甲類作品。自篇首至『而比於列星』爲總論，以下七段爲分論。大宗師，指『道』而言，篇中連稱『吾師乎！吾師乎！』此卽特指『以道爲師』的意思；『宗』卽宗主，『大』者讚詞，言宇宙中可以爲宗主師法者，唯有『大道』，故以『大宗師』名篇。但本篇中所論及的，却不只單論『道體』，而尤效意於『生命』的認識。『道』爲無始無終的一大生命，萬物的生命，亦卽此大生命之所散發。故道的生命，卽萬物的生命；萬物的生命，亦卽道的生命。道的生命，是無始無終的；萬物的生命，也是『始卒若環，莫得其倫，』同樣是無始無終的。莊子既視爲『天地與我並生，萬物與我爲一，』則所謂死生的問題，不過如晝夜的相更代，吾人既不必好晝而惡夜，卽勿須樂生而悲死，這才算認識了生命的大道；也可說是解放了爲軀殼所限的『小我』，而成爲與變化同體的『大我』了。既能解放了爲軀殼所限的小我，卽不至自私用智，妄生是非，而有人爲上的種種措施。此之謂：『不以心捐道，不以人助天。』此之謂：『安排而任化，乃入於寥天一。』此之謂：「離形去知，同於大通，此謂坐忘。』此之謂：『朝徹而後能見獨，見獨而後能無古今，無古今而後能入於不死不生。』這便是莊子的『生命論』，也就是他的『本體論』。本篇的意義，大略如此。但本篇所說的『道』，不可以時間論，故說：『先天地生而不爲久，長於上古而不爲老。』不可以空間論，故說：『在太極之先而不爲高，在六極之下而不爲深。』所以『道』是無時不有，無所不在的；而又是無時可指，無位可定的。因此，我們當知莊子所謂『道』不是造物主，更不是宗教家所說的上帝，只是自然如此。有時稱之爲『天』，『天』亦是自然，既屬自然，所以也沒有主宰的意味。有時稱之爲『命』，『命』卽是自然的流行，並不是有誰命令其如此。這是凡讀莊子的人所應注意，讀本篇亦當如此。要之，吾人如欲效法『大宗師』，卽凡

事當順其『自然』，不雜以絲毫的『人爲』，便是與道同體，與天同性，與命同化了。」（莊子新釋）

按：釋德清曰：「道全德備，渾然大化，忘己、忘功、忘名，其所以稱至人、神人、聖人者，必若此乃可爲萬世之所宗而師之者，故稱之曰大宗師。」此與天道爲一之境界，唯眞人能之，故本篇首論眞人。

本篇全文可分爲十段。前三段論眞人與道，可稱之爲總論。後七段爲例證，可稱之爲分論。總論中第一段論眞人之眞知及其境界。第二段論眞人與大化同流。第三段論道體及眞人得道後之永恆性及無限性。分論中，分別舉例爲證；第四段舉例說明學道之進程。第五段舉例體認死生存亡之一體。第六段舉例比較「方外」、「方內」之異，體悟明乎方外而共行於方內之道。第七段舉例說明如何順化以入道。第八段舉例說明如何遊心於道。第九段舉例說明如何離形去智，同於大通。第十段舉例說明何以安於自然之變化。

第五節　考辨述要

張默生曰：「本篇的文字，學者以爲頗有錯簡。近人石永楙說，此篇的眞簡，尚不及原文十分之一，而譌言龐雜，不勝其喧賓奪主之囂，於是他便從則陽、天運、田子方等篇中，自謂尋得本篇的亡簡，大事增刪此篇；並自詡謂：『散者以聚，裂者以完，而結抱守殘闕不務從是者之舌』云云。但他只是臆斷如此，毫無古本可證，實難令人完全信從。不過本篇既啓石氏偌大疑竇，必然就有令人可以致疑的地方。元代吳澄的莊子內篇訂正，將分論中的『顏回曰，回益矣』一段，提至人間世篇『顏回見仲尼請行』一段之末。近人施天侔著莊子疑檢，則說『夫道有情有信』至『而比於列星』一節，爲神仙家言，非莊周之學；同時他亦承認吳澄的主張，應將『顏回曰，回益矣』一段，排除於本篇之外。清人王懋竑於總論中，亦有少許的懷疑，而說：『泉涸以下六句，疑爲錯簡，與上下不甚相連貫；大塊以下六句，又見後子祀章，其爲錯簡重出無疑。』余對各家所疑，雖不敢一一遽信；然於總論中的文字，却不無懷疑之處。今從王氏之說，刪去他所致疑的自『泉涸』至『乃所以善吾死也』十二句；而又卽石氏所致疑處，尋其文理思想與莊子不合者，刪去自『故聖人之用兵也』至『適人之適，而不自適其適者也』若干句，及自『以刑爲體』至『而人眞以爲勤行者也』若干句，則全篇的文理脈絡，也就可以勉強讀通了。又本篇所刪諸句，仍於『集註』中注出，但不爲『譯

釋』。」（莊子新釋）

聞一多曰：「聖人之用兵也，亡國而不失人心，寧得爲莊子語？」（莊子內篇校釋）

王叔岷曰：「如大宗師篇第六，『此古之所謂縣解也』下，釋文引向秀注云：『縣解，無所係也。』而養生主篇第三『古者謂是帝之縣解』下，向氏反無注，可知向氏所見大宗師篇，當在養生主篇之前也。」（莊子校釋）

唐蘭曰：「內篇人間世德充符大宗師，對孔子皆稱仲尼，獨大宗師子桑戶死一章稱孔子，可見此章乃另一人作。道家之莊子，似不應如儒家稱孔子爲孔子，稱仲尼者反近乎情，則子桑戶死一章，恐非莊子原文。但德充符叔山无趾章有兩『孔子曰』，同時亦稱仲尼，則似傳寫之誤。」（老聃的姓名和時代考）

按：

一、石氏張氏與聞氏皆以爲「故聖人之用兵也」至「適人之適，而不自適其適者也」文理思想與莊子不合，非也。此數句，正乃申論上文眞人「煖然似春……與物有宜。喜怒通四時……而莫知其極」之義。上下文無不連貫，思想亦無不合。大宗師篇有「聖人之用兵也，亡國而不失人心」，乃是述說聖人用兵之觀念，而非莊子主張用兵。齊物論曰：「昔者堯問於舜曰：我欲伐宗、膾、胥敖，南面而不釋然，其故何也？」舜曰：「夫三子者猶存乎蓬艾之間，若不釋然何哉？昔者十日並出，萬物皆照，而況德之進乎日者乎！」此乃舜勸堯應寬大容物，普施其仁，不必伐此三國。人間世曰：「昔者堯攻叢枝、胥敖，禹攻有扈，國爲虛厲，身爲刑戮，其用兵不止，其求實无已。」此言叢枝、胥敖、有扈，因其用兵不止，求實无已，故國爲虛厲，身爲刑戮。由此可見，莊子未曾主張用兵。（詳見第三章第四節）

二、吳氏所言，純屬臆斷，無古書可證。

三、施氏所言，非也，本篇自「夫道有情有信」至「而比於列星」一節，乃言大道之妙用。雖大道無形無象而爲萬物之根本，其立意來自老子。老子三十九章曰：「天得一以清。地得一以寧。神得一以靈。谷得一以盈。萬物得一以生。侯王得一以爲天下貞。」是以知此節非爲神仙家言，而爲莊子之學。

四、確如王懋竑氏所言，自「泉涸」至「不如兩忘而化其道」六句爲錯簡；自「夫大塊載我以形」至「乃所以善我死也」六句，又見後子祀章，應爲錯簡重出。

五、張氏刪去「以刑爲體」至「而人眞以爲勤行者也。」純屬臆斷，而無資料可證。

六、王氏之說，爲篇次問題，與本篇義旨無涉。

七、唐氏謂「大宗師子桑戶死一章稱孔子，可見此章乃另一人作」，非也。此亦爲傳寫之誤也。

第七章　應帝王篇探究

第一節　篇名釋義

郭象曰：「夫無心而任乎自化者，應爲帝王也。」（莊子注）

陸德明音義引崔曰：「行不言之教，使天下自以爲牛馬，應爲帝王者也。」

林希逸曰：「老子言，王法天，天法道，道法自然。此篇以應帝王名者，言帝王之治天下，其道應如此也。」（南華眞經三註大全）

王夫之曰：「應者，物適至而我應之也。」（莊子解）

錢澄之曰：「謂之應者，時至則然也。……應而不藏，此其所以遊，所以逍遙與？」（莊子詮詁引）

陸樹芝曰：「帝王治人也，應帝王治法也。」（莊子雪）

黃師錦鋐曰：「這是一篇莊子的政治論，說明他的社會理想。」（莊子讀本）

陳啓天曰：「應帝王者，應之帝王也，應而不藏之帝王也，因物付物之帝王也。」（莊子淺說）

何敬羣曰：「應如因應之應，帝王者，治人者也。此篇明君人者之術也。故必明於帝王因應之術，乃能相安相適於逍遙之境也。」（莊子義繹）

按：應者，虛己應物也。應帝王者，謂虛己應物乃帝王之道也。

第二節　文義分析

第一段自「齧缺問於王倪」起，至「而未始入於非人」止。

此言無心以任化也。

「齧缺問於王倪，四問而四不知」。此與齊物論中齧缺與王倪三問而三不知，有異曲同工之妙，皆謂忘言忘心之妙道。

有虞氏「其猶藏仁以要人」，是其有心於爲仁也。泰氏「其臥徐徐，其覺于于」言其無心也；「一以己爲馬，一以己爲牛」，言其任化也。泰氏無心而任化，故「未始入於非人」，卽不爲外物所累矣。

第二段自「肩吾見狂接輿」起，至「而曾二蟲之無知」止。

此言聖人之治，正而後行也。

中始語肩吾君人之道曰：「以己出經式義度，人孰敢不聽而化諸」，蓋其「猶涉海鑿河而使蚉負山也」，是治標之法也。故狂接輿告之曰：「夫聖人之治也，治外乎？正而後行，確乎能其事者而已矣」，且以「鳥高飛以避矰弋之害，鼷鼠深穴乎神丘之下，以避熏鑿之患」，明物各有性，故聖人治天下，唯須正性而後行化，確乎盡其性而已。

第三段自「天根遊於殷陽」起，至「而天下治矣」止。

此言順物而治也。

無名人斥天根問爲天下之方，而曰「汝遊心於淡，合氣於漠，順物自然而無容私焉，而天下治矣。」此與老子「我無欲而民自樸」、「我好靜而民自正」、「我無爲而民自化」義同也。故聖人順物而治，無爲而無不爲也。

第四段自「陽子居見老聃」起，至「而遊於無有者也」止。

此言明王之治，化貸萬物也。

陽子居以「嚮疾彊梁，物徹疏明，學道不勌」者比於明王，老聃則以爲「胥易技係，勞形怵心者也」。而曰「明王之治：功蓋天下，而似不自己，化貸萬物而民弗恃；有莫舉名，使物自喜；立乎不測，而遊於無有者也。」此亦無心任化，順物而治也；

無功、無名、無己者也。而「立乎不測，而遊於無有者也」，則啓下文虛己應物之意。

第五段自「鄭有神巫曰季咸」起，至「一以是終」止。

此言虛己應物也。

壺子先後現「地文」、「天壤」、「太沖莫勝」、「未始出吾宗」之相示季咸，季咸亦因之而見「杜德機」、「善者機」、「衡氣機」，及至「不知其誰何，因以爲弟靡，因以爲波流，故逃也」。由此可知，帝王者應體大道之無爲無形，「立乎不測，而遊於無有」，始能順物而治，正而後行也。此外，爲政者虛己應物，立乎不測，方無好惡之欲，亦可免小人之諂陷也。

「列子自以爲未始學而歸，三年不出……雕琢復朴，塊然獨以其形立」，列子猛然覺醒，亦反樸歸眞，體道而行，故「紛而封戎，一以是終」。老子曰「塞其兌，閉其門，終身不勤」是也。

第六段自「無爲名尸」起，至「故能勝物而不傷」止。

此段總結上文，說明「體盡无窮，而遊无朕」之意。

「无爲名尸，无爲謀府，无爲事任，无爲知主」，皆言無爲也。蓋大化流行，世事無常，名、謀、事、知，皆有心者也。以人爲之力，事不可知之大化，終必勞心疲神，而不免「時不我與」之歎，何若無心以任化哉？「體盡无窮，而遊无朕」，此承上啓下。能體悟大道之無窮無盡，斯「盡其所受乎天，而无見得」，「亦虛而已」，則申「體盡无窮，而遊无朕」之意，復舉「不將不迎，應而不藏，故能勝物而不傷」申言之。

蓋帝王之術：體盡無窮，一如鏡之無心，則虛己應物，任化無爲，斯「遊无朕」矣。

第七段自「南海之帝爲儵」起，至「七日而渾沌死」止。

此言不任智巧也，亦寓言之例。

儵與忽爲渾沌日鑿一竅，終致七日而死，是其好事也。世俗之人，每欲以智巧取勝，如儵與忽以爲「人皆有七竅以視聽食息，此獨无有，嘗試鑿之」，殊不知渾沌乃「有物渾成，先天地生」之道體，能「官天地，府萬物，直寓六骸，象耳目，一知之所知」，何庸鑿七竅以視聽食息？此喻由「無爲」而「有爲」，則天下亂矣。

善治天下者，盡物之性，任化而治，則物物各遂其生，如鳥高飛以避矰弋，鼷鼠深穴以避熏鑿，而人類之以智巧相傾，豈非擾亂社會之安寧耶？

第三節　結構表解

應帝王全文結構

應帝王
- 一、無心以任化
- 二、聖人之治正而後行
- 三、順物而治
- 四、明王之治，化貸萬物
- 五、虛己應物
- 六、總結上文，說明「體盡无窮，而遊无朕」
- 七、不任智巧

應帝王分段表解：

第一段

無心任化

- ㈠說明：
  - 無心
    - 齧缺問於王倪
    - 四問而四不知
    - → 忘言
- ㈡舉例：
  - 1. 有虞氏
    - 藏仁以要人—（有心）
    - 亦得人矣
    - → 未始出於非人
  - 2. 泰　氏
    - 其臥徐徐，其覺于于—無心
    - 一以己爲馬，一以己爲牛—任化
    - 其智情信，其德甚眞
    - → 未始入於非人

第二段

- 聖人之治正而後行
  - 以己出經式義度
    - 欺德也—失性
    - 譬喻
      - 涉海鑿河
      - 使蚉負山
      - —用法治外
  - 正而後行
    - 確乎能其事—盡性
    - 譬喻
      - 1. 鳥高飛以避矰弋之害
      - 2. 鼷鼠深穴乎神丘之下以避熏鑿
      - —自然之性

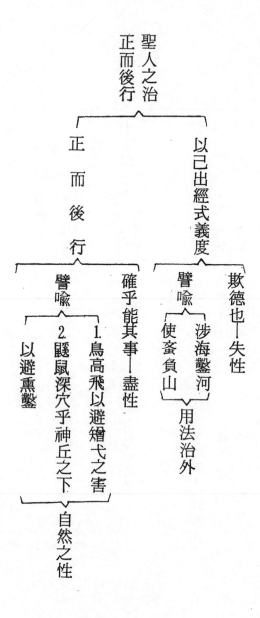

第三段

- 順物而治—爲天下
  - 遊心於淡
    - 與造物者爲人，厭，則又乘夫
    - 莽渺之鳥，以出六極之外
  - 合氣於漠
    - 遊無何有之鄉，處壙埌之野，
    - 順物自然而無容私焉
  - 而天下治矣

第四段

- 明王之治
  化貸萬物
  - 非明王之治
    - 嚮疾強梁，物徹疏明，學道不勌—胥易技係，勞形怵心者也
    - 譬喻
      - 虎豹之文來田
      - 猨狙之便來藉
  - 明王之治
    - 功蓋天下而似不自己
    - 化貸萬物而民弗恃
    - 有莫舉名，使物自喜
    - 立乎不測而游乎無有

第五段

- 虛己應物
  - 道之文
    - 未既其實
    - 如衆雌無雄，又奚卵焉
    - 得相
      - 生死存亡
      - 禍福壽夭
      - 神巫季咸
    - 列子以爲道
  - 道之實
    - 1. 示地文，萌乎不震不止—杜德機……見怪，見濕灰
    - 2. 示天壤，名實不入，機發於踵—善者機……有瘳矣，全然有生，見其杜權
    - 3. 示太沖莫勝—衡氣機……不齊，無得而相
    - 4. 示未始出吾宗—虛而委蛇，因以爲弟靡，因以爲波流……立未定，自失而走，追之不及
    - 季咸相壺子
  - 列子有感
    - 未始學而歸，三年不出，
    - 爲其妻爨，食豕如食人，
    - 於事無與親，雕琢復朴，
    - 塊然獨以其形立
    - 紛而封哉，一以是終

第六段

總結上文
說明「體盡无窮，而遊无朕」
（結論）

- 无爲
  - 名尸
  - 謀府
  - 事任
  - 知主
- 虛己
  - 體盡无窮，而遊无朕
  - 盡其所受乎天而無見得
- 至人用心
  - 不將不迎
  - 應而不藏
  - 勝物不傷
  - （以上）如鏡

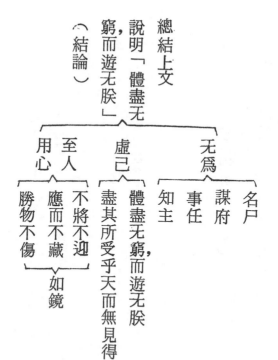

第七段

不任智巧（申論）
- 南海之帝─儵
- 北海之帝─忽
  - 謀報渾沌之德曰：人皆有七竅，以視聽食息……，嘗試鑿之，日鑿一竅，七日而渾沌死（任智巧之害）──喻有為之治
- 中央之帝─渾沌
  - 渾沌（明王）待之（儵忽─喻衆人）甚善
  - 此獨無有（智巧）──喻無為之治

第四節　篇旨探究

應帝王之篇旨，茲舉古今四釋如下：

釋德清曰：「此應帝王，以顯大道之用，若聖人時運將出，迫不得已而應命，則為聖帝明王，推其緒餘，則無為而化，絕無有意而作為也，此顯無為之大用，故以名篇。」（莊子內篇註）

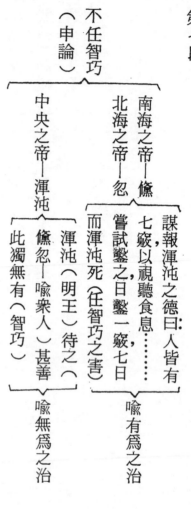

林師景伊曰：「莊子以爲忘形骸，外死生，無終始，無心而任乎自化，行不言之教，以無爲之治，使天下之人，忘物我之別，去是非之見，始可以治天下，以應帝王。」（中國學術思想大綱）

李師勉曰：「應帝王者，無爲而自化，任物而聽天，論至人之治世也。」（莊子總論及分篇評注）

張默生曰：「本段（篇）亦爲第一等作品中的乙類作品，全篇共分七段，第六段『無爲名尸』一段，是本篇的結論，亦卽本篇的主旨。若把此段提至篇首，作爲總論，形式上卽變爲甲類作品，在意義上也能籠罩全局；惟一向旣如此排列，所以只好稱爲結論了。前五段，是從題旨的正面立論，是主張因應無爲，至此卽告一總結。最末一段，是從反面來襯托題旨的，是針砭有爲，這正如德充符篇的末段，就大有奚落的意味了。本篇所論，是莊子的政治哲學，也可說是他的政治理想。『應帝王』三字，就是『應爲帝王』的意思；但如何才應爲帝王，配做帝王呢？這在標題上並未顯示。郭象說：『夫無心而任自化者，應爲帝王也。』這是他看了全文所得到的簡單概念。不錯，郭氏所言，極爲扼要。『無爲名尸』一段（卽結論），正是總論無心任化的意思；分論六段，是從反正面來闡發其主旨，或證成其主旨的。要之，此篇重在針砭有爲，而主因應無爲，無爲，始能無不爲；更要確守道樞，樞，始得其環中，以應無窮。此種帝王之道，即是大道的體行，這是老莊共同的政治思想，不過莊子卻特別強調『無爲』罷了。此種思想，後來被法家所襲取改制，便成爲霸主的一種權術了。」（莊子新釋）

按：應帝王者，乃莊子之政治論。莊子學說，爲內聖外王之道：內聖者體道修身也；外王者施德爲政也。莊子內七篇，前六篇言內聖之道，應帝王則爲外王之方。其理想政治，乃是無爲而治，能「無爲」，則無所不爲也。

本篇可分爲七段。前五段分論帝王治術及帝王修養；第六段爲結論，說明「體盡无窮，而遊无朕」之義。第七段爲申論，申說明王之治，不任智巧。

第五節　考辨述要

莊子無爲之治，蓋出於老子。老子曰：

「是以聖人處無爲之事，行不言之敎。」（二章）

「道常無爲，而無不爲。侯王若能守，萬物將自化。」（三十七章）

「我無爲而民自化。我好靜而民自正。我無事而民自富。我無欲而民自樸。」（

五十七章）

應帝王篇曰：「汝遊心於淡，合氣於漠，順物自然而無容私焉，而天下治也。」此「順物自然而無容私焉」與老子「無爲」、「好靜」、「無事」、「無欲」意同；此「天下治也」即老子「民自化」、「民自正」、「民自富」、「民自樸」之義也。

下篇　歷代莊學版本及其現藏

儒道兩家，源遠流長。孔孟理想，寄託於「仕」道；老莊態度，自「隱」於無名，故孟子曰：「古之人，得志，澤加於民；不得志，修身見於世，窮則獨善其身；達則兼善天下。」儒者積極經世，道者無為任化，影響所及，終而形成中國學術思想之兩大主流。

成玄英曰：「夫莊子者，所以申道德之深根，述重玄之妙旨，暢无為之恬淡，明獨化之窅冥，鉗揵九流，括囊百氏，諒區中之至教，實象外之微言者也。」此莊學所以豐富道家學術思想、屹立中國二千餘年而不墜者也。

莊子文章，汪洋宏肆，窺其思想，則自成一家，探其辭章，則蘊奧微妙，故歷代披靡探究者不可勝數。佛法東傳，以之為橋梁；魏晉玄學，以之為清談；宋明理學，受其默化之功；後代文人作品，受其影響者，尤不可勝數。莊子在中國學術界之地位與成就，於此可見。

由是，歷代為莊子著述解義者，日漸增多，而探究其玄遠旨趣者亦不乏其人。莊子之學，傳流益廣矣。本篇茲就管見所及，述其涯略：

民國六十九年八月十五日至二十日，國立中央圖書館展出老列莊三子圖書版本。其中莊子中文圖書版本計：元代一種、明代五十四種、清代三十四種、民國一百零七種、抄本一種、其他一種，合計一百九十八種。老莊列三子合卷者計：宋代一種、元代一種、明代十二種，清代九種、民國三十八種，合計六十一種。兩者總計二百五十九種。莊子中文善本計：元代一種、明代五十四種、清代三十四種，合計九十種。三子合卷者計：宋代一種、元代一種、明代十二種、清代九種、抄本一種，合計二十三種，兩者總計一百一十三種。連同莊子日本善本一種，共計一百一十四種。其中中央圖書館藏書五十種、嚴靈峯先生藏書六十四種。

嚴靈峯先生於民國五十年十月十日，出版列子莊子「知見書目」，共計莊子專著六百九十餘種，論說二百四十餘篇。其中先秦至六朝五十三種、唐代三十三種、宋金元六十四種、明代一百四十九種、滿清一百二十五種、民國八十八種，莊子專篇四十八種。日本莊子一百二十種、韓國莊子二種、歐美莊子十二種、中國莊子論說一百六十七種。日本莊子論說六十種。中國莊子序跋題記一百五十種。日本莊子序跋題記三十六種。莊子版本：㈠莊子白文本三十五種、㈡莊子郭象注本一百六十四種、㈢莊子林希逸口義本二十四種。民國五十四年，出版老列莊三子「知見書目」。民國五十六年，出版老列莊三子「知見書目」補正。民國六十四年十二月，又出版周秦漢魏諸子「知見書目」，其中莊子「知見書目」，隨時補增，搜羅殆盡。

黃師錦鋐於「六十年來的莊子學」一文中，收集自民國元年起，至民國六十年止，凡研治莊子之著述，無論專書、篇什，皆搜羅列舉，共分爲五類：總論一百五十種、校詁一百一十四種、義理五種、哲學一百一十一種、新解二十一種，共計四百零一種。

本篇所述莊學之著作，係中華民國十六所具有代表性圖書館之「現有藏書」。所列入嚴靈峯先生之藏書，爲其現有之「私人藏書」，而非兼容並包之「知見書目」。收錄之範圍，就時間而言，自先秦至中華民國七十年七月；就空間而言，包括中華民國台灣北部、中部，及南部圖書館共十六所。故本篇之性質乃是一種整理彙編之「收藏目錄」，而非兼容並收之「知見目錄」，此或可提供研治莊學者查閱之參考。

茲將歷代莊學之著作及其版本，分爲圖書與論文二大類：共計莊子圖書版本八百三十五種，其中中國莊子圖書版本四百九十五種、日本莊子圖書版本七十四種、韓國莊子圖書版本五種、越南莊子圖書版本二種、歐美各國莊子圖書版本十六種、莊子專篇之版本三十六種、附楊朱之版本十二種、中國老列莊三子同卷之版本一百四十六種、日本老列莊三子同卷之版本三十七種、韓國老列莊三子同卷之版本一種；莊子論文共計五百九十七篇，其中博士碩士論文十四篇、專論莊子之學者四百七十九篇、涉及莊子之學者一百零四篇。

本篇所收錄之圖書版本部分，參考資料如下：

一、張鴻智先生所提供之國立中央圖書館現有莊子藏書目錄及參考資料（張先生現任國立中央圖書館編輯）。

二、嚴靈峯先生之「列子莊子知見書目」、「老列莊三子知見書目」、「老列莊三子知見書目補正」及「周秦漢魏諸子知見書目」。

三、黃師錦鋐之「六十年來的莊學」。

四、中華民國圖書聯合目錄卡片。

五、中華民國十六所具有代表性圖書館之目錄卡片。（圖書館名稱見下文說明）

本篇所收錄之論文部分，參考資料如下：

一、國立中央圖書館台灣分館出版之「國立中央圖書館台灣分館館藏中文期刊人文社會科學論文分類索引」（清末至民國三十八年）

二、國立中央圖書館出版之「中國近二十年文史哲論文分類索引」(民國三十九年至民國五十八年)
三、國立中央圖書館編印之「中華民國期刊論文索引」
四、國立台灣大學圖書館刊行之「中文期刊論文分類索引」
五、國立政治大學社會科學資料中心編印之「中文報紙論文分類索引」
六、國文中央圖書館主編，中華叢書編審委員會印行之「中華民國博士碩士論文目錄」
七、國立北平圖書館編印之「國學論文索引」初編、續編、三編、四編(國立台灣大學藏本)
八、中華民國國防研究院圖書館編印之「期刊論文索引」
九、革命實踐研究院編印之「中文雜誌論文索引」

本篇體例：

一、本篇所收，以資料中所見者爲限，自不免掛一漏萬。計古今中外莊子專書八百三十五種、論文五百九十七篇。
二、本篇篇目排列，以出版時間先後爲序。

三、本篇書錄部分，分「書名」、「作者姓名」、「著作年代」、「版本」、「現藏處所」五項。論文部分，分「篇名」、「著譯者」、「刋（書）名」、「卷期」、「出版日期」五項。

四、茲爲有助於瞭解中華民國各圖書館及私人收藏莊子書之實況，故每書皆說明其存置地點，以便利知其有無，以及從何處可以看到該書。

五、圖書館館名及私人姓名簡稱：

「中研」：國立中央研究院歷史語言研究所圖書館

「中圖」：國立中央圖書館

「台大」：國立台灣大學圖書館

「師大」：國立台灣師範大學圖書館

「政大」：國立政治大學圖書館

「交大」：國立交通大學圖書館

「成大」：國立成功大學圖書館

「東吳」：私立東吳大學圖書館

「東海」：私立東海大學圖書館

「淡江」：私立淡江大學圖書館
「中原」：私立中原大學圖書館
「文化」：私立中國文化大學圖書館
「逢甲」：私立逢甲大學圖書館
「台分」：國立中央圖書館台灣分館
「省中」：台灣省省立台中圖書館
「北市」：台北市立圖書館
「嚴先生」：嚴教授靈峯

六、莊子集成初編與莊子集成續編景印本，各大圖書館皆有收藏，茲爲節省篇幅，故「現藏處所」一欄不列。

七、編排校對疏誤之處，在所難免，尚祈海內外賢達，教而正之。

下篇　歷代莊學版本及其現藏

一、莊學圖書版本及現藏處所

㈠中國莊子圖書版本及現藏處所

書名	作者姓名	著作年代	版本	現藏處所
莊子四卷四冊	周莊　周撰	西元前　年至前二八九年	明刊白口十行本朱墨藍三色批校	中圖
莊子郭象注本	郭　象	西元　年至三一二年	清光緒二年浙江書局「十子全書」覆刊世德堂本。	嚴先生
又一部			清光緒二年浙江書局「二十二子」覆刊世德堂本。	嚴先生
又一部			清光緒十九年上海鴻文書局「二十二子」印世德堂本。	嚴先生

又一部			清光緒十九年上海鴻文書局「二十五子」石印世德堂本。	嚴先生
又一部			清光緒十九年上海鴻文書局「二十五子彙函」石印世德堂本。	嚴先生
又一部			清光緒二十三年上海圖書集成局「二十二子」排印世德堂「六子」本。	嚴先生
又一部			清光緒二十三年上海文瑞樓「子書二十八種」排印世德堂「六子」本。	嚴先生
又一部			民國三年上海右文社景印世德堂「六子」本。	嚴先生
又一部			民國十一年上海涵芬樓「	嚴先生

			續古逸叢書」景印南北宋刋合璧本。	
又一部			民國十五年上海中華書局「四部備要」排印世德堂本。	嚴先生
又一部			民國十八年上海商務印書館「四部叢刊」景印世德堂「六子」本。	嚴先生
又一部			民國二十五年上海商務印書館縮印「四部叢刊」本。	嚴先生
又一部			民國四十八年台北藝文印書館景印「續古逸叢書」本。	中研、中圖 台大、師大
又一部			民國五十三年台北市新興書局印行本。	中研、中圖 台大、師大

莊子十卷	郭　象注	西元　年至三一二年	民國五十四年廣文書局印行景印本。	師大、東吳、文化、政大、成大、東海、淡江、台大
又一部			台北藝文印書館印行本。	台大、淡江
南華眞經十卷八冊	周莊　周撰	西元前　年至前二八九年	明刋黑口本。	中圖
莊子南華眞經八卷八冊	周莊　周撰	西元前　年至前二八九年	明新安黃正位刋巾箱本。	中圖
莊子南華眞經十卷十冊	周莊　周撰 晉郭　象注	西元　年至三一二年	明末葉刋本　藍筆批點。	中圖
莊子南華眞經十卷六冊	周莊　周撰 晉郭　象注	西元　年至三一二年	清乾隆間刋本　朱墨黃三色批校。	中圖
南華眞經註十卷	晉郭　象	西元　年至三一二年	民國十一年上海涵芬樓「續古逸叢書」景印南北宋	嚴先生

			合璧本。	
又一部			民國四十八年台北藝文印書館景印本。	師大
又一部			民國六十年台灣商務印書館「景印四部善本叢刊第一輯」本。	師大
南華眞經注十卷	郭　象	西元　年至三一二年	北宋南宋合璧本。	嚴先生
又一部			莊子集成初編景印本。	
莊子南華眞經十卷	郭　象	西元　年至三一二年	明張登雲參補朱東光刊「中都四子」本。	嚴先生
莊子治要	魏　徵	貞觀五年西元六三一年	日本尾張國校刊「群書治要」本。	嚴先生
又一部			莊子集成初編景印本。	
莊子南華眞經	晉郭　象注	西元　年	明朱東光編「中都四子集	中圖

十卷	唐陸德明音義	至六三六年	」之一 明萬曆己卯（七年）朱氏中都刋本。	
莊子十卷四册	莊 周撰 郭 象注 陸德明音義	西元 年至六三六年	清光緒二年浙江書局刋二十二子本。清文廷式手批今人張仁蠡手跋。	中圖
莊子郭註十卷（同右）十四册		西元 年至六三六年	明萬曆乙巳（三十三年）鄒之嶧等校刋本。	中圖
莊子郭註十卷六册	莊 周撰 郭 象注 陸德明音義	西元 年至六三六年	明萬曆間陳繼儒刋本。	中圖
莊子郭注（附陸德明釋文音義）十卷	郭 象	西元 年至六三六年	清光緒十一年湖南善化傳忠書局刋本。	嚴先生
南華眞經十卷六册	周莊 周撰 晉郭 象注	西元 年至六三六年	明嘉靖庚寅（九年）吳郡顧春刋世德堂六子本 近	中圖

	唐陸德明音義		人鄧邦述手校。	
南華眞經十卷 六册	周莊周撰 晉郭象注 唐陸德明音義	西元年至六三六年	明刋六子全書本。	中圖
南華眞經十卷 十六册	周莊周撰 晉郭象注 唐陸德明音義	西元年至六三六年	明覆刋世德堂六子本 朱墨批校。	中圖
南華眞經十卷	晉郭象註 唐陸德明音義	西元年至六三六年	明嘉靖九年顧春世德堂刋「六子」本。	嚴先生
南華眞經十卷	郭象註 陸德明音義	西元年至六三六年	明顧春編「六子全書」之一 明嘉靖庚寅（九年）	中圖

			吳郡顧氏世德堂刋本。	中圖
又一部			明覆刋嘉靖本。	中圖
又一部			明桐蔭書屋刋本。	中圖
纂圖互註南華眞經十卷十册	周莊　周撰 晉郭　象注 唐陸德明音義	西元　年至六三六年	元建陽坊刋六子本。	中圖
纂圖互註南華眞經十卷五册	周莊　周撰 晉郭　象注 唐陸德明音義	西元　年至六三六年	明萬曆初年坊刋六子全書本　近人沈曾植手校	中圖
莊子音義三卷	陸德明	西元　年至六三六年	清乾隆五十六年盧文弨刋「抱經堂叢書」本。	嚴先生
莊子音義殘卷	陸德明	西元　年至六三六年	日本「沙州二十六子」排印本。	嚴先生

莊子疏十二卷	成玄英	西元　年至六六三年	清光緒十年黎庶昌刊「古逸叢書」本。	嚴先生
南華眞經注疏十卷	郭　象　成玄英	西元　年至六六三年	台北藝文印書館「百部叢書」景印清光緒十年刊「古逸叢書」本。	台大、師大、東吳、文化
莊子南華眞經注疏批點三十三卷	晉郭　象　唐成玄英疏　日本闕名批點	西元　年至六六三年	日本萬治四年中野宗左衞門刊本。	嚴先生
又一部			清光緒十年刊古逸叢書本。	嚴先生
莊子意林一卷	馬　總	貞元二年西元七八六年	清乾隆間刊「武英殿聚珍版叢書」本。	嚴先生
又一部			莊子集成初編景印本。	
南華邈一卷	文如海	西元　年	「道藏」本。	嚴先生

又一部		至七五五年	莊子集成初編景印本。	
南華眞經新傳二十卷十册	宋王　雱撰	西元　年至一〇七〇年	「道藏」本。	嚴先生
又一部			莊子集成初編景印本。	
又一部			清光緒辛巳（七年）鈔本。清光緒七年葉昌熾批校並題記。	中圖
莊子義十卷	呂惠卿	元豐七年西元一〇八四年	民國二十三年陳任中輯校排印本。	嚴先生
又一部			莊子集成初編景印本。	
宋呂觀文進莊子義十卷二册	宋呂惠卿注陳任中校輯	元豐七年西元一〇八四年	民國二十二年（癸酉）北平大北書局排印本。	中研
南華眞經章句音義十四卷	陳景元	元豐七年西元一〇八四年	「道藏」本。	嚴先生

又一部			「擧要」本。	嚴先生
又一部			「莊子集成初編」景印本。	
又一部			「百部叢書」景印本。	嚴先生
南華章句餘事一卷	陳景元	西元　年至一〇八四年	道藏本。	嚴先生
又一部			莊子集成初編景印本。	
南華章句餘事雜錄	陳景元	西元　年至一〇八四年	道藏本。	嚴先生
南華眞經直音一卷	宋賈善翔撰	元祐元年西元一〇八六年	道藏本。	嚴先生
又一部			莊子集成初編景印本。	
莊子口義三十二卷	林希逸	景定元年西元一二六〇年	民國六十年台北弘道文化事業公司景印「道藏」本。	中圖 師大

南華眞經口義三十二卷	宋林希逸撰	景定元年西元一二六〇年	道藏本。	嚴先生
又一部			莊子集成初編景印本。	
南華經十六卷十二册·	周莊周撰　晉郭象注　宋林希逸口義	景定元年西元一二六〇年	明刊朱墨藍紫四色套印本。	中圖
莊子鬳齋口義十卷十册	宋林希逸撰	景定元年西元一二六〇年	日本寬永六年風月宗知刊本。附莊子十論一卷宋李士表撰。	中圖
纂圖互注南華眞經十卷	龔士卨	景定元年西元一二六〇年	宋景定元年建陽書坊刊六子全書本。	嚴先生
南華眞經義海纂微一百六卷	宋褚伯秀撰	咸淳元年西元一二六五年	道藏本。	嚴先生
莊周氣訣解一	宋宇文居鎡	西元　年	道藏本。	嚴先生

卷	撰	至一二六九年		
莊子點校三十三篇	劉辰翁	西元　年至一二九四年	明小築刊「劉須溪校書九種」本。	嚴先生
南華眞經點校不分卷	宋劉辰翁	西元　年至一二九四年	明小築刊「劉須溪校書九種」本。	嚴先生
莊子南華眞經點校三卷	劉辰翁	西元　年至一二九四年	明刊劉須溪點校「三子」本。	嚴先生
又一部			莊子集成續編景印本。	
莊子內篇訂正二卷	元吳　澄撰	西元　年至一三三一年	「道藏」本。	嚴先生
南華眞經循本	宋羅勉道撰	西元　年至一三六七年	明正統十年刊道藏本。	嚴先生
又一部			莊子集成續編景印本。	
莊列十論一卷	宋李元卓撰	西元　年至一三六七年	「道藏」本。	嚴先生

莊子十卷	周莊　周撰 明許宗魯「六子書」之一	嘉靖六年西元 一五二七年	明嘉靖六年關中許氏樊川 別業刋本。	中圖
又一部			明芸商書院刋本。	中圖
南華標略二卷 二册	明張　位撰	西元　　年 至一五三八年	明萬曆間吳宗甕等校刋本 。	中圖
又一部			莊子集成初編景印本。	嚴先生
莊子解一卷	楊　愼	西元　　年 至一五五九年	明刋「升庵外集」本。	嚴先生
又一部			莊子集成續編景印本。	
莊子闕誤一卷	楊　愼	西元　　年 至一五五九年	明刋「升庵外集」本。	嚴先生
又一部			莊子集成續編景印本。	
又一部			「百部叢書」景印本。	台大、文化
又一部			清光緒元年湖北崇文書局	嚴先生

			刋「子書百種」本。	
又一部			清光緒七年覆刋李調元編「函海」巾箱本。	嚴先生
又一部			清光緒間重刋「子書百家」本。	嚴先生
又一部			民國八年上海掃葉山房石印「百子全書」本。	嚴先生
莊子附楊愼「莊子闕誤」三卷	莊周 楊愼	西元 年 至一五五九年	清光緒元年湖北崇文書局刋「子書百家」本。	嚴先生
又一部			清光緒間重刋「子書百家」本。	嚴先生
又一部			民國八年上海掃葉山房「百子全書」石印本。	嚴先生
莊子通義十卷	明朱得之撰	嘉靖三十九年	明嘉靖庚申（三十九年）	中圖

五冊		西元一五六〇年	靖江朱氏浩然齋刊本。	
莊子通義十卷	朱得之	嘉靖四十三年西元一五六四年	明嘉靖四十三年浩然齋刊本。	嚴先生
又一部			莊子集成續編景印本。	
南華發覆八卷六冊	釋性通	嘉靖四五年西元一五六六年	清乾隆十四年大文堂重刊本。	嚴先生
又一部			「莊子集成續編」景印本。	嚴先生
又一部			清文奎堂重刊本。	嚴先生
郭子翼莊一卷	明高聳	西元　　年至一五六六年	明嘉靖間天一閣刊本。	嚴先生
又一部			清李調元刊「函海」本。	嚴先生
又一部			清光緒七年重刊「函海」	嚴先生

			本。	
又一部			莊子集成初編景印本。	
又一部			台北藝文印書館「百部叢書」景印明天一閣「范氏奇書二十一種」本。	中圖、台大、師大、政大、成大、東吳、淡江、文化
莊子類纂二卷	沈　津	隆慶元年西元一五六七年	明隆慶元年刋本。	嚴先生
又一部			莊子集成續編景印本。	
莊子口義補注十卷	張四維	萬曆二年西元一五七四年	明萬曆五年何汝成校刋本。	嚴先生
又一部			莊子集成初編景印本。	
南華眞經批校四卷	謝汝韶	萬曆六年西元一五七八年	明萬曆六年崇德書院刋本。	嚴先生
又一部			莊子集成續編景印本。	

南華眞經副墨八卷	陸長庚	萬曆六年西元一五七八年	明萬曆六年天台館原刋本。	嚴先生
又一部			「莊子集成續編」景印本。	嚴先生
又一部			清光緒十一年傳薪書室照原板梓行。	嚴先生
又一部			民國二十二年上海受古書店石印本。	嚴先生
南華眞經副墨八卷十五册	明陸西星撰	萬曆六年西元一五七八年	明萬曆乙酉（十三年）孫大綬刋本。	中圖
又一部			民國六十三年台北市自由出版社印行本。（道藏精華十二集之一）	東吳
莊子南華眞經四卷	周莊　周撰 明謝其盛編	萬曆六年西元一五七八年	明萬曆六年吉藩崇德書院刋本。	中圖

	「二十家子書」			
莊義要刪十卷二十册	明孫應鰲等撰	萬曆八年西元一五八〇年	明萬曆庚辰（八年）雲南官刊本。	中圖
莊子雋一卷	陳繼儒	西元　年至一五八七年	明蕭鳴盛刊「五子雋」本。	嚴先生
又一部			莊子集成續編景印本。	
莊子玄言評苑三卷	陸可教 李廷機	西元　年至一五八七年	明光裕堂刊本。	嚴先生
又一部			莊子集成續編景印本。	
莊子通十卷	沈一貫	萬曆一六年西元一五八八年	明萬曆間刊本。	嚴先生 中圖
又一部			「莊子集成續編」景印本。	
莊子翼八卷莊	明焦竑撰	萬曆一六年西	明萬曆十六年原刊本。	中圖

子闕誤一卷附錄一卷八冊		元一五八八年		
莊子翼八卷十二冊	明焦　竑撰	萬曆一六年西元一五八八年	明萬曆十六年原刋本　朱墨合批。	中圖
莊子翼八卷附陳景元「闕誤」一卷	焦　竑	萬曆一六年西元一五八八年	明萬曆十六年王元貞校刋本。	嚴先生
又一部			明長庚館刋本。	嚴先生
莊子內篇注附「闕誤」八卷	焦　竑	萬曆一六年西元一五八八年	民國三年蔣國榜愼修書屋編「金陵叢書」排印本。	嚴先生
又一部			日本寬延四年勝村治右衞門刋本。	嚴先生
又一部			日本明治四十五年東京富山房「漢文大系」排印本。	嚴先生

又一部			民國五十二年台灣廣文書局排印「金陵叢書」本。	中圖
又一部			民國五十九年台北廣文書局印行本。	東海
又一部			民國六十七年台北新文豐出版公司景印富山房「漢文大系」本。	嚴先生
莊子品節	明陳　深	萬曆一九年西元一五九一年	明萬曆十九年刋「諸子品節」本。	嚴先生
又一部			莊子集成初編景印本。	
新鍥南華眞經三註大全二十一卷	陳懿典	萬曆二一年西元一五九三年	明萬曆二十一年自新齋余翼我刋本。	嚴先生
又一部			日本京都芳野屋作十郎翻刻余翼我刋本。	嚴先生

又一部			日本寬文間刋本。	嚴先生
新鍥南華眞經三註大全二十一卷十六册	明陳懿典撰	萬曆二一年西元一五九三年	明萬曆癸巳（二十一年）閩書林余氏自新齋刋本。	中圖
南華經精解八卷	陳懿典	西元　年至一六一二年	明萬曆四十五年刋本。	嚴先生
又一部			莊子集成續編景印本。	
南華經品節六卷	楊起元	西元　年至一五九四年	明刋本。	嚴先生
又一部			莊子集成續編景印本。	
南華眞經旁註五卷	方虛名　孫平仲	萬曆二二年西元一五九四年	明萬曆二十二年金陵唐氏世德堂刋本。	中圖
南華眞經旁註五卷八册	明方虛名撰	萬曆二二年西元一五九四年	明萬曆甲午（二十二年）刋本。	中圖
南華眞經評註	周莊　周撰	西元　年	明覆刋萬曆甲午（二十二	中圖

五卷四冊	明方虛名注	至一五九五年	年）刋本。	
南華眞經八卷八冊	周莊　周撰 明馮夢禎校	萬曆二三年西元一五九五年	明萬曆乙未（二十三年）武林郁文瑞尙友軒刋袖珍本。	中圖
南華眞經重校八卷 又一部	馮夢禎	萬曆二三年西元一五九五年	明萬曆間尙友軒刋本。 莊子集成續編景印本。	嚴先生
莊子膏盲四卷八冊	明葉秉敬撰	萬曆二五年西元一五九七年	明萬曆間原刋本。	中圖
莊子南華眞經三卷	周莊　周撰 明吳勉學編「二十子」之一	西元　年至一五九七年	明萬曆間新安吳氏刋本。	中圖 中研
莊子南華經附難字音義三卷	吳勉學	西元　年至一五九七年	日本昭和七年東京文求堂景印「二十子」本。	嚴先生

莊子南華文髓七卷	黃洪憲	西元　　年至一六〇〇年	明刊本（原缺一卷）。	嚴先生
又一部			莊子集成續編景印本。	
莊子內篇解二卷	李　贄	西元　　年至一六〇二年	明萬曆四十三年亦政堂刊陳眉公「廣秘笈」本。（無求備齋藏）。	嚴先生
又一部			「莊子集成續編」景印本。	
南華經集評十六卷	沈汝紳	萬曆三三年西元一六〇五年	明萬曆三十三年吳興凌以棟刊五色套印本。	嚴先生 中圖
莊子郭注十卷	鄒之嶧	萬曆三三年西元一六〇五年	明萬曆三十三年小築刊鄒之嶧校本。	嚴先生
南華眞經評註十卷	歸有光 文震孟	萬曆三三年西元一六〇五年	明末文氏竺塢刊「道德南華二經評注」本。	嚴先生
又一部			明天啓四年竹塢刊本。	嚴先生

又一部			「莊子集成續編」景印本。	
評點莊子	歸有光 文震孟	天啓五年西元一六二五年	明天啓五年刋本。	嚴先生
又一部			日本京都芳野屋作十郎翻刻余翼我刋本。	嚴先生
又一部			日本寬文間刋本。	嚴先生
古蒙莊子校釋四卷	王繼賢 吳宗儀	萬曆三九年西元一六一一年	明萬曆三十九年刋本。	嚴先生
又一部			莊子集成續編景印本。	
古蒙莊子四卷四册	周莊 周撰	明萬曆辛亥（三十九年）西元一六一一年	蒙城知縣王繼賢刋本。	中圖
南華經因然六卷	吳伯輿	西元　年至一六一二年	明刋本。	嚴先生

又一部			莊子集成續編景印本。	
莊子南華眞經評不分卷附「音義」	明孫　鑛	西元　年至一六二二年	明天啓間吳興閔氏刋朱墨套印本。	嚴先生
莊子南華眞經四卷八册	明孫　鑛評	西元　年至一六二二年	明吳興閔氏刋朱墨套印本。	中圖
莊子翼評點八卷	董懋策	西元　年至一六一三年	清光緒三十二年刋本。	嚴先生
又一部			莊子集成續編景印本。	
莊子狐白四卷二册	明韓　敬撰	萬曆四二年西元一六一四年	明萬曆甲寅（四十二年）閩書林余氏自新齋刋本。	中圖 嚴先生
又一部			莊子集成續編景印本。	
南華日抄四卷	徐　曉	萬曆四三年西元一六一五年	明崇禎十年刋本。	嚴先生
又一部			莊子集成續編景印本。	

解莊十二卷六冊	明陶望齡撰 郭正域評	萬曆四三年西元一六一五年	明天啓辛酉（元年）吳興茅兆河刋朱墨套印本。	中圖
又一部			莊子集成續編景印本。	嚴先生
說莊三卷	李騰芳	西元　年至一六一九年	明天啓四年青蓮齋刋本。	嚴先生
莊子不分卷附陰符經一卷存二冊	明郭四維編	西元　年至一六一九年	明上谷李迎恩刋本　缺莊子外篇。	中圖
南華經七卷八冊	明潘基慶註	西元　年至一六二〇年	明末刋本　墨筆批註。	中圖
南華經集註七卷	潘基慶	西元　年至一六二〇年	明刋本。	嚴先生
又一部			莊子集成初編景印本。	
南華全經分章句解四卷	陳榮選	西元　年至一六二〇年	明刋本。	嚴先生

又一部			莊子集成續篇景印本。	
莊子內篇注四卷	釋德清	天啓元年西元一六二一年	清光緒十四年金陵刻經處刊本。	嚴先生
又一部			「莊子集成續編」景印本。	
又一部			民國四十五年台灣建康書局景印金陵刻經處刊本。	成大
又一部			民國六十一年台灣瑠璃經房再版景印本。	淡江、文化
又一部			民國六十二年台北市廣文書局印行景印本。	中圖、東吳、台大、文化
又一部			民國六十三年台灣瑠璃經房再版景印本。	嚴先生
南華經薈解卅三卷	郭良翰	天啓六年西元一六二六年	明天啓六年刊本。	嚴先生

又一部			莊子集成初編景印本。	
南華眞經本義十六卷	陳治安	崇禎五年西元一六三二年	清道光十五年紅蘭山房重刋本。（按：有徐廷槐序）	嚴先生
莊子南華本義牋註十六卷	明陳治安註	崇禎五年西元一六三二年	清道光十五年紅蘭山房刋本。	嚴先生
南華眞經別錄八卷	明陳治安輯	崇禎五年西元一六三二年	清道光十五年紅蘭山房刋本。	嚴先生
南華眞經本義附錄八卷	陳治安	崇禎五年西元一六三二年	清道光十五年刋本。	嚴先生
又一部			莊子集成續編景印本。	
莊子南華眞經三卷八册	明譚元春評	崇禎八年西元一六三五年	明崇禎間婁東張溥刋本。	中圖 嚴先生
又一部			莊子集成續編景印本。	
南華眞經注疏	程以寧	崇禎一〇年西	清嘉慶間蔣元庭刋「道藏	嚴先生

卅三卷		元一六三七年	輯要」本。	
又一部			莊子集成續編景印本。	
南華眞經影史八卷二册	明周拱辰撰	崇禎一〇年西元一六三七年	清嘉慶八年（癸亥）聖雨齋重刋本。	中研
南華眞經影史九卷	明周拱辰	崇禎一〇年西元一六三七年	清道光二十七年刋「周孟侯先生全書」本。	嚴先生
又一部			「莊子集成初編」景印本。	
南華春點八卷	劉士璉	崇禎一一年西元一六三八年	明刋本。	嚴先生
又一部			莊子集成續編景印本。	
南華經郭注集評二卷	闕　名	西元　　年至一六四〇年	明刋本。	嚴先生
藥地炮莊九卷	方以智	西元　　年至一六四四年	清康熙三年廬陵曾玉祥此藏軒原刋本。	中圖

藥地炮莊九卷	明方以智集 明陳丹衷訂	西元　年 至一六四四年	民國十一年成都美學林據此藏軒刊本排印本。	嚴先生
又一部			「莊子集成初編」景印本。	
又一部			民國六十四年台北廣文書局景印清康熙六年此藏軒原刊本。	中圖
莊子南華眞經校訂八卷	黃正位	西元　年 至一六四四年	明刊巾箱本。	嚴先生
又一部			莊子集成續編景印本。	
莊子因六卷	林雲銘	康熙二年西元 一六六三年	清康熙五十五年挹奎樓增註重刊本。	嚴先生
又一部			清光緒六年常州培本堂重刊白雲精舍本。	嚴先生
又一部			民國二年上海千頃堂精校	嚴先生

			石印本。	
又一部			民國十六年上海掃葉山房石印本。	嚴先生
又一部			民國五十七年台北廣文書局排印本。	嚴先生
又一部			「莊子集成初編」景印本。	
（標注補義）莊子因六卷	清林雲銘評 (日)泰鼎補義 (日)東條保標注	康熙二年西元一六六三年	民國五十八年台北市蘭台書局印行本。	淡江
又一部			民國六十四年台北市蘭台書局印行景印本。	中圖
莊子解三十三卷	王夫之	康熙八年西元一六六九年	清同治四年湘鄉曾氏金陵節署重刊本。	嚴先生

又一部		「莊子集成初編」據景印本。	
又一部		民國二十二年上海太平洋書店排印本。	嚴先生
又一部		民國五十三年台灣廣文書局景印金陵節署刊本。	台大、文化
又一部		民國五十三年北平中華書局排印本。	嚴先生
又一部	(清)王夫之撰、王敔增註	民國六十三年台北市河洛圖書出版社印行景印本。	中圖、政大、東海、台大、成大、淡江、省中
又一部	王夫之撰 王敔增註	民國六十七年河洛圖書出版社印行。	師大
莊子通一卷	王夫之	康熙八年西元	清同治四年湘鄉曾氏金陵	嚴先生

		一六六九年	節署重刊本。	
又一部			莊子集成初編景印本。	
又一部			民國五十三年台灣廣文書局景印金陵節署本。	師大、政大
又一部			民國五十四年台灣力行書局景印本。	師大、文化
又一部			民國五十四年台灣台中大源文化服務社景印本。	文化、台大
又一部			民國六十一年台灣自由出版社景印本。	文化、政大
莊子解與莊子通	（清）王夫之撰 曾國藩校	康熙八年西元一六六九年	在中國子學名著集成編修委員會編中國子學名著集成之62。	師大、政大
莊子之學二卷	馬　驌	康熙九年西元一六七〇年	清康熙九年刊「繹史」本。	嚴先生

又一部			莊子集成初編景印本。	
莊子解一卷	傅　山	西元　年至一六八四年	清宣統三年刋本。	嚴先生
又一部			莊子集成續編景印本。	
莊子釋意三卷	高秋月	康熙二八年西元一六八九年	康熙二十八年曹同春刋本。	嚴先生
又一部			「莊子集成續編」景印本。	
莊子詁七卷	錢澄之	西元　年至一六九三年	清同治三年刋本	嚴先生
又一部			莊子集成續編景印本。	
莊子旁注五卷六册	清吳承漸輯注	康熙三八年西元一六九九年	清康熙間刋本。	中研
又一部			民國六十四年台北廣文書局景印本。（中國哲學思	台大、東海淡江、成大

			想要籍叢編）	政大、省中
莊子解十二卷	吳世尚	康熙五二年西元一七一三年	民國九年劉氏「貴池先哲遺書」本。	中研
又一部			「莊子集成初編」景印本。	嚴先生
南華經解二十五卷	宣穎	康熙六〇年西元一七二一年	清康熙六十年積秀堂刊本。	嚴先生
又一部			清經國堂刊本。	嚴先生
又一部			清同治六年新建吳坤修半畝園刊本。	嚴先生
又一部			「莊子集成續編」景印本。	
又一部			民國五十八年台北宏業書局景印上海會文堂書局石印本。	文化

南華眞經解六卷六册	清宣穎撰	康熙六〇年西元一七二一年	清康熙六十年（序）懷義堂刋本。	中研
又一部			民國六十七年台北市廣文書局印行景印本。（漢學彙編）	中圖、成大東海、淡江
莊子南華經解四卷	清宣穎撰	康熙六〇年西元一七二一年	民國五十八年台北宏業書局印行本。	台大、東海
南華經傳釋一卷	周金然撰	西元　年至一七二二年	台北藝文印書館「百部叢書」景印清嘉慶間吳省蘭刋「藝海珠塵」本。	中圖、台大政大、文化東海、淡江
南華簡鈔四卷	徐廷槐	乾隆六年西元一七四一年	清乾隆六年霋清閣刋改「南華經直解」本。	嚴先生
又一部			清光緒二十年文瑞樓重刋本。	嚴先生
又一部			「莊子集成初編」景印本。	

莊子鈔	浦起龍	乾隆六年西元一七四一年	清乾隆九年三吳書院刋本。	嚴先生
又一部			「莊子集成初編」景印本。	
莊子存校一卷	王懋竑	西元　年至一七四二年	清同治十一年福建撫署刋本。	嚴先生
又一部			莊子集成初編景印本。	
莊子獨見三十三卷	胡文英	乾隆一六年西元一七五一年	清乾隆十六年三多齋刋本。	嚴先生
又一部			「莊子集成初編」景印本。	
又一部			清嘉慶九年姑蘇聚文堂刋本。	嚴先生
又一部			清道光間武啓圖校訂江西文淵堂刋本。	嚴先生

南華經大義解懸參註五卷	藏雲山房主人	西元　年至一七五一年	手稿本。	嚴先生
又一部			莊子集成初編景印本。	
莊子解一卷	吳　峻	乾隆四六年西元一七八一年	清道光二十四年世楷堂刋「昭代叢書」本。	嚴先生
又一部			莊子集成初編景印本。	
莊子述記	任兆麟	乾隆五二年西元一七八七年	清乾隆五十二年任氏忠慤家塾刋「述記」本。	嚴先生
又一部			「莊子集成續編」景印本。	
又一部			清嘉慶四年文選樓刋本。	嚴先生
又一部			清光緒十年廖玉湘閒雲精舍刋「述記」本。	嚴先生
又一部			民國四年上海千頃堂書局石印本。	嚴先生

莊子集評一卷	高嵣	乾隆五三年西元一七八八年	清乾隆五十三年廣郡永邑培元堂楊氏刋本。	嚴先生
又一部			「莊子集成初編」景印本。	
莊子音義考證三卷	盧文弨	乾隆五六年西元一七九一年	清乾隆五十六年盧文弨刋「抱經堂叢書」本。	嚴先生
又一部			莊子集成初編景印本。	
南華瀝一卷	馬魯	西元　　年至一七九五年	清同治九年敦倫堂刋本。	嚴先生
又一部			莊子集成續編景印本。	
莊子雪三卷	陸樹芝	嘉慶元年西元一七九六年	清嘉慶四年粵東儒雅堂刋本。	嚴先生
又一部			「莊子集成續編」景印本。	
又一部			清嘉慶四年文選樓刋本。	嚴先生
又一部			民國四年上海千頃堂書局	嚴先生

			石印本。	
莊子章義（附「附錄」）五卷	姚鼐	嘉慶一六年西元一八一一年	清光緒五年桐城徐宗亮刊「惜抱軒遺書三種」本。	嚴先生
又一部			「莊子集成續編」景印本。	
又一部			清光緒五年「惜抱軒遺書」重印本。	嚴先生
莊子選	張道緒	嘉慶一六年西元一八一一年	清嘉慶十六年人境軒刊「諸子文選十三種」本。	嚴先生
又一部			「莊子集成續編」景印本。	
莊子韻讀一卷	江有誥	嘉慶一九年西元一八一四年	清嘉慶十九年刊本。	嚴先生
又一部			莊子集成續編景印本。	

莊子辯正六卷	胡方	嘉慶一九年西元一八一四年	清嘉慶十九年刋本。	嚴先生
又一部			莊子集成續編景印本。	
莊子叢錄一卷	洪頤煊	道光二年西元一八二二年	清道光二年刋本。	嚴先生
又一部			莊子集成續編景印本。	
莊子雜誌一卷	王念孫	西元　年至一八三二年	清道光十二年刋本。	嚴先生
又一部			莊子集成續編景印本。	
莊子司馬注補遺（司馬音、逸篇、逸語、疑義、逸篇補遺、又補遺、司馬音補遺各	茆泮林	道光一四年西元一八三四年	清道光十四年梅瑞軒刋本。	嚴先生

一卷） 又一部			「百部叢書」景印本。	中圖
南華通七卷	屈復 李元春	道光一五年西元一八三五年	清道光十五年李元春刊「青照樓叢書」本。	嚴先生 中研
又一部			「莊子集成初編」景印本。	
司馬彪莊子注一卷	黃奭	西元　年至一八五〇年	民國二十三年江都朱長圻據甘泉黃氏原版補印。改題「黃氏逸書考」本。	嚴先生
又一部			「莊子集成初編」景印本。	
又一部			民國六十一年台灣藝文印書館景印本。	中圖 文化
逸莊子一卷	黃奭	西元　年至一八五〇年	民國廿三年江都朱長圻補刊「黃氏逸書考」本。	嚴先生

南華經解三卷	方　潛	咸豐八年西元一八五八年	清光緒二十二年桐城方氏刋本。	嚴先生
又一部			莊子集成續編景印本。	
莊子內篇注二卷	王闓運	同治八年西元一八六九年	清同治八年長沙思賢講舍刋本。	嚴先生
又一部			「莊子集成續編」景印本。	
又一部			民國二十二年刋「王湘綺全集」本。	嚴先生
莊子人名考一卷	俞　樾	同治九年西元一八七〇年	清光緒二十五年刋「春在堂全書」本。	嚴先生
又一部			「莊子集成續編」景印本。	
莊子平議三卷	俞　樾	同治九年西元一八七〇年	清光緒二十五年刋本。	嚴先生

又一部			莊子集成續編景印本。	
南華雪心編八卷	劉鳳苞 李泰開	光緒三年西元一八七七年	清光緒二十三年晚香堂刋本。	嚴先生
又一部			「莊子集成初編」景印本。	
莊子正義四卷	陳壽昌	光緒一三年西元一八八七年	清光緒十九年刋本。	嚴先生
又一部			莊子集成續編景印本。	
莊子正義附錄三卷	陳壽昌	光緒一三年西元一八八七年	光緒十九年刋本。	嚴先生
又一部			莊子集成續編景印本。	
南華眞經正義不分卷附識餘六册	陳壽昌輯	光緒一三年西元一八八七年	清光緒十九年怡顏齋刋本。	中研 嚴先生
又一部			莊子集成續編景印本。	

又一部			民國上海古書流通處「老莊正義」合編景印本。	嚴先生
又一部			民國六十一年台灣新天地書局景印本。	台大、文化
莊子識小一卷	郭階撰	光緒一五年西元一八八九年	清光緒十五年刋本。	嚴先生
又一部			「莊子集成續編」景印本。	
莊子故八卷	馬其昶	光緒二〇年西元一八九四年	清光緒三十二年集虛草堂刋本。	嚴先生
莊子札迻一卷	孫詒讓撰	光緒二〇年西元一八九四年	清光緒二十年札迻原刋本。	嚴先生
又一部			「莊子集成續編」景印本。	
莊子集釋十卷	清郭慶藩輯	光緒二〇年西	清光緒二十年（序）思賢	中研

八册		元一八九四年	講舍刋本。	
又一部			清光緒間湘陰郭氏原刋本。	嚴先生
又一部			清光緒二十年湖南思賢講舍校刋本。	嚴先生
又一部			民國十三年上海掃葉山房石印本（8册）。	嚴先生
又一部			民國廿四年上海掃葉山房石印本（10册）。	嚴先生
又一部			民國四十四年台北市世界書局印行本。	台大、北市
又一部			民國五十年北平中華書局整理排印本。	嚴先生
又一部			民國五十一年台灣世界書	台大、文化

			局「中國學術名著」景印本。	政大、師大
又一部			民國五十九年台北中華書局景印本台一版。（中華國學叢書）	台大、省中北市
又一部			民國六十年台北市廣文書局印行景印本。	中圖、師大
又一部			民國六十二年台北市中華書局景印本。	師大、逢甲
又一部			民國六十三年台南市莊家出版社印行（國學叢書）本。	東吳
又一部			民國六十三年台北市世界書局印行六版本。	淡江

又一部			民國六十三年台北市河洛圖書出版社景印本（1冊）	淡江
又一部			民國六十八年台北市華正書局景印本。	中圖、東海、省中、師大、台大
莊子文粹二卷	李寶淦撰	光緒二十三年西元一八九七年	民國六年上海商務印書館排印本。	嚴先生
又一部			「莊子集成初編」景印本。	
南華經發隱一卷	楊文會	光緒三〇年西元一九〇四年	清光緒三十年金陵刻經處刊「楊仁山先生遺書」本。	嚴先生

又一部			「莊子集成初編」景印本。	中圖、文化
又一部			民國六十一年台北廣文書局印行景印本。	台大、政大
又一部			民國六十三年台北市三民書局印行本。	師大
又一部			民國六十四年台北商務印書館景印本台五版本。	政大
又一部			民國六十四年華正書局印行本。	師大
莊子集解八卷	王先謙	宣統元年西元一九〇九年	宣統元年湖南思賢書局原刋本。	中研 嚴先生
又一部			宣統二年思賢書局重印本。	嚴先生
又一部			宣統元年上海掃葉山房石	嚴先生

			印本。	
又一部			民國八年上海涵芬樓景印本。	嚴先生
又一部			民國二十八年商務印書館萬有文庫簡編排印本。	嚴先生
又一部			民國四十六年上海中華書局排印本。	嚴先生
又一部			民國四十七年台北世界書局「四部刊要」排印本。	台大
又一部			民國四十九年香港中華書局排印本。	嚴先生
又一部			民國五十二年台北文光圖書公司三版排印本。	台大
又一部			民國五十二年台北三民書局排印本。	淡江、成大、交大、北市

又一部			民國五十四年台北市商務印書館印行本。	北市
又一部			民國五十六年台灣商務印書館人人文庫台一版排印本。	成大
又一部			民國六十年台北市蘭台書局印行景印本（據宣統本景印）。	師大、台大
莊子點勘十卷	吳汝綸	宣統元年西元一九〇九年	清宣統二年衍星社排印本。	嚴先生
又一部			莊子集成初編景印本。	
莊子敍意一卷	廖　平撰	宣統元年西元一九〇九年	民國十年「新訂六譯館叢書」刋本。	嚴先生
又一部			「莊子集成初編」景印本。	

莊子解故一卷	章炳麟	宣統元年西元一九〇九年	民國六年浙江圖書館刋「章氏叢書」本。	嚴先生
又一部			「莊子集成續編」景印本。	
又一部			民國四十八年藝文印書館景印本。	台大、師大北市、淡江
莊子校書三卷	于　鬯撰	西元　年至一九一〇年	民國五十二年排印本。	師大、台大
又一部			莊子集成續編景印本。	中圖
讀莊子札記一卷	陶鴻慶撰	西元　年至一九一一年	民國八年待曉廬排印本。	嚴先生
又一部			「莊子集成續編」景印本。	
莊子斠補一卷	劉師培	民國元年西元一九一二年	民國二十五年寧武南氏排印「劉申叔遺書」本。	嚴先生

又一部			莊子集成續編景印本。	
又一部			民國四十八年台灣藝文印書館「國學標準典籍」景印本。	中圖、北市淡江、台大
又一部			民國五十四年台灣大新書局印行本。	師大
莊子精華錄	林　紓	民國二年西元一九一三年	民國二年上海商務印書館排印本。	嚴先生
莊子淺說四卷	林　紓	民國一一年西元一九二二年	民國十二年上海商務印書館排印本。	嚴先生
又一部			「莊子集成初編」景印本。	
又一部			民國六十四年台灣華正書局景印本。	中圖、師大
又一部			民國六十七年台北市廣文	師大、成大

			書局景印本。	東海、淡江、中圖
莊子通釋一卷	高燮	民國三年西元一九一四年	民國三年「國學叢選」第五集排印本。	嚴先生
莊子評點一卷	嚴復	民國五年西元一九一六年	香港華強印務公司印行本。	淡江
侯官嚴氏評點莊子八卷	嚴復	民國五年西元一九一六年	民國五十三年黎玉璽編印「侯氏嚴官評點故事三種」朱墨套印景印本。	台大、淡江
又一部			民國五十九年台灣藝文印書館景印本。	中圖、台分、台大、文化
莊子大同學二十二卷九冊	王樹枬撰	西元　年至一九一六年	著者手稿本。	中圖
莊子札記三卷	武延緒撰	西元　年至一九一六年	民國二十一年武氏所好齋刊朱墨印刷本。	中研、嚴先生

又一部			「莊子集成續編」景印本。	
莊子補註四卷	奚　侗	民國五年西元一九一六年	民國六年當塗奚氏託江蘇省立官紙印刷廠代印排印本。	中研 嚴先生
又一部			民國五十五年台灣藝文印書館「老莊四種」景印本。	嚴先生
又一部			「莊子集成續編」景印本。	
莊子詮詁三十三篇	胡遠濬撰	民國六年西元一九一七年	民國二十年上海商務印書館「中央大學叢書」排印本。	嚴先生
又一部			民國五十六年台灣商務印書館景印本。	中圖、台大 師大、文化

莊子菁華錄一卷	張之純	民國七年西元一九一八年	民國七年排印本。	嚴先生
又一部			莊子集成續編景印本。	
莊子淺訓二卷	蔣兆燮撰	民國八年西元一九一九年	民國八年上海新民圖書館排印本（缺上册）	嚴先生
莊子哲學一卷	蘇甲榮撰	民國九年西元一九二〇年	民國十九年上海日新輿地學社再版排印本。	嚴先生
莊子札記十卷	孫毓修撰	民國一一年西元一九二二年	民國二十五年縮印「四部叢刊」排印本。	嚴先生
又一部			「莊子集成續編」景印本。	
又一部			民國五十五年台灣商務印書館初版排印本。	中圖、台大東吳、文化
南華眞經殘卷校勘記一卷	羅振玉	民國一二年西元一九二三年	民國十二年刋本。	嚴先生

又一部			「莊子集成續編」景印本。	
莊子音義辨正	吳承仕	民國一二年西元一九二三年	民國十二年排印本。	嚴先生
又一部			「莊子集成續編」景印本。	
莊子校釋二卷	支偉成	民國一五年西元一九二六年	民國十五年上海泰東圖書局景印本。	嚴先生
又一部			民國二十六年再版排印本。	嚴先生
莊子考辨	蔣復璁	民國一六年西元一九二七年	民國五十四年台灣自由太平洋文化公司「珍帚集」排印本。	中圖、台大
莊子集註五卷	阮毓崧輯	民國一七年西元一九二八年	民國十九年上海中華書局排印本。	嚴先生

又一部			「莊子集成續編」景印本。	
又一部			民國六十一年台北廣文書局印行景印本。	中圖
莊子內篇證補七卷	朱桂曜	民國一七年西元一九二八年	民國二十四年上海商務印書館排印本。	嚴先生
又一部			「莊子集成初編」景印本。	
又一部			民國六十年台灣人文月刊出版社景印本。	中圖
莊子瑣記	劉文典	民國一七年西元一九二八年	民國十七年上海商務印書館排印本。	嚴先生
又一部			「莊子集成初編」景印本。	
又一部			民國二十四年國難後第一	嚴先生

			版排印本。	
莊子補正十卷	劉文典	民國二八年西元一九三九年	民國三十六年上海商務印書館排印本。	嚴先生
又一部			莊子集成初編景印本。	
又一部			民國六十四年台北市新文豐出版公司景印本。	中圖、師大、文化、台大、東海
莊子義證三十三卷	馬敍倫撰	民國一七年西元一九二八年	民國五十九年台北弘道文化事業公司印行本。	東海
莊子大傳一卷	陳登澥	民國一八年西元一九二九年	民國六十年台北弘道文化事業有限公司景印本。	中圖
莊子學案一卷	郎擎霄	民國二〇年西元一九三一年	民國二十三年上海商務印書館排印本。	嚴先生
又一部			民國五十二年香港太平書局排印本。	嚴先生

又一部			民國六十三年台灣河洛圖書出版社景印本。	中圖、台大、台分、淡江、成大、東海、逢甲、中原
莊子集解補正	胡懷琛	民國二〇年西元一九三一年	民國二十九年排印本。	嚴先生
又一部			「莊子集成續編」景印本。	
莊子音義繹	丁展成	民國二〇年西元一九三一年	民國二十年排印本。	嚴先生
又一部			「莊子集成續編」景印本。	
莊子今箋一卷	高　亨	民國二一年西元一九三二年	民國二十四年開封歧文齋刊朱墨印刷本。	嚴先生 中研
又一部			民國二十四年開封歧文齋	嚴先生

			刋墨印本。	
又一部			民國六十年台灣中華書局景印本。	中圖、師大 淡江
又一部			「莊子集成續編」景印本。	
又一部			民國六十六年台北市廣文書局印行景印本（筆記六編）	中圖
南華經解選讀二卷	周學熙	民國二十一年西元一九三二年	民國二十一年周氏師古堂刋本。	嚴先生
白話莊子讀本一卷	葉玉麟	民國二十三年西元一九三四年	民國四十三年台北文友書店排印本。	師大
又一部			民國四十五年台北文友書店排印本。	中圖
又一部			民國四十七年香港萬象書	中圖

			店「白話譯解」再版排印本。	
又一部			民國五十年香港實用書局「白話譯解」排印本。	中圖
又一部			民國五十二年台北文友書店再版本。	中圖
又一部			民國五十六年台北文源書局再版本。	逢甲、省中
又一部			民國五十六年華聯出版社翻印本。	中圖
又一部			民國六十三年台北縣永和鎮大方書局印行。	東吳、北市
又一部			民國六十三年復漢出版社印行本。	逢甲
又一部			民國六十四年華聯出版社	中圖

			翻印本。	
又一部			「莊子集成初編」景印本。	
又一部			民國六十四年台中市曾文出版社印行本。	中圖
莊子新釋	葉玉麟編注	民國二三年西元一九三四年	民國六十七年台南大夏出版社印行本。	台分
莊子新義三卷	朱文熊	民國二三年西元一九三四年	民國二十三年無錫國學專修學校排印複印本。	嚴先生
呂觀文莊子義十卷	陳任中	民國二三年西元一九三四年	民國二十三年排印本。	嚴先生
又一部			「莊子集成初編」景印本。	
莊子哲學一卷	蔣錫昌	民國二四年西元一九三五年	民國二十六年上海商務印書館初版排印本。	嚴先生

又一部			民國五十四年台灣商務印書館印行本。	台大、師大、東海、淡江
又一部			民國五十九年台灣環宇出版社景印本。	台大
又一部			民國六十年台灣人文月刊雜誌社景印本。	中圖
又一部			「莊子集成初編」景印本。	
闡莊一卷	陳　柱	民國二四年西元一九三五年	民國二十四年刊本。	嚴先生
又一部			「莊子集成續編」景印本。	
莊子研究一卷	葉國慶	民國二五年西元一九三六年	民國二十五年上海商務印書館「國學小叢書」排印本。	嚴先生

又一部			民國五十六年台灣商務印書館「人人文庫」台一版本。	淡江、成大
又一部			「莊子集成初編」景印本。	
又一部			民國六十二年台灣商務印書館台三版景印本。	政大、北市
莊子釋文校記 莊子胠篋等篇殘卷校記 莊子大宗師篇殘卷校記	王重民	民國二七年西元一九三八年	民國四十七年上海商務印書館「敦煌古籍敍錄」橫行排印本。	嚴先生
又一部			「莊子集成初編」打字景印本。	
又一部			民國六十八年京都中文出	嚴先生

			版社橫行排印本。	
莊子校證一卷	楊明照撰	民國二六年西元一九三七年	民國六十二年打字景印本。	嚴先生
又一部			「莊子集成續編」景印本。	東海
莊子釋義三十三篇附：王孝漁（永祥）「讀老子隨筆」	張　栩	民國二七年西元一九三八年	「古學叢刊」第一至七期內。	嚴先生
又一部			「莊子集成初編」景印本。	
莊子新證二卷	于省吾撰	民國二八年西元一九三九年	民國二十八年排印本。	嚴先生
又一部			莊子集成初編景印本。	
又一部			廣文書局印行本。	東海

莊子拾遺一卷	楊樹達	民國二八年西元一九三九年	民國五十一年北平中華書局排印本。	嚴先生
又一部			「莊子集成初編」景印本。	
莊子哲學（附內篇解說）一卷	曹受坤	民國三〇年西元一九四一年	民國五十九年台灣文景書局初版景印本。	嚴先生、中圖
又一部			民國六十二年台灣文景書局再版景印本。	北市、政大、東海
又一部			「莊子集成初編」景印本。	
莊子內篇解說一卷	曹受坤	民國三七年西元一九四八年	民國三十七年排印本。	嚴先生
又一部			莊子集成初編景印本。	
莊子引得一卷	哈佛燕京大	民國三〇年西	民國四十五年哈佛大學出	師大

	學引得編纂處	元一九四一年	版社「引得」特刊第二十號排印本。	
又一部			民國六十一年台北市弘道文化事業公司印行景印本。	中圖、師大、文化、交大
又一部			民國六十三年台北市弘道文化事業公司印行景印本。	中圖、師大、台大、成大、淡江、東海、交大
莊學管闚	王叔岷	民國三一年西元一九四二年	民國六十七年藝文印書館排印本。	中研、中圖、師大、台大、逢甲、東吳
莊子校釋五卷	王叔岷	民國三三年西元一九四四年	民國三十六年上海商務印書館手稿景印本。	中研
又一部			民國六十一年台聯國風出	中研、淡江

			版社景印本。	師大、東吳北市
郭象莊子注校記五卷	王叔岷	民國三七年西元一九四八年	民國三十九年上海商務印書館手稿景印本。	嚴先生
莊子校釋補錄一卷	王叔岷	民國四七年西元一九五八年	民國五十三年台灣世界書局「諸子斠證」橫行排印本。	中圖
莊子章義一卷	胡韞玉	民國三二年西元一九四三年	民國三十二年「樸學齋叢書」排印本。	嚴先生
莊子講解一卷	張貽惠	民國三五年西元一九四六年	民國三十五年福州綜合學術社排印本。	嚴先生
莊子新釋三卷	張默生	民國三七年西元一九四八年	民國五十八年台灣綠洲書店第一册景印本。（缺中、下二册）。	師大
又一部			民國六十三年台灣時代書	中圖、台大

			局第一冊景印本。	台分、文化
又一部			民國六十二年台北市樂天出版社印行本。	北市、省中、淡江、文化
又一部			民國六十六年台北市樂天出版社再版本。	成大、政大、逢甲、師大
莊子集解內篇補正七篇	劉　武	民國三七年西元一九四八年	民國四十七年北平古籍出版社排印本。	嚴先生
又一部			「莊子集成續編」景印本。	
莊子連語音訓	徐德庵	民國三七年西元一九四八年	在「國文月刊」第六十六、六十七、第七十、第七十一、第七十四各期內。	嚴先生
又一部			民國五十九年台灣樂天出版社「莊子連詞今訓」打	成大、政大、北市、東海

			字景印本。	淡江
莊子纂箋三十三卷	錢　穆	民國四〇年西元一九五一年	民國四十二年增訂再版排印本。	師大
又一部			民國四十四年香港東南印務出版社印行增訂本。	淡江
又一部			民國五十二年四版增訂本。	台大
又一部			民國五十八年台北市三民書局印行本。	交大、文化
又一部			民國六十七年台北撰者印行台一再版本。	中圖、淡江
莊老通辨三卷	錢　穆撰	民國四十六年西元一九五七年	民國四十六年香港新亞研究所印行本。	東海
又一部			民國六十年台北撰者自刊	台大、文化

			本台初版本。	
嚴復莊子評點校錄一卷	曾克耑	民國四三年西元一九五四年	民國四十三年「岷雲堂叢刊」第一種排印本。	師大
莊子書錄	馬　森	民國四七年西元一九五八年	民國四十八年排印本。	嚴先生 師大
集訂南華發覆二卷	倪直明	民國四七年西元一九五八年	民國四十七年台灣自印油印本。	嚴先生
莊子音義引書考略一卷	嚴靈峯撰	民國四八年西元一九五九年	民國六十二年打字景印本。	嚴先生
又一部			莊子集成續編景印本。	
老莊研究	嚴靈峯撰	民國四九年西元一九六〇年	香港亞洲出版社排印本。	師大、台大
又一部			民國五十五年台灣中華書局再版排印本。	中圖
列子莊子知見	嚴靈峯	民國五十年西	無求備齋香港排印本。	師大、台大

書目		元一九六一年		
老列莊三子知見書目	嚴靈峯	民國五四年西元一九六五年	中華叢書委員會排印本。	中圖
老列莊三子知見書目補正	嚴靈峯	民國五六年西元一九六七年	大陸雜誌社排印本。	中圖
莊子章句新編一卷	嚴靈峯	民國五六年西元一九六七年	民國五十七年台灣商務印書館「道家四子新編」初版排印本。	嚴先生
莊子選注一卷	嚴靈峯撰	民國五七年西元一九六八年	民國六十八年台北市正中書局鉛印本初版本。	政大、北市文化
莊子集成初編	嚴靈峯編	民國六十一年西元一九七二年	台北市藝文印書館印行本。	東海
莊子集成續編	嚴靈峯撰	民國六十四年西元一九七五	台北市藝文印書館印行本。	東海

		年		
莊子知見書目	嚴靈峯	民國六十四年西元一九七五年	台灣正中書局「周秦漢魏諸子知見書目」第二卷排印本。	嚴先生
莊子哲學一卷	陳鼓應	民國五四年西元一九六五年	民國五十四年開拓出版社排印本。	台大
又一部			民國五十五年台灣商務印書館「人人文庫」景印本。	台大
又一部			民國五十六年「人人文庫」再版景印本。	台大
又一部			民國六十三年「人人文庫」增訂七版。	台大、政大、成大、北市
莊子今註今譯二卷	陳鼓應	民國六三年西元一九七四年	民國六十四年台灣商務印書館排印本。	文化、交大、東海、北市

莊子哲學探究一卷	陳鼓應	民國六四年西元一九七五年	民國六十四年台北成文出版社代印排印本。	中圖、台大成大、師大逢甲、北市省中
莊子義繹一卷	何鑑琮	民國五四年西元一九六五年	民國五十四年香港人生出版社排印本。	嚴先生
又一部			民國六十年台灣正生書局景印本。	文化
莊子衍義二卷	吳　康撰	民國五十四年西元一九六五年	民國五十五年台灣商務印書館初版排印本。	師大
莊子要義一卷	周紹賢撰	民國五十四年西元一九六五年	民國五十九年台北市文景出版社印行本。	政大、東海
又一部			民國六十二年文景出版社	中圖、文化

			印行修訂二版本。	北市
莊子平話	諸橋轍次撰 李君奭譯	民國五十五年 西元一九六六年	民國六十一年彰化專心企業公司印行本。	中圖
又一部			民國六十二年彰化專心企業公司再版排印本。	東吳、省中
又一部			民國六十六年專心企業有限公司印行四版本。	中圖
莊子別講一卷	程兆熊	民國五六年西元一九六七年	民國五十六年香港鵝湖出版社排印本。	嚴先生
原文對照語體莊子一卷	李鍾豫	民國五六年西元一九六七年	民國五十七年台灣商務印書館排印本。	師大
莊子	沈洪選註	民國五十六年 西元一九六七年	台北商務印書館印行本。	北市

又一部			民國六十三年台北商務印書館印行台三版本。	文化、政大、北市
莊子一卷	陳冠學	民國五七年西元一九六八年	民國五十八年台灣三民書局排印本。	成大
莊子新傳一卷	陳冠學	民國六五年西元一九七六年	民國六十五年高雄三信出版社排印本。	中圖
莊子宋人考	陳冠學	民國六六年西元一九七七年	民國六十六年三信出版社排印本。	中圖
莊子新注內篇	陳冠學	民國六七年西元一九七八年	民國六十七年三信出版社排印本。	中圖
語體莊子	李立如撰	民國五七年西元一九六八年	民國五十七年商務「人人文庫」本。	師大
莊子詮言一卷	封思毅	民國五八年西元一九六九年	民國六十年台灣商務印書館排印本。	中圖、政大、淡江、北市、東吳、逢甲

莊子的哲學體系一卷	蘇昌美	民國五八年西元一九六九年	民國五十八年自印油印本。	嚴先生
莊子與古希臘哲學中的道一卷	鄔昆如譯纂	民國五八年西元一九六九年	民國六十一年台灣中華書局排印本。	中圖、政大東吳、淡江文化、北市東海
又一部			民國六十五年台北中華書局印行本。	師大
莊子治要五卷	蕭純伯	民國五九年西元一九七〇年	民國六十一年台灣商務印書館排印本。	中圖、師大北市、東吳逢甲
莊子學述一卷	莊萬壽	民國五九年西元一九七〇年	民國五十九年油印排印本。	師大
莊子的政治思想一卷	蔡明田	民國五九年西元一九七〇年	民國五十九年中國學術著作獎助委員會排印本。	北市、政大東吳、東海

又一部			民國六十四年台北牧童出版社排印本。	中圖 台大、淡江 中圖、師大 東海
莊子	莊　周撰 時　超編 韋　爾譯	民國五十九年西元一九七〇年	台北市文致出版社印行本。	師大、省中
莊子篇目考一卷	張成秋	民國六〇年西元一九七一年	民國六十年台灣中華書局排印本。	中圖、師大 台大、文化
莊子淺說一卷	陳啓天	民國六〇年西元一九七一年	民國六十年台灣中華書局排印本。	中圖、師大 北市
又一部			民國六十七年台灣中華書局本。	東吳
莊子的知識論與人生觀	趙文秀	民國六〇年西元一九七一年	民國六十年自印排印本。	東吳、文化

莊子義釋	何敬羣著	民國六〇年西元一九七一年	台北市正生書局印行本。	成大
文言白話中英對照莊子	韋　婀譯	民國六〇年西元一九七一年	台北市文致出版社印行本。	逢甲
莊子發微一卷	劉光義	民國六一年西元一九七二年	民國六十一年台北正大書局排印本。	中圖
莊子內七篇類析語釋	劉光義	民國六四年西元一九七五年	民國六十四年台灣學生書局排印本。	東吳
莊子處世的內外觀	劉光義撰	民國六九年西元一九八〇年	北市學生書局印行本。	中圖、台大、省中、台分、師大、東海、東吳
新譯莊子讀本一卷	黃錦鋐	民國六一年西元一九七二年	民國六十三年台北三民書局東大圖書公司排印本。	師大、政大、省中、台分、逢甲、交大

莊子及其文學	黃錦鋐	民國六六年西元一九七七年	民國六十六年台北東大圖書公司排印本。	台大、東海 成大、文化 中圖、台分 中原、成大 淡江、台大 師大、政大 東海
逍遙的莊子一卷	吳　怡	民國六二年西元一九七三年	民國六十二年台北新天地書局排印本。	師大
莊子總論及分篇評註一卷	李　勉	民國六二年西元一九七三年	民國六十二年台灣商務印書館排印本。	成大、北市 文化、政大
莊子學說體系闡微	袁宙宗	民國六二年西元一九七三年	民國六十三年台灣黎明文化事業公司排印本。	中圖、東海 師大、台分 東吳
莊子人生思想	徐紀平	民國六三年西	民國六十三年油印本。	嚴先生

研究一卷		元一九七四年		
莊子內篇通義一卷	鄭　琳	民國六三年西元一九七四年	民國六十三年台北文津出版社排印本。	師大
莊子的人生哲學一卷	吳應文	民國六四年西元一九七五年	民國六十四年自印油印本。	嚴先生
莊子人生觀淺識	鄧崇楷撰	民國六四年西元一九七五年	台南市撰者印行本。	省中
莊子研究	鄭　蕤撰	民國六四年西元一九七五年	台北市光啓出版社印行本。	師大、中圖
莊學管窺	趙金章撰	民國六四年西元一九七五年	台北弘道文化事業公司印行本。	中圖、台大台分
莊子思想	潘立夫撰	民國六十四年西元一九七五年	高雄市台灣文敎出版社印行本。	中圖
莊林續道藏	蘇海涵編	民國六十四年	台北成文出版社影印本。	台大、台分

		西元一九七五年		文化、政大成大
莊子論文集（國學論文薈編第二輯子部）	于邕等撰	民國六十五年西元一九七六年	台北市木鐸出版社印行本。	中圖、政大東海、台大成大
莊子內聖外王之道及其八大學說詮證	梁冰枏撰	民國六十六年西元一九七七年	台南友寧出版公司印行本。	中圖、師大成大
莊子的故事一卷	宋　曄	民國六十八年西元一九七九年	台北莊嚴出版社排印本。民國六十九年再版本。	中圖、淡江師大、東海台分、省中
莊子寓言研究一卷	葉程義撰	民國六八年西元一九七九年	台北市義聲出版社排印本。	中圖
莊子正解（附莊子傳）	紀敦詩編	民國六八年西元一九七九年	屏東市撰者印行修訂再版本。	中圖

附：景印排印古寫本目錄（嚴先生藏書）

(一)敦煌卷子鈔本

(1)敦煌秘籍留眞新編

民國三十六年國立臺灣大學景印本

莊子　晉郭象注大宗師篇　　伯希和二五六三號

莊子　晉郭象注外物篇　　伯希和二六八八號

(2)日本昭和七年東方文化學院景印本日本中村不折藏本

莊子天運篇第十四

莊子知北遊篇第二十二

(3)敦煌本郭象注莊子南華眞經輯影寺岡龍含編

日本昭和三十五年福井漢文學會景印本

消遙遊品第一　　伯希和三二〇四號

大宗師品第六	伯希和二五六三號
胠篋品第十	斯坦因七九六號
天道品第十三	斯坦因一六〇三號
天運品第十四	日本中村不折藏
刻意品第十五	伯希和二五〇八號
達生品第十九	斯坦因六一五號
山木品第二十	伯希和二五三一號
田子方品第二十一	羅振玉藏
田子方品第二十一（後部殘簡）	伯希和三七八九號
知北遊品第二十二	日本中村不折藏
徐無鬼品第二十四	伯希和二五〇八號
外物品第二十六	斯坦因第七七號
外物品第二十六（後部殘簡）	伯希和二六八八號

(4)沙州諸子二十六種排印本

昭和四年弘文堂書房排印本

郭象注莊子消遙遊殘卷　伯希和三二〇四號

郭象注莊子大宗師殘卷　伯希和二五六三號

郭象注莊子天運　中村不折

郭象注莊子田子方殘卷　伯希和三七八九號

郭象注莊子知北遊　中村不折

郭象注莊子外物殘卷　伯希和二六八八號

莊子音義　伯希和三六〇二號

列子莊子抄殘卷　伯希和四九八八號

(5)敦煌石室遺書三種

民國十三年羅振玉景印本

南華眞經田子方品殘卷

(二)宋寫本莊子

宋劉敞書南華秋水篇　民國　年上海有正書局景印本

(二)日本莊子圖書版本及現藏處所

書名	作者姓名	著作年代	版本	現藏處所
莊子鬳齋口義訓點十卷	岩維肖	西元一五三〇年	日本寬永六年風月宗知刊本。	嚴先生
頭書莊子口義十卷	熊谷立設	西元　年至一六五五年	寬文五年風月庄左衛門刊本。	嚴先生
眉註日文標點莊子註疏三十三卷	闕名	西元一六五九年萬治四年	萬治四年中野宗左衛門刊本。	嚴先生
莊子口義棧航十卷	小野壹	西元一六六〇年寬文元年	延寶九年山本景正刊本。	嚴先生
莊子口義大成俚諺鈔十九卷	毛利瑚珀	西元一七〇三年元祿一五年	元祿十六年書林舛屋甚兵衛、錢屋庄兵衛刊本。	嚴先生

又一部			大正元年「漢籍國字解全書」再版排印本。	嚴先生
修身奇語田舍莊子十三卷	佚齋雩山	西元一七二七年享保一一年	享保十一年浪華清規堂中尾新助刊本。	嚴先生
繪圖都莊子四卷	信更生	西元一七三三年享保一七年	享保十七年野田彌兵衞開、袋屋十良兵兵衞刊本。	嚴先生
莊子口義愚解二卷	渡邊操	西元一七三九年元文四年	寶曆十二年東都書林植村藤三郎同善兵衞刊本。	嚴先生
校訂郭注莊子十卷	服元喬	西元一七三九年元文四年	元文四年神京書鋪宜風坊中野宗左衞門、東都書鋪錦山房植村藤三郎合刊本。	嚴先生
考訂唐陸德明莊子音義三卷	服元喬	西元一七四一年寬保元年	寬保元年東都書鋪錦山房植村藤三郎刊本。	嚴先生

訓點郭注莊子十卷	千葉玄之	西元一七八三年天明三年	天明三年皇都書舖植村藤右衞門文榮堂書房刊本。	嚴先生
莊子國字辯四卷	南霞主人	西元一七八四年天明四年	天明四年三都書林淺野彌兵衞等刊本。	嚴先生
郭注莊子覆玄十二卷	杜多秀峰	西元一七九二年寬政四年	文化元年皇都書肆植村藤右衞門壬枝軒刊本。	嚴先生
校訂增註莊子因六卷	源暉辰	西元一七九二年寬政四年	寬政四年平安風月庄左衞門大坂泉木八兵衞合刊本。	嚴先生
補義莊子因六卷	秦　鼎	西元一七九六年寬政八年	寬政八年積玉圃柳原喜兵衞刊本。	嚴先生
標註補義莊子因六卷	秦　鼎 東條保	西元一七九六年寬政八年	明治二十三年浪花溫古書屋松村九兵衞刊本。	嚴先生
又一部			民國五十七年台北廣文書局景印本。	嚴先生
莊子雕題一卷	中井積德	西元　　年	鈔本。	嚴先生

		至一八一七年		
莊子神解一卷	葛西質	西元一八二二年文政五年	文政五年上善堂刊本。	嚴先生
莊子集註十卷	巖井文	西元一八二五年文政七年	明治二十六年東京二書房排印本。	嚴先生
莊子瑣說二卷	龜井昱	西元　年至一八三六年	大正九年野田文之助編輯松雪堂書店油印本。	嚴先生
又一部			濱松小書巢內田旭鈔本。	嚴先生
浮世莊子四卷	月亭滿磨（自署酩酊道人）	西元一八五八年安政五年	安政五年福井正寶堂皇都丁子屋源次郎等刊本。	嚴先生
莊子解一卷	昭井全都	西元　年至一八八一年	昭和四年東洋圖書刊行會排印本。	嚴先生
又一部			昭和　年「莊子說」鈔本。	嚴先生

新刊莊子評註十卷	有井範平	西元一八八三年明治一六年	明治十六年東京報告堂大野堯運排印本。	嚴先生
又一部			明治三十四年大阪中川明善堂重印本。	嚴先生
莊子講義二卷	大田才次郎	西元一八九二年明治二五年	明治二十六年東京博文館「支那文學全書」第七、八編再版排印本。	嚴先生
莊子考五卷	岡松辰	西元一九〇七年明治四〇年	明治四十年中野鋏太郎排印本。	嚴先生
莊子新釋三卷	久保得二	西元一九一〇年明治四三年	明治四十三年東京博文館初版排印本。	嚴先生
袖珍莊子新解一卷	岩垂憲德	西元一九一〇年明治四三年	明治四十四年宮下松太郎排印袖珍本。	嚴先生
莊子提要二卷	岩垂憲德	西元一九四三年昭和一八年	昭和十八年東京清水書店排印本。	嚴先生

莊子國字解二卷	牧野謙次郎	西元一九一四年大正三年	大正三年早稻田大學出版部「漢籍國字解全書」第廿八卷排印本。	嚴先生
莊子私纂講義一卷	土屋弘	西元一九一七年大正六年	昭和十年東京明治書院五版排印本。	嚴先生
又一部			大正七年東京丙午出版社排印本。	嚴先生
校訂莊子正文六卷	觀文堂	西元一九一八年大正七年	大正十三年金澤市池善書店排印本。	嚴先生
現代語譯莊子一卷	吉田義成	西元一九二一年大正一〇年	昭和五年東京坂東書院改題「支那哲學大系」排印本。	嚴先生
莊子考一卷	兒島獻吉郎	西元一九二四年大正一三年	昭和十三年東京高等師範國語漢文學會排印本。	嚴先生
莊子一卷	西田長左衞	西元一九二七	昭和二年東京至誠堂「詳	嚴先生

	門	年昭和二年	解全譯漢文叢書」排印本。	
臨濟・莊子一卷	前田利鎌	西元一九二九年昭和四年	昭和四年東京大雄閣排印本。	嚴先生
莊子新釋二卷	坂井喚三	西元一九三〇年昭和五年	昭和五年東京弘道館初版排印本。	嚴先生
又一部			昭和二十七年十二月十版排印本。	嚴先生
莊子選註內篇一卷	福島俊翁	西元一九三二年昭和七年	昭和七年京都彙文堂書店排印本。	嚴先生
莊子選註外篇一卷	福島俊翁	西元一九三八年昭和一三年	昭和十三年京都彙文堂書店排印本。	嚴先生
舊鈔卷子本莊子殘卷校刊記一卷	狩野直喜	西元一九三二年昭和七年	昭和七年東方文化學院排印本。	嚴先生
舊鈔卷子本莊	狩野直喜撰	西元一九三二	昭和七年東京文求堂排印	中研

子殘卷校勘記一卷一册		年昭和七年	本。	
莊子一卷	室伏高信	西元一九三五年昭和一〇年	昭和十年大東出版社排印本。	嚴先生
莊子講話一卷	山口察常	西元一九三六年昭和一一年	昭和十一年東京章華社排印本。	嚴先生
莊子之世界	天野鎮雄	西元一九五三年昭和二八年	「斯文」第八號排印本。	嚴先生
關於莊子天下篇之道術論	天野鎮雄	西元一九六〇年昭和三五年	昭和三十五年「中國之文化與社會」第八輯抽印排印本。	嚴先生
莊子（內篇）	福永光司	西元一九五五年昭和三〇年	昭和三十一年日本東京朝日新聞社排印本。	嚴先生
莊子一卷	福永光司	西元一九六四年昭和三九年	昭和三十九年中央公論社排印本。	嚴先生

又一部			民國五十九年台灣翻印本。	嚴先生
莊子三卷	福永光司	西元一九六六年昭和四一年	昭和四十一年朝日新聞社排印本。	嚴先生
新莊子物語	後藤基巳	西元一九五八年昭和三三年	昭和三十三年東京河出書房新社排印本。	嚴先生
敦煌本郭象注莊子南華眞經輯影一卷	寺岡龍含	西元一九六〇年昭和三五年	昭和三十五年福井漢文學會景印本。	嚴先生
敦煌本郭象注莊子南華眞經校勘記一卷	寺岡龍含	西元一九六一年昭和三六年	昭和三十六年福井漢文學會油印本。	嚴先生
敦煌本郭象注莊子南華眞經研究總論	寺岡龍含	西元一九六六年昭和四一年	昭和四十一年福井漢文學會排印本。	嚴先生

莊子內篇講話一卷	公田連太郎	西元一九六〇年昭和三五年	昭和三十五年東京明德出版社排印本。	嚴先生
莊子外篇講話一卷	公田連太郎	西元一九六一年昭和三六年	昭和三十六年東京明德出版社排印本。	嚴先生
莊子簡抄一卷	水野勝太郎	西元一九六〇年昭和三五年	昭和三十五年日本ジャーナル社排印袖珍本。	嚴先生
現代語譯莊子一卷	原富男	西元一九六二年昭和三七年	昭和三十七年東京春秋社排印本。	嚴先生
城山先生手批本莊子書之研究一卷	倉田貞美 藤原高男	西元一九六三年昭和三八年	昭和三十八年日本香川大學學藝學部漢文學研究室排印本。	嚴先生
莊子物語一卷	諸橋轍次	西元一九六四年昭和三九年	昭和三十九年東京大法輪閣排印本。	嚴先生
莊子的話一卷	近藤康信	西元一九六五年昭和四〇年	昭和四十年名古屋黎明書房排印本。	嚴先生

莊子一卷	岸陽子	西元一九六五年昭和四〇年	昭和四十年東京德間書店排印本。	嚴先生
又一部			昭和四十三年再版排印本。	嚴先生
莊子一卷	阿部吉雄	西元一九六八年昭和四三年	昭和四十三年東京明德出版社排印本。	嚴先生
莊子入門一卷	野末陳平	西元一九六八年昭和四三年	昭和四十三年東京光文社排印本。	嚴先生
莊子	金谷治	西元一九七一年昭和四六年	昭和四十六年東京岩波書店初版排印本。	嚴先生
莊子—逍遙的自由人一卷	林耀川編譯	民國六五年西元一九七六年	民國六十五年台北常春樹書坊排印本。	嚴先生

㈢韓國莊子圖書版本及現藏處所

書名	作者姓名	著作年代	版本	現藏處所
句解南華眞經	崔 岦	西元 年至一五六七年	朝鮮咸興活字排印本（無求備齋藏）。	嚴先生
莊子辨解一卷	韓元震	西元一七一六年李朝肅宗四四年	莊子集成景印本。	嚴先生
讀莊偶拾	車柱環	西元一九五七年壇紀四二九〇年	西元一九五八年七月「震檀學報」第十九卷內。	嚴先生
莊子	李錫浩譯	西元一九七六年	西元一九七七年漢城三省出版社「世界思想全集」老子同卷第八版排印本。	嚴先生
新譯莊子一卷	安東林	西元一九七八年	西元一九七八年漢城玄岩社排印本。	嚴先生

(四)越南莊子圖書版本及現藏處所

書名	作者姓名	著作年代	版本	現藏處所
莊子精華一卷	阮惟懃	民國三四年西元一九四五年	西元一九五六年西貢排印本。	嚴先生
莊子學說	施達志	民國四九年西元一九六〇年	西元一九六〇年「亞洲文化」（Van-Hoa A-Chau）第三、第四各卷內。越南文作：Thi Dat Chidicn:Trang Tu	嚴先生

(五)歐美各國莊子圖書版本及現藏處所(嚴先生藏書)

IN ENGLISH

1889 Giles, Herbert A. (transl.), Chuang Tzŭ. Taoist Philosopher and Chinese Mystic; London: George Allen & Unwin Ltd. 1961 ([1]1889, 2nd revised ed. 1926.)

1906 Giles, Lionel, Musings of a Chinese Mystic. Selections from the Philosophy of Chuang Tzŭ, with an introduction (The Wisdom of the East Series); London: John Murray [5]1947 ([1]1906)
(The extracts are drawn from the translation by Prof. H. A. Giles (Quaritch 1889)

1920 Brown, Brian (ed.), The Wisdom of the Chinese. Their Philosophy in Sayings and Proverbs, preface by Ly Hoi Sang; Philadelphia: David McKay Company [6]1935 ([1]1920)

1939 Waley, Arthur, "Chuang Tzŭ" in Three Ways of Thought in Ancient China; London: George Allen & Unwin Ltd. [3]1953 ([1]1939). p. 15-112

1949 Lin Yutang, "Chuangtse. Mystic and Humorist" in The Wisdom of China; London: Michael Joseph [5]1956 ([1]1949), p. 70-127

... (Four Square Books); London: The New English Library [1]1963; Reprint: T'aipei: Chin-shan t'u-Shu ch'u-pan kung-ssu 金山圖書出版公司 1969, p. 73-143

1956 A Concordance to Chuang Tzŭ 莊子引得; (Harvard-Yenching Institute Sinological Index Series, Supplement no. 20); Cambridge, Mass.: Harvard University Press 1956

1957 Lin, Yutang (transl.), Chuangtse. (English Translations of the Chinese Classics); T'aipei: The World Book Co. 世界書局 1957

1959 Legge, James (transl.), The Texts of Taoism: The Tao Te Ching. The Writings of Chuang-Tzŭ. The Thâi-Shang, Tractate of Actions and Their Retributions, introduction by D. T. Suzuki; New York: The Julian Press 1959

...(title: The Tao Te Ching.
The Writings of Chuang-Tzǔ.
The Thâi-Shang, Tractate of
Actions and Their Retributions)
Reprint: T'aipei: Wen-hsing
shu-tien 文星書店 1963

1963 Ware, James R. (transl.), The
Sayings of Chuang Chou (Mentor
Classic); New York: The New
American Library of World
Literature 1963

... Reprint: T'aipei: Hai-yang
ch'u-pan she 海洋出版社 n.d.

1963 Wu, John C.H., "The Wisdom
of Chuang Tzǔ. A New Ap-
praisal" in International
Philosophical Quarterly, vol
III, 1(1963), p. 5-36

1965 Merton, Thomas, The Way of Chuang Tzu (New Direction Paperback 276); New York: New Directions Publishing Corporation 1969 ([1]1965), Reprint: T'aipei: Fan-mei t'u-shu kung-ssu 汎美圖書公司 1974

1968 Finazzo, Giancarlo, The Notion of Tao 道 in Lao Tzu and Chuang Tzu; T'aipei: Mei Ya Publications, Inc. 美亞圖書公司 1968

1970 Watson, Burton (transl.), The Complete Works of Chuang Tzu (Records of Civilization: Sources and Studies 53); New York and London: Columbia University Press 1970; Reprint: T'aipei: Chin Shan Publishing Company 金山圖書出版有限公司 n.d.

1970 Ware, James R., The Sayings of Chuang Tzu; T'aipei: Confucius Publishing Co.[2]1971 ([1]1970) 文志出版社 (With the Chinese text)

IN GERMAN

1936 Hans O. H. Stange, Tschuang-Tse, Dightung und Weisheit Leipzig: Insel-Verlag 1936

1973 Merton, Thomas, Sinfonie für einen Seevogel und andere Texte des Tschuang-Tse; Düsseldorf: Patmos Verlag 1973 Translated from the English The Way of Chuang Tzü by Johann Hoffmann

IN SPANISH

1967 Elorduy, Carmelo, S.I. (transl.), Chuang-tzu. Literato Filosofoy Mistico Taoista; Manila: East Asian Pastoral Institute 1967

(六)莊子專篇之版本及現藏處所

書名	作者姓名	著作年代	版本	現藏處所
廣成子解	蔡軾	建中靖國元年西元一一〇一年	民國二十七年上海商務印書館景印「百陵學山」本。	嚴先生
又一部			清光緒七年刋「函海」本。	嚴先生
廣成子疏略	王文祿	隆慶六年西元一五七二年	民國二十七年上海商務印書館景印「百陵學山」本。	嚴先生
莊子齊物論篇解	吳峻	乾隆四六年西元一七八一年	「莊子集成初編」景印清道光二十四年世楷堂刋「昭代叢書」本。	嚴先生
莊子逍遙遊篇解	吳峻	乾隆四六年西元一七八一年	「莊子集成初編」景印清道光二十四年世楷堂「昭代叢書」刋本。	嚴先生
莊子天下篇札記	劉翰棻	光緒二四年西元一八九八年	清光緒二十四年「諸子先河」刋本。	嚴先生

莊子天下篇新解及敍意一卷	廖平	光緒三四年西元一九〇八年	民國十年四川存古書局「新訂六譯館叢書」刋本（香港大學馮平山圖書館、無求備齋並藏）。	嚴先生
又一部			「莊子集成初編」景印本。	嚴先生
齊物論釋	章炳麟	民國元年西元一九一二年	民國元年浙江圖書館刋本。	嚴先生
又一部			民國六年浙江圖書館刋「定本」本。	嚴先生
又一部			民國八年上海右文社景印「章氏叢書本」。	嚴先生
又一部			民國四十八年台北藝文印書館景印「定本」本。	嚴先生
齊物論釋注二五卷	繆篆	民國一〇年西元一九二一年	民國十年油印本。	嚴先生

莊子天下篇	劉永濟	民國一四年西元一九二五年	民國十四年上海泰東圖書局「周秦諸子選粹」排印本。	嚴先生
莊子天下篇釋義	梁啓超	民國一五年西元一九二六年	民國二十四年「北強月刊國學專號」排印本。	嚴先生
又一部			民國四十六年台灣中華書局「諸子考釋」排印本。	嚴先生
莊子天下篇疏記	錢基博	民國一五年西元一九二六年	民國十七年上海商務印書館「國學小叢書」初版排印本。	嚴先生
又一部			民國十九年上海商務印書館「萬有文庫」第一集排印本。	嚴先生
又一部			民國五十六年台灣商務印書館台一版排印本。	嚴先生

莊子天下篇釋一卷	方　光	民國一六年西元一九二七年	民國十六年廣東方山山館重校排印本。	嚴先生
莊子天下篇講疏一卷	顧　實	民國一六年西元一九二七年	民國十七年上海商務印書館初版排印本。	嚴先生
又一部			民國六十五年台灣商務印書館台一版景印本。	嚴先生 中圖、文化 省北、台大 逢甲、省中 東吳
莊子天下篇校釋一卷	譚戒甫	民國二一年西元一九三二年	民國二十四年華中日報社排印本。	嚴先生
又一部			民國六十八年台北新文豐出版社景印本。	嚴先生 東吳、中圖 師大
莊子天下篇箋	高　亨	民國二三年西	民國二十三年「北強月刊	嚴先生

證		元一九三四年	」第一卷，第三、第四、第五各期內。	
莊子天下篇之分析	張壽鏞	民國三三年西元一九四四年	民國四十（？）年台灣景印本。	嚴先生
齊物論釋	梁幹喬	民國三六年西元一九四七年	民國五十五年改訂再版排印本。	嚴先生
莊子養生主篇選注	吳秋濱	民國五一年西元一九六二年	民國五十一年中國青年出版社「歷代文選」排印本。	嚴先生
莊子逍遙遊篇註	李永祜	民國五一年西元一九六二年	民國五十一年中國青年出版社「歷代文選」排印本。	嚴先生
莊子齊物論篇本文整理私案	天野鎭雄	西元一九六二年昭和三七年	昭和三十七年「日本中國學會報」第十四期排印本。	嚴先生
莊子逍遙遊篇本文整理私案	天野鎭雄	西元一九六三年昭和三八年	昭和三十八年「東洋學報」第六卷第一號排印本。	嚴先生
莊子駢拇篇本	天野鎭雄	西元一九六八	昭和四十三年「東方學」	嚴先生

文整理私案一卷		年昭和四三年	第三十七號排印本。	
莊子養生主篇本文整理私案	天野鎮雄	西元一九七四年昭和四九年	昭和四十九年「東洋論叢」「宇野哲人白壽祝賀紀念號」排印本。	嚴先生
莊子逍遙觀念之探微	林克強	民國五七年西元一九六八年	西元一九六八年碩士論文打字油印本。	嚴先生
莊子逍遙遊篇研究	陳品卿	民國五九年西元一九七〇年	民國五十九年打字油印本	師大
莊子齊物論斠詁並語譯	陸鐵乘	民國六〇年西元一九七一年	民國六十年自印排印本。	嚴先生
莊子齊物論注商榷	吳淑媛	民國六四年西元一九七五年	民國六十四年碩士論文油印本。	嚴先生

(七)附：楊朱之版本及現藏處所

書名	作者姓名	著作年代	版本	現藏處所
楊朱	于鬯	宣統二年西元一九一〇年	民國五十二年北平中華書局「香草續校書」排印本。	嚴先生
楊子輯語	牧野謙次郎	西元一九一一年明治四四年	大正六年日本早稻田大學出版部「墨子國字解」排印本。	嚴先生
現代語譯楊子	野村岳陽	西元一九二二年大正一一年	大正十一年「支那哲學叢書」排印本。	嚴先生
楊朱考	唐鉞	民國一四年西元一九二五年	民國十四年上海商務印書館「國故新探」排印本。	嚴先生
又一部			民國十六年「國故新探」再版排印本。	嚴先生
又一部			民國五十五年台灣商務印書館「人人文庫」縮印「	嚴先生

			國故新探」本。	
楊朱哲學	顧　實	民國一六年西元一九二七年	民國十七年上海商務印書館「楊墨哲學」排印本。	嚴先生
楊　朱	陳此生	民國一七年西元一九二八年	民國十七年上海商務印書館「國學小叢書」排印本。	嚴先生
又一部			民國十八年「國學小叢書」再版本。	嚴先生
又一部			民國十九年上海商務印書館「萬有文庫」第一集排印本。	嚴先生
楊朱哲學	蔣維喬	民國一九年西元一九三〇年	民國二十年「中華國學院叢書」排印本。	嚴先生
楊朱思想之一考察	豐島睦	西元一九五九年昭和三四年	昭和三十四年廣島文理科大學研究科排印本。	嚴先生

(八)中國老列莊三子同卷之版本及現藏處所

書名	作者姓名	著作年代	版本	現藏處所
老子列子莊子治要一卷	魏徵	貞觀五年西元六三一年	清光緒十一年蔣德鈞刊「群書治要子鈔」本。	嚴先生
又一部			民國八年上海商務印書館「四部叢刊」景印日本尾張國校本。	嚴先生
又一部			民國二十五年上海商務印書館「叢書集成初編」排印本。	嚴先生
又一部			日本昭和十五年宮內省排印本。	嚴先生
又一部			民國四十八年台灣世界書局「世界文庫——四部刊要」排印本。	嚴先生

老子莊子音義	陸德明	西元　年至六三六年	清同治八年湖北崇文書局刊「抱經堂」本。	嚴先生
又一部			民國八年上海商務印書館「四部叢刊」景印「通志堂」本。	嚴先生
又一部			民國十八年上海商務印書館縮印「四部叢刊」本。	嚴先生
又一部			「百部叢書」景印本。	嚴先生
老子莊子列子（錄自「意林」）	馬　總	貞元二年西元七八六年	道藏本	嚴先生
又一部			武英殿本。	嚴先生
又一部			清光緒元年湖北崇文書局刊「子書百家」本。	嚴先生
又一部			民國廿四年上海大東書局	嚴先生

			景印「指海」本。	
又一部			上海涵芬樓景印武英殿聚珍本。	嚴先生
又一部			世界書局景印本。	嚴先生
又一部			上海中華書局據學津本校刊仿宋本。	嚴先生
又一部			民國五十一年藝文印書館景印本。	嚴先生
又一部			台北新興書局景印學津本。	嚴先生
又一部			五洲出版社重印新興版。	嚴先生
又一部			「百部叢書」景印本。	嚴先生
老子列子莊子論五篇	程　俱	西元　年至一一四四年	民國二十三年上海涵芬樓「四部叢刊續編」景印宋鈔本。	嚴先生
又一部			莊子集成初編景印宋鈔本。	嚴先生

列子莊子法語	洪　邁	淳熙一三年西元一一八六年	民國五十二年台灣新興書局景印上海商務印書館排印「說郛」本。	嚴先生
三子鬳齋口義十四卷八册	宋林希逸撰明張四維補註		明萬曆五年何汝成校刋本。	中圖
三子口義十四卷八册	宋林希逸撰明張四維補註		明萬曆甲戌（二年）敬義堂刋本。	中圖
三子口義十四卷八册	宋林希逸撰		明嘉靖乙酉（四年）廣信知府張士鎬刋本。	中圖
鬳齋三子口義十四卷（老子口義二卷莊子口義十卷列子	宋林希逸撰		劉辰翁批點元刋本。	中圖

口義二卷）四冊				
劉須溪先生批註三子六冊（老子二卷列子二卷莊子不分卷）	宋劉辰翁撰		明末葉刊本。	中圖
四子二十三卷（道德眞經二卷　文始眞經三卷　冲靈眞經八卷　南華眞經十卷）八冊	明施堯臣編		明萬曆丁丑（五年）原刊本。	中圖
四子二十三卷	明施堯臣編		明萬曆辛巳（九年）愼德	中圖

十六册			書院覆刊施堯臣本。	
老子道德經解 莊子內篇註	釋德清	嘉靖二五年西元一五四六年	民國六十一年台北縣琉璃經坊景印道山同慶社排本。	嚴先生
又一部			金陵刻經處刊本。	
又一部			民國六十三年再版重印本。	嚴先生
老子列子莊子類纂三卷	明沈　津	隆慶元年西元一五六七年	明隆慶元年含山縣儒學刊「百家類纂」本。	嚴先生
列子莊子類纂	沈　津	隆慶元年西元一五六七年	明隆慶含山縣儒學刊本。	嚴先生
又一部			「老子莊子列子集成」景印本。	嚴先生
老子列子莊子品節二卷	陳　深	萬曆一九年西元一五九一年	明萬曆十九年刊本。	嚴先生

又一部			莊子集成初編景印「諸子品節」本。	嚴先生
四子全書九卷（道德眞經一卷　尹子文始眞經一卷　列子冲虛眞經二卷　莊子南華眞經五卷）八冊	明董逢元編		明萬曆乙未（二十三年）毘陵董氏秋聲閣刋本。	中圖
孫月峰三子評七卷（老子二卷列子一卷莊子南華眞經四	明孫　鑛	西元　年至一六一二年。	明吳興閔氏刋朱墨套印本	中圖

卷）八冊				
莊子列子評（附音義）八卷	孫　鑛	西元　年至一六一二年	明天啓間吳興閔氏刋朱墨套印本。	嚴先生
又一部			列子、莊子集成景印本。	嚴先生
老子莊子翼評點八卷	董懋策	西元　年至一六一三年	清光緒三十二年取斯家塾刋「董氏叢書」本。	嚴先生
又一部			莊子集成續編景印「董氏叢書」本。	嚴先生
評點老子莊子列子	歸有光 文震孟	天啓五年西元一六二五年	老子、列子、莊子集成景印本。	嚴先生
又一部			民國十四年上海會文堂「評點百二十子」石印本。	嚴先生
老子列子莊子目錄詳註四卷	白雲霽	天啓六年西元一六二六年	民國二十二年上海商務印書館景印「四庫全書」本。	嚴先生

老子列子莊子一卷	馬驌	康熙九年西元一六七〇年	清同治七年姑蘇亦西齋刊「繹史」本。	嚴先生
讀老子莊子一卷	傅山	西元　年至一六八四年	清宣統三年山陽丁寶銓太原節署刊本（國立台灣大學圖書館、無求備齋並藏）。	嚴先生
又一部			莊子集成續編景印本。	嚴先生
老子莊子列子彙考四卷	陳夢雷　蔣廷錫	雍正四年西元一七二六年	民國（？）年上海中華書局景印本。	嚴先生
莊子列子述記	任兆麟	乾隆五二年西元一七八七年	清乾隆五十三年遂古堂任氏忠懋家塾刊本（僅存莊子）。	嚴先生
又一部			清光緒十年廖玉湘閒雲精舍刊本。	嚴先生

老子莊子音義考證三卷	盧文弨	乾隆五六年西元一七九一年	清同治八年湖北崇文書局刊「抱經堂」本。	嚴先生
又一部			莊子集成初編景印本。	嚴先生
又一部			民國二十四年上海商務印書館「叢書集成初編」景印「抱經堂」本。	嚴先生
又一部			「百部叢書」景印本。	嚴先生
老子列子莊子古諧音	姚文田	嘉慶九年西元一八〇四年	清道光二十五年歸安姚氏刊「古音諧」本。	嚴先生
老子莊子列子韻讀一卷	江有誥	嘉慶一九年西元一八一四年	莊子集成續編景印本。	嚴先生
又一部			嘉慶庚辰年「先秦韻讀」刊本。	嚴先生

又一部			民國十七年上海中國書店石印「音學十書」本。	嚴先生
讀老子列子莊子叢錄	洪頤煊	道光二年西元一八二二年	清道光二年富文齋刊「讀書叢錄」本。	嚴先生
又一部			莊子集成續編景印本。	嚴先生
老子莊子雜志	王念孫	西元　年至一八三二年	清道光十二年刊「讀書雜志餘編」本。	嚴先生
又一部			莊子集成續編景印本。	嚴先生
又一部			民國五十二年台灣廣文書局景印「讀書雜志餘編」本。	嚴先生
又一部			民國六十一年樂天出版社景印本。	嚴先生

老子列子莊子平議一卷	俞　樾	西元　年至一八〇〇年	民國十一年雙流李氏念劬堂刊本。	嚴先生
又一部			莊子集成續編景印本。	嚴先生
又一部			民國二十三年上海商務印書館「國學基本叢書」排印本。	嚴先生
又一部			民國四十三年北平中華書局重印本。	嚴先生
又一部			民國四十四年台灣世界書局「世界文庫——四部刊要」排印本。	嚴先生
又一部			民國四十九年上海中華書	嚴先生

又一部			局「補編」合裝重印本。	嚴先生
又一部			民國五十七年臺灣商務印書館「國學基本叢書四百種」景印本。	嚴先生
讀老子莊子列子札記	陶鴻慶	西元　年至一八八〇年	民國八年待曉廬排印讀老莊札記本。	嚴先生
又一部			莊子集成續編景印本。	嚴先生
又一部			民國四十八年台灣藝文印書館國學標準典籍景印讀老莊札記本。	嚴先生
又一部			民國四十八年上海中華書局排印讀諸子札記本。	嚴先生
又一部			民國五十一年台灣世界書局景印本。	嚴先主

又一部			民國六十一年台灣藝文印書館景印「讀諸子札記」本。	嚴先生
點勘老子莊子讀本二卷	吳汝綸	光緒一一年西元一八八五年	清宣統元年衍星社排印「桐城吳先生點勘諸子」本。	嚴先生
又一部			莊子集成初編景印本。	嚴先生
又一部			民國五十九年台灣中華書局「中華國學叢書」景印本。	嚴先生
老子莊子列子札迻	孫詒讓	光緒二〇年西元一八九四年	清光緒二十年修正刋「札迻」本。	嚴先生
又一部			老子集成續編景印本。	嚴先生
			莊子集成續編景印本。	
			列子集成續編景印本。	

又一部			民國四十九年藝文印書館景印修正本。	嚴先生
又一部			民國　年上海千頃堂書局石印本。	嚴先生
老子莊子列子文粹五十一章	李寶洤	光緒二三年西元一八九七年	民國六年上海商務印書館排印「諸子文粹」本。	嚴先生
老子校書一卷　莊子三卷　列子一卷	于　鬯	西元　年至一九一一年	民國五十二年排印本。	嚴先生
老子莊子列子菁華錄	張之純	民國七年西元一九一八年	民國七年上海商務印書館排印「評註諸子菁華錄」排印本。	嚴先生
又一部			民國十二年「評註諸子菁華錄」七版排印本。	嚴先生

又一部			老子莊子列子集成景印本。	嚴先生
又一部			民國六十一年台灣宏業書局改題：「張純一選註」翻印本。	嚴先生
老子莊子音義辨證一卷	吳承仕	民國一二年西元一九二三年	民國十二年「經籍舊音辨證」景印本。	嚴先生
又一部			老子集成續編景印本。莊子集成續編景印本。	嚴先生
又一部			民國六十四年京都中文出版社景印本。	嚴先生
莊子年表　列子僞書考一卷	馬敘倫	民國　年	民國十二年「天馬山房叢書」排印本。	嚴先生
道德經考異附「補遺」二卷	羅振玉	民國一二年西元一九二三年	民國十二年「永豐鄉人雜著續編」排印本。	嚴先生
南華眞經殘卷				

校記一卷				
老子莊子列子哲學	王治心	民國一四年西元一九二五年	民國十四年南京宜春閣「道家哲學」排印本。	嚴先生
老子莊子列子治要	張文治	民國一六年西元一九二七年	民國十九年上海文明書局排印本。	嚴先生
又一部			民國四十四年香港文光書局「諸子大綱」再版（新三版）排印本。	嚴先生
譯老子原始一卷莊子考一卷列子冤詞一卷	江俠菴	民國一八年西元一九二九年	民國二十二年上海商務印書館「先秦經籍考」排印本。	嚴先生
又一部			民國六十四年河洛圖書出版社台景印初版。	嚴先生

老子補注一卷 莊子音義繹一卷	丁展成	民國二〇年西元一九三一年	民國二十年排印本。	嚴先生
又一部			莊子集成續編景印本。	嚴先生
老子學辨一卷 老子補注一卷 莊子集解補正一卷	胡懷琛	民國二〇年西元一九三一年	民國二十九年「樸學齋叢書」第一集排印本。	嚴先生
又一部			「老子、莊子集成續編」景印本。	嚴先生
老莊哲學一卷	胡哲敷	民國二二年西元一九三三年	民國二十四年上海中華書局排印本。	嚴先生
又一部			民國五十一年台灣中華書局初版排印本。	嚴先生

又一部			民國五十九年台灣中華書局景印本四版。	嚴先生
闡老二卷　闡莊一卷	陳　柱	民國二四年西元一九三五年	民國二十四年北流陳氏十萬卷樓刊「子二十六論」朱墨印本。	嚴先生
又一部			莊子集成續編景印本。	嚴先生
莊子列子新證一卷	于省吾	民國二五年西元一九三六年	民國二十九年北京大學印刷所「雙劍誃諸子新證」排印本。	嚴先生
又一部			民國四十八年台灣藝文印書館景印「諸子新證」本。	嚴先生
又一部			民國四十八年台灣藝文印書館單行景印本。	嚴先生
又一部			莊子集成續編景印本。	嚴先生
又一部			民國五十一年北平中華書	嚴先生

			局「雙劍誃諸子新證」再版排印本。	
老子列子莊子通考	張心徵	民國二八年西元一九三九年	民國二十八年上海商務印書館排印「僞書通考」本。	嚴先生
又一部			民國五十年上海商務印書館「僞書通考」修改橫行排印本。	嚴先生
又一部			民國五十九年台灣商務印書館台一版景印本。	嚴先生
老莊派自然主義底人生觀稿	項委之	民國三五年西元一九四六年	鈔本景印本。	嚴先生
老子莊子列子	金其源	民國三七年西	民國三十六年上海商務印	嚴先生

管見		元一九四八年	書館排印本。	
又一部			民國四十八年台灣世界書局「世界文庫——四部刋要」單行排印本。	嚴先生
老莊哲學一卷	吳　康	民國四四年西元一九五五年	民國四十四年二月台灣商務印書館「老莊哲學」台初版排印本。	嚴先生
又一部			民國四十七年台三版排印本。	嚴先生
莊老通辨	錢　穆	民國四六年西元一九五七年	民國四十六年香港新亞研究所「莊老通辨」排印本。	嚴先生
老子莊子選註二章	羅根澤	民國四七年西元一九五八年	民國四十七年香港中流出版社排印本。	嚴先生

三民主義與老莊辯證思想一卷	蕭天石	民國五六年西元一九六七年	民國五十六年排印本。	嚴先生
老莊思想與西方哲學一卷	杜善牧著 宋稚青譯	民國五七年西元一九六八年	民國五十七年台灣三民書局排印本。	嚴先生
又一部			民國六十四年光啓社「老莊思想分析」排印本。	嚴先生
禪與老莊	吳怡	民國五九年西元一九七〇年	民國五十九年三民書局排印本。	嚴先生
老莊辨異一卷	盧鳴臯	民國五九年西元一九七〇年	民國五十九年自印排印本。	嚴先生
老莊哲學研究一卷	賴榕祥	民國五九年西元一九七〇年	民國五十九年自印排印本。	嚴先生

(九)日本老莊列三子同卷之版本及現藏處所

書名	作者姓名	著作年代	版本	現藏處所
老子莊子列子一卷	山本泰順（洞雲）	西元一六七五年延寶三年	明治四十三年東京早稻田大學出版部「漢籍國字解全書」排印本。	嚴先生
	毛利瑚珀（貞齋）	西元一七〇三年元祿一五年		
	太田善世（田子龍）	西元一七七三年安永二年		
又一部			昭和二年再版排印。	嚴先生
老子解題一卷 莊子解一卷	中井積德	西元　年至一八一七年	昭和四年東洋圖書刊行會「日本儒林叢書」排印本。	嚴先生
老莊哲學	高瀨武次郎	西元一九〇九年明治四二年	明治四十二年三月東京榊原文盛堂初版排印本。	嚴先生
又一部			明治四十二年五月再版排	嚴先生

和譯老子莊子一卷	田岡佐代治	西元一九一〇年明治四三年	明治四十三年東京玄黃社印本。	嚴先生
老莊畫談一卷	松村介石(文)齋藤松洲(畫)自署「仰山閣主人」	西元一九一一年明治四四年	明治四十四年左元良書房排印本。	嚴先生
增訂老子莊子講義一卷	喰代豹藏	西元一九一四年大正三年	大正三年興文社「少年叢書」增訂排印本。	嚴先生
國譯老子莊子列子一卷	小柳司氣太	西元一九二〇年大正九年	大正九年國民文庫刊行會「國譯漢文大成」「老、莊、列合訂」排印本。	嚴先生
老莊哲學一卷	小柳司氣太	西元一九二七年昭和二年	昭和三年東京甲子社書房排印本。	嚴先生

老莊之思想與道教	小柳司氣太	西元一九四二年昭和一七年	昭和十七年東京森北書店排印本。	嚴先生
從老子到莊子一卷	高須芳次郎	西元一九二六年大正一五年	大正十五年東京新潮社排印本。	嚴先生
老莊漫筆	猪狩史山	西元一九二七年昭和二年	昭和二年九月東京古今書院排印本。	嚴先生
續老莊漫筆	猪狩史山	西元一九二七年昭和二年	昭和二年東京古今書院排印本。	嚴先生
老子與莊子	武內義雄	西元一九三〇年昭和五年	昭和十六年東京岩波書店「學藝叢書」五版排印本。	嚴先生
老子莊子古典讀本一卷	五十澤二郎	西元一九三五年昭和一〇年	昭和十年東京竹村書房排印本。	嚴先生

		年		
列子莊子選釋	川口白浦	西元一九三六年昭和一一年	昭和十一年東京健文社排印本。	嚴先生
老子列子莊子二篇	小林一郎	西元一九三八年昭和一三年	昭和十三年東京平凡社「經書大講」排印本。	嚴先生
老子解義一卷 莊子講義	山田準次郎 那智佐典	西元一九三九年昭和一四年	昭和十四年二松學舍出版部排印本。	嚴先生
老子莊子選	渡邊秀方	西元一九四〇年昭和一五年	昭和十五年東京前野書店「新編經子選」排印本。	嚴先生
又一部			昭和十五年再版排印本。	嚴先生
老子莊子一卷	中國學術研	西元一九四八	昭和二十八年東京昌平堂	嚴先生

	究所	年昭和二三年	六版排印本。	
老莊新選	阿部吉雄	西元一九五一年昭和二六年	昭和二十六年東京學友社排印本。	嚴先生
老子一卷　莊子一卷	阿部吉雄　山本敏夫　市川安司　遠藤哲夫	西元一九六六年昭和四一年	昭和四十一年東京明治書院排印本。	嚴先生
老子莊子一卷	大矢根文次郎	西元一九五三年昭和二八年	昭和二十九年「學燈文庫」七版排印本。	嚴先生
老莊思想	安岡正篤	西元一九五五年昭和三〇年	昭和三十年東京福村書店排印本。	嚴先生

新老子列子物語一卷	稻田孝	西元一九五八年昭和三三年	昭和三十三年河出書房新社排印本。	嚴先生
老莊的世界一卷	金谷治	西元一九五九年昭和三四年	昭和三十四年京都平樂寺書房排印本。	嚴先生
老子列子莊子一卷	金谷治 倉石武四郎 福永光司	西元一九七三年昭和四八年	昭和四十八年東京平凡社排印本。	嚴先生
儒教與老莊一卷	山室三良	西元一九六六年昭和四一年	昭和四十一年東京明德出版社排印本。	嚴先生

(十)韓國老列莊三子同卷之版本及現藏處所

書名	作者姓名	著作年代	版本	現藏處所
老子莊子一卷	李元燮	西元一九七二年	西元一九七二年漢城大洋書籍「中國思想大系」排印本。	嚴先生

二、莊學論文述要

(一)中華民國博士碩士論文目錄

篇名	著者	研究所名	時間
莊子哲學	傅碧瑤	台大哲學研究所	47年
莊子通段文字考	陳介山	文化中文研究所	53年
莊子三十三篇眞僞問題	楊慶儀	台大中文研究所	53年
莊子補述	陳宗敏	台大中文研究所	54年
莊子思想探微	王劍芬	台大哲學研究所	54年
莊子哲學之研究	杜慶滿	輔大哲學研究所	54年
莊子內七篇之研究	許清標	文化哲學研究所	54年
史記老莊申韓列傳疏證	劉本棟	師大國文研究所	55年
莊子內篇思想	莫然	台大哲學研究所	56年
莊子齊物論抉微	徐哲萍	台北市嘉新水泥公司文化	59年

		基金會印行（研究論文第二十六種）	
莊子神行神遇說與中國文學之關係	簡翠貞	師大國文研究所	60年
莊子逍遙觀念之探微	林克強	台北嘉新水泥公司文化基金會印行（研究論文第二一九種）	61年
莊子天下篇疏證	謝朝清	師大國文研究所	61年
莊子宇宙論試探	葉海煙		65年
莊子逍遙思想之研究	黎惟東	文化哲學研究所	68年
老莊哲學中「有」「無」問題之研究	丁原植	輔大哲學研究所	70年

㈡專論莊學之論文

篇名	著譯者	刊（書）名	卷	期	出版日期 年	出版日期 月
莊子大義	王樹枏	中國學報		2	1	
逍遙遊釋敘	張純一	國學編彙		3		
莊子內篇意義淺說	胡樸安	國學編彙		3		
翼莊	金天翮	國學週刊		16-18		
讀莊子	胡韞玉	國學叢選		8	4	
莊子的思想性	羅根澤	文學研究		1	4	
消極革命之老莊	吳虞	新青年	3	2	6	
莊子外雜篇著錄考	顧頡剛	古史辨第一冊			9	
楊朱與莊周二人乎抑一人乎	蔡元培	哲學		4	10	
莊子	朱謙之	古學卮言			11	
莊周	陸懋德	周秦哲學史			12	
莊子一流底全性派	許地山	道教史			12	

論莊子馬蹄篇裏所含的思想	吳榮華	學燈			12	10
逍遙遊向郭義及支遁義探源	陳寅恪	清華學報				
向郭義之莊周與莊子	湯用彤	魏晉玄學論稿				
莊子	林　尹	中國思想史				
莊子哲學之研究	周世釗	國學叢刊	2	1		
莊子原始之一（逍遙論篇本於宋鈃說）	朱謙之	文學		1		
跋宋本呂惠卿莊子義殘卷	傅增湘	北平圖書館館刊	5	2		
校輯呂註莊子義序	陳任中	北平圖書館館刊	7	6		
校道藏本南華眞經注疏跋	王重民	北平圖書館館刊	4	6		
莊子王本集註自序	李大防	安徽大學月刊	1	1		

莊子研究歷程考略	甘蟄仙	東方雜誌	21	11	13	
莊子學說蠡測	趙餘勳	學燈			13	2
莊子	趙蘭坪	中國哲學史上卷			14	
論莊子眞僞書	錢玄同	古史辨第一册			14	
答錢玄同論莊子眞僞書	顧頡剛	古史辨第一册			14	
莊子	劉侃元譯	中國哲學史概論			15	
莊子的人生觀	李石岑	人生哲學上卷			15	
南華道體觀闡隱	屠孝實	國故論叢十三集			15	
莊子	呂思勉	經子解題			15	
莊子	顧　實	中國文學史大綱			15	
莊子考略	姚永樸	諸子考略			17	
有關莊子的一些歷史資料	江世榮	文史第一輯				
莊子中的古史	方書林	中山大學語言歷史研究所週刊二十二			17	
莊子音義引書考略	嚴靈峯	大陸雜誌				

莊子瑣記（在三餘札記中）	劉文典	商務印書館刋			17	
莊周	劉汝霖	周秦諸子考			18	
莊子	鍾　泰	中國哲學史			18	
楊朱爲戰國時人楊朱不卽是莊周考	黃文弼	哲學月刋	2	1	18	
莊子闕誤	重　□	學文第一期			19	
莊周傳	丁儒侯	無錫國專校友會集刋			19	
莊子哲學	施　章	國立中央大學半月刋	1	9	19	3
由新興文學之立場評判莊子文學之價值	施　章	中央大學半月刋	1	10	19	
莊子校證	楊明照	燕京學報		21		
倫敦博物舘敦煌莊子殘卷斠補	王叔岷	傅故校長斯年先生紀念文集				
藝術家的莊子	熊廷柱	中央大學半月刋	1	10	19	3
釋莊的我見	胡遠濬	中央大學半月刋	1	16	19	6

讀莊初論	黃仲琴	嶺南學報	2	1	20	
讀莊再論	黃仲琴	嶺南學報	2	2	20	
莊子的教育思潮	王一鴻	中國古代教育思潮			20	
莊子的政治思想	陳安仁	中國政治思想史大綱			21	
郭象莊子注是否竊自向秀檢討	楊明興	燕京學報		28	21	
歷代莊子研究述評	張默生	山東八中校刊		1	21	
讀莊偶記	鍾鍾山	之江學報	1	1—4	21	
莊子		中國哲學小史			22	
莊子考	陳清泉	諸子百家考			22	
讀莊探驪	鄧崇禮	北平晨報藝圃			22	
莊子與孟子學術同源及著書之大概考	朱文熊	莊子新義			22	
介紹王夫之的莊子通	王孝魚					
莊子考證	王先進	勵學		1	22	

莊子	陳元德	中國古代哲學史			23	
莊子內篇	胡　適	中國文學史選例			23	
向秀和郭象莊子注的異同	容肇祖	魏晉的自然主義			23	
莊子通釋	高　爕	國學叢選第五集、第九集十三—十四期				
逍遙遊解	伍劍禪	歸納雜誌		1		
莊子逍遙遊篇新義	朱文熊	無錫國專校友會集刋第一集				
齊物論解	伍劍禪	歸納雜誌		2		
齊物論通恉	馬爕荃	無錫國專校友會集刋第一集				
莊生「鯤化爲鵬」說旁證	李行之	涇濤		7		
莊子天下篇箋證	高　亨	北強月刋	1	3—5		
莊子天下篇校釋序	劉永濟	國風半月刋	6	3—4		

闡莊上下篇	陳　柱	國學論衡	3			
莊子之動變說的解說	陳汝虁	學風	5	3	24	
郭象莊子注中之自然觀	錢　穆	學原	2	5		
莊子的學說	黃素封	譯約翰生中國煉丹術考				
莊子考	王學易	勵學		3	24	
莊學小識	劉斯南	國專月刋	2	2	24	
郭子翼莊偶釋	張其淦	學術世界	1	2	24	
莊子研究	門啓明	哲學評論	6	2-3	24	
莊子天下篇的作者問題	孫道昇	正風半月刋		16	24	
莊子事蹟考	王文奇	河南政治月刋	5	4	24	
鎌倉本莊子天下篇	孫道昇	大公報史地週刋		37	24	5
莊子齊物論「兩行」一名之研究	朱進之	新民月刋	1	3	24	7

莊子哲學概觀	翁琴崖	仁愛月刊	1	4	24	8
莊子哲學	羅根澤	哲學評論	3	2		
莊子哲學管窺	胡國詮	朝華月刊	1	2		
莊子的形而上學的理論的根據	丘	鞭策週刊	1	13		
莊周哲學之辯證觀	剪伯贊	中山文化教育舘季刊	2	4	24	
莊子文章之技術	魯默生	宇宙	4	1		
評莊子天下篇校釋	楊樹達	清華學報	11	10	25	
莊子天下篇惠施十事解	黃方剛	國立四川大學季刊		1		
誰是齊物論之作者	傅斯年	史語所集刊	6	4	25	
莊子的生平	黃素封譯	中國煉丹術考			25	
莊子槪論	周　逸	船山學報		13	26	
沒落封建主義統治學說—莊周的出世主義	呂振羽	在中國政治思想史內			26	
莊周及其後學	汪馥泉譯	中國哲學思想史			28	

莊子對老子哲學的歪曲—相對主義的唯心論	向林冰	在中國哲學史綱要內			28	
駁胡適先生曲解莊子生物進化與其次殖民地之哲學思想	譚凱光	國民大學校刊		4	28	
讀莊子偶記	兪士鎭	古學彙刊			29	
莊子	金公亮	中國哲學史			29	
莊學	謝扶雅	中國政治思想史綱			31	
莊子內篇大旨	張壽鏞	諸子大綱			33	
莊子天下篇之分析	張壽鏞	諸子大綱			33	
莊子的概念遊戲論		中國古代思想學說史			33	
莊子三十三篇本成立之時代	王利器	眞理雜誌	1	3	33	
莊子考	武內義雄 王古魯譯	圖書館學季刊	4	2		

讀莊子札記	陶鴻慶	國學叢刊二卷三號	2			
讀莊子劄記二則	毛乘雲	讀書月刊一卷八號	1			
讀莊子天下篇	姚錫鈞	國學叢選第一、二集				
		合刊				
莊子天下篇之管見	周聞章	文學叢刊第一集				
胠篋篇書後	柳　禪	廈門週刊	13	14		
申郭象注莊子不盜向秀義	劉盼遂	文字同盟		10		
由經典釋文試探莊子古本	壽普暄	清華學報				
郭象之哲學		哲學評論				
莊子的教育思想	楊瑞才	教育新潮	3	4		
莊子考辨	蔣復璁	圖書館學季刊	2	1		
莊子逍遙遊釋義	夏　適	中央日報7版			35	7
莊子的原來篇目	楊憲益	中央日報12版			36	1

論郭象莊子	王叔岷	中央日報9版			36	7
今本莊子郭象序非子玄所作考	王利器	圖書季刊	8	3—4	36	
莊子向郭注異同考	王叔岷	中央圖書館館刊	1	4	36	
莊注疑案的究明		中國思想通史第三冊				
莊子引得序	齊思和				36	
莊子書考	蔣建侯	諸子通考			36	
莊子的批判		十批判書			37	
莊子天學論	李源澄	學原	2	3	37	
莊子通論（上）	王叔岷	學原	1	9	37	1
莊子通論（下）	王叔岷	學原	1	10	37	2
莊子著作之分期及其師承	李衍隆	新中華	6	5	37	3

莊子內篇義記	羅時憲	文風學報	2	3	37	5
莊子校釋後記	王叔岷	史語所集刊			37	12
莊子	杜國庠	先秦諸子思想概要			38	
莊子及其政治哲學	陳啓天	中國政治哲學概論			40	
莊子	錢　穆	中國思想史			41	
莊子與中庸	錢　穆	當代青年	4	5	41	7
中國道家思想的大宗師—莊周	錢　穆	民主評論	4	10	42	5
莊周	錢　穆	國史上的偉大人物			42	
第一才子莊周	王世昭	中國文人新論			42	
莊子的思想		中國古代思想史			43	
莊子	張深切	孔子哲學評論			43	
赤裸裸的人生—莊子別解	孫慕稼	人生	7	1	43	1
莊子外雜篇言性義	錢　穆	莊老通辨			44	

莊子	唐玉貞譯	中國哲學史			44	
試論「恢詭譎怪道通爲一」	李　杜	新亞校刊		7	44	
蝴蝶和莊周	余思牧	國學新話			45	
莊周	胡秋原	古代中國文化與中國、智識份子			45	
莊子生平及其著作	梁容若	國語日報		255	45	
養生主一篇	鍾露昇	國語日報		255	45	
秋水篇一篇	傅世銘	國語日報		258	45	
秋水篇的翻譯	梁容若	國語日報		258	45	
莊子之懷疑思想	吳　康	文史哲學報			45	4
逍遙遊微義辨	羅聯絡	大陸雜誌	13	5	45	9
養生主微義辨	羅聯絡	大陸雜誌	14	2	46	1
莊子外雜篇言性義	錢　穆	東方學報	1	1	46	1

齊物論微義辨	羅聯絡	大陸雜誌	14	6	46	3
莊子秋水篇「人卒九州」注疏商榷	劉光義	大陸雜誌	14	8	46	4
莊子的思想		文史哲學報		8	46	
莊子關於道與氣的學說					46	
莊子思想之研究	陳學霖	聯大文學創刊號				
莊子的主觀唯心主義		中國思想通史			46	
齊物論今譯	高元白	人文雜誌第一號			46	
天下篇	鍾露昇	國語日報		290	46	
向郭義之莊周與莊子	湯用彤	魏晉玄學論稿			46	
老子思想的轉變—莊子		中國哲學史論文集			46	
逍遙遊一篇	鍾露昇	國語日報		281	46	
莊子	嵇文甫	春秋戰國思想史話			47	
莊子校釋補錄	王叔岷	文史哲學報	8		47	7
莊子風格漫譚	鄭萼芊	華國	2		47	9

禪宗三關與莊子	巴壺天	中國哲學史論集		3	47	9
齊物論一篇	鍾露昇	國語日報		321	47	
莊子	黎　嬰	中國古代大思想家			47	
「別宥」、「去宥」與「別囿」	黃寶實	大陸雜誌	17	9	47	11
莊子天與道	杜而未	恆毅	8	8	48	3
談莊子	戴天強	恆毅	8	11	48	6
莊子之生死觀	周紹賢	建設	8	4	48	9
莊子齊物論之探原思辨	黎正甫	自由太平洋	3	9	48	9
莊子思想與教育	梁宜生	反攻		213	48	12
莊子思想	黨晴梵	在先秦思想史論略內			48	
莊子傳箋證	嵇　哲	諸子傳箋證			48	
道家—莊子	王玉哲	中國上古史綱			48	
淮南子和莊子	王叔岷	清華學報	2	1	49	
莊子齊物論作者辨	吳　康	錫園哲學文集			49	

莊子思想的中心理論	陳安仁	歷史專題研究論叢			49	
莊子哲學批判		哲學研究		7—8	49	
陸德明莊子音義引書考略（上）	嚴靈峯	大陸雜誌	20	5	49	3
（下）	嚴靈峯	大陸雜誌	20	6	49	3
莊子之道德境界	周紹賢	建設	8	10	49	3
莊子與儒家的關係	黎正甫	自由太平洋	4	5	49	5
莊子的自然主義	曹國霖	建設	9	2	49	7
莊子新論	褚柏思	自由太平洋	4	8	49	8
莊子秋水篇錯簡與異文之研究	嚴靈峯	人生	20	9	49	9
莊子逍遙篇錯簡與異文之研究	嚴靈峯	民主評論	11	14	49	7
莊子與儒家的關係	黎正甫	人生	20	9	49	9
莊子哲學淺說	淦釗	自由太平洋	4	10	49	10

從「養生主」看莊子	梁宜生	人生	20	10	49	10
莊子之性命觀	周紹賢	人生	21	3	49	12
莊子天下篇作者及其評莊老優劣	王昌祉	大陸雜誌	21	12	49	12
莊子與長生	錢穆	人生	21	3	49	12
向、郭之注莊（上）	牟宗三	民主評論	12	5	50	3
向、郭之注莊（下）	牟宗三	民主評論	12	7	50	4
擬莊子逍遙遊	周紹賢	建設	9	11	50	4
莊子思想中的策略意識	謝延庚	革命思想	10	5	50	5
莊子的祈嚮精神自由王國的人性論（上）	徐復觀	民主評論	12	9	50	5
莊子的祈嚮精神自由王國的人性論（下）	徐復觀	民主評論	12	10	50	5
莊子的生活啓示了甚麼	林章新	大學生活	7	3	50	6
莊子的人生觀念	張振東	現代學人		3	50	11

莊子齊物論篇之改訂	嚴靈峯	人生	23	2	50	12
莊子哲學思想的幾個問題		莊子哲學討論集			50	
莊子學說要點及其得失	何日中	自由太平洋		57	50	
莊子哲學相對主義的實質		莊子哲學討論集			50	
莊子的神秘主義	王昌祉	在諸子的我見內			50	
論莊子		中國哲學史論文集			50	
再論莊子		中國哲學史論文二集			50	
三論莊子		中國哲學史論文二集			50	
莊子探源	近人	莊子哲學討論集			50	
莊子探源之二		莊子哲學討論集			50	
莊子探源之三		莊子哲學討論集			50	
莊子探源補記		莊子哲學討論集			50	
王夫之的莊子通	近人	莊子哲學討論集			50	
莊子思想探微		哲學研究		2	50	
莊子齊物論述意	王昌祉	在諸子的我見內			50	

莊子庚桑楚篇一解		莊子哲學討論集			50	
莊子內篇是西漢初人的著作嗎		哲學研究		5	50	
莊子外篇初探	近人	莊子哲學論文集			50	
莊子研究	顧丞	國學研究子部			50	
莊子齊物論篇之改訂與校釋(一)	嚴靈峯	大陸雜誌	24	3	51	2
莊子齊物論篇之改訂與校釋(二)			24	4	51	2
莊子齊物論篇之改訂與校釋(三)			24	5	51	3
莊子齊物論篇之改訂與校釋(四)			24	6	51	3
莊子齊物論篇之改訂與校			24	7	51	4

釋(五)						
莊子齊物論篇之改訂與校釋(六)			24	8	51	4
莊子哲學思路的所本	杜而未	新譯聲	7	42	51	7
莊子天下篇研究導論(上)	唐亦男	人生	24	6	51	8
莊子天下篇研究導論(下)			24	7	51	8
莊子天下篇試譯	徐照	中美月刊	7	12	51	12
莊子無爲試解	陸欽	日本中國學會報第十五集著錄			51	
對莊子「秋水」的幾點理解	陸欽	日本中國學會報第十五集著錄			51	
也談「秋水」	莊印	日本中國學會報第十五集著錄			51	
莊子解故	章絳	國粹學報	5	2—12		
莊子的經濟觀點	周寄窗	中國經濟思想史			51	

莊子哲學史料		中國哲學史料初稿			51	
讀莊子秋水篇	何覺	知用學社四十週年紀念集			51	
莊子否定形驅之理論	勞思光	大學生活	8	12	52	
莊子論認知	勞思光	大學生活	8	14	52	
莊子的兩則寓言	周振甫	日本中國學會報第十六集著錄			52	
莊子內篇研究	唐亦男	國家長期發展委員會年報著錄			52	
莊子義繹例略	何敬羣	珠海校刊十七週年校慶紀念特刊				
莊子筆下的孔子	黃錦鋐	孔孟月刊	1	11	52	
試論莊子內篇散文的藝術特徵	鄒雲鶴	江漢學報		2	52	
論莊子天下篇非莊周自作	嚴靈峯	大陸雜誌	26	1	52	1

（上）						
論莊子天下篇非莊周自作（中）	嚴靈峯	大陸雜誌	26	2	52	1
論莊子天下篇非莊周自作（下）	嚴靈峯	大陸雜誌	26	3	52	2
齊物論釋題	趙逸文	中國一周	695		52	8
莊子之養生論	周紹賢	建設	12	8	53	1
讀莊子札記—逍遙遊第一	何敬羣	人生	27	9	53	3
讀莊子札記之三——莊子齊物論（上）	何敬羣	人生	27	10	53	4
讀莊子札記之三——莊子齊物論（下）	何敬羣	人生	27	11	53	4
讀莊子札記之四——莊子養生主	何敬羣	人生	28	1	53	5
讀莊子札記之五——莊子	何敬羣	人生	28	3	53	6

人間世						
讀莊子札記之七——莊子大宗師（上）	何敬羣	人生	28	4	53	7
讀莊子札記之七——莊子大宗師（下）	何敬羣	人生	28	5	53	8
莊子哲學初論	梁瑞明	文史學報	1		53	7
讀莊子札記之八——莊子應帝王	何敬羣	人生	28	5	53	8
天地天道天運（莊子外篇義繹之一）	何敬羣	人生	28	8	53	9
莊子外篇義繹之二——知北遊	何敬羣	人生	28	9	53	9
莊子蝴蝶夢	陳鼓應	徵信新聞報五版			53	10
莊子之中心思想	毛鵬荃	諸子十家平議述要			53	
對訾議莊子之平議	毛鵬荃	諸子十家平議述要			53	

對莊子之訾議	毛鵬荃	諸子十家平議述要			53	
由莊子天下篇窺察中國古代哲學發展的趨勢	梅貽寶	清華學報	4	2	53	
莊子——古中國的實存主義	洪順隆	思想與時代		124—125	53	
超塵不羈的才士——莊子	張起鈞 吳怡	中國哲學史話			53	
莊子秋水篇義繹	何敬羣	珠海校刊十四屆畢業特刊			53	
莊子鯤鵬寓言的意義之展視	陳鼓應	徵信新聞報五版			53	12
莊子思想要略	楊慶儀	大陸雜誌	29	12	53	12
莊子雜篇義繹之一——庚桑楚	何敬羣	人生	29	2	53	12
莊子雜篇義繹之二——徐无鬼	何敬羣	人生	29	3	53	12

莊子雜篇義繹之三——外物	何敬羣	人生	29	5	54	1
莊子年里考	蘇新鋈	南大中文學報	3		54	2
莊子思想的探討	吳　怡	思與言	2	6	54	3
莊子卅三篇本成立之時代	夏　靳	大陸雜誌	30	11	54	6
莊子義繹引言	何敬羣	文史學報	2		54	7
莊子駢拇、馬蹄、胠篋、在宥四篇錯簡之校定（上）	嚴靈峯	中華雜誌	3	8	54	8
莊子駢拇、馬蹄、胠篋、在宥四篇錯簡之校定（下）			3	9	54	9
莊子之學和錢穆的莊子纂箋	陳重文		7		54	12
論莊學中之兩行	霍韜晦	人生	30	8	54	12
莊子內七篇札記	陳宗敏	大陸雜誌	31	11	54	12
莊子的天道觀	盧冠卿	中文學會會刊			54	

章氏莊子解故訂	向　夏	南大中文學報		3	54	
就蝴蝶夢論物之究竟	林　夏	新天地	5	1	55	
莊子秋水篇讀後	辛意雲	思想與時代		141	55	4
評老列莊三子知見書目	梁容若	人生	30	12	55	5
莊子生死觀念的剖析（上）	劉光義	大陸雜誌	33	1	55	7
莊子生死觀念的剖析（下）	劉光義	大陸雜誌	33	2	55	7
讀「莊子」筆記	梁平居	文史學報		3	55	
從莊子內篇觀察莊子思想之體系	嵇　哲	中文學會學報	7		55	8
古代中國的存在主義	陳冠學譯	出版月刊	19		55	12
老莊思想中的天主	韓凌霄	自由太平洋	11.9		55	12
釋莊子天下篇惠施及辯者之言	勞　榦	華岡學報	3		55	12
史記莊子列傳疏證	劉本棟	幼獅學誌	5	2	55	12
莊子逍遙遊篇旨趣淺述	陳宗敏	國魂		225	56	2

莊子駢拇篇札記	陳宗敏	大陸雜誌	34	4	56	2
莊學的靈魂——秋水篇	胡文興	新天地	5	12	56	2
莊子的智慧：一個新估價	吳經熊	現代學苑	4	3	56	3
莊子「於」字用法探究（一）	王仁鈞	大陸雜誌	34	8	56	4
莊子「於」字用法探究（二）			34	9	56	5
莊子「於」字用法探究（三）			34	10	56	5
莊子「於」字用法探究（四）			34	11	56	6
莊子混成觀釋義	陳重文	出版月刊		24	56	6
論莊子的道樞	黔叟	學園	2	11	56	7
莊子「齊物論」平等思想的眞諦	梁尙忠	國魂	265		56	12

王船山的莊子通研究（一）	陳重文	國魂	267		57	2
王船山的莊子通研究（二）			268		57	3
從「蝴蝶夢」窺莊子哲學	趙玲玲	哲學年報	1		57	3
莊子天下篇所述惠施與當時辯者思想之疏解	唐亦男	成功大學學報		3	57	5
莊子平話	諸橋轍次	新覺生	6	8	57	8
莊子之逃避政治思想	汪大華	東方雜誌	2	3	57	9
老莊思想之比較	張成秋	中國世紀	132		57	10
莊子「焉」字用法探究	王仁鈞	淡江學報	7		57	11
莊子解點校——逍遙遊	陳重文	國魂		277	57	12
魏晉之莊學	黃錦鋐	懷德第三十九號			57	
莊子注的作者問題	張　亨	許詩英先生祝壽論文集			57	
爲郭象辨誣	嚴靈峯	中央日報副刊			57	
記魏晉玄學三宗	錢　穆					

向郭注莊	周紹賢					
抄襲和編纂	一　波	中央日報副刊				
向郭注莊比照與向郭注莊解析	何啓民				57	
莊子	陳冠學譯	三民文庫			58	
莊子思想發微	簡博賢	學粹	11	6	58	10
莊子思想的重心——道	蔡明田	中山學術文化集刊	4		58	11
莊子明道過程之剖視	婁良樂	同右	4		58	11
莊子「相」字用法探究	王仁鈞	淡江學報	8		58	11
莊子逍遙遊思想之研究	陳品卿	慶祝林景伊先生六秩誕辰論文集			58	12
莊子對言之表現方式的思想基礎	黃柱華	現代文學	8		58	12
莊子的智慧	吳經熊	國魂		289	58	12
莊子傳略	嵇　哲	先秦諸子學第十章第			59	

		一節				
關於莊子向秀注及郭象注	黃錦鋐	淡江學報		9	59	
莊子平話（正）	李君奭	新覺生月刊	8	1-2	59	2
莊子平話（續完）	李君奭譯	新覺生月刊	8	3	59	3
宋地蒙人「莊子」傳略考	王保德	中原文獻	2	5	59	5
莊子疑義辨證	李勉	成大學報		5	59	5
莊子及其哲學	韋政通	現代學苑	7	5	59	5
莊子識疑	陳啓天	東方雜誌	3	12	59	6
莊子釋疑	陳啓天	新中國評論	38	6	59	6
我敬莊周	陳銘芳	禾風		38	59	6
釋莊子詭辭「大仁不仁」與「至親無仁」	王煜	中國學人		2	59	9
莊子的宇宙觀	龔樂群	恆毅	20	6	60	1
莊子的人生觀	龔樂群	恆毅	20	9	60	4
莊子天下篇之研判	張成秋	中華文化復興月刊	4	4	60	4

讀莊子天下篇	戴君仁	大陸雜誌	42	10	60	5
莊子考證	周紹賢	愛智學刊		2	60	5
莊子「心」觀念淺釋	安樂哲	大陸雜誌	42	10	60	5
莊子天下篇的作者問題	嚴靈峯	中華文化復興月刊	4	6	60	6
莊子的知識論	龔樂群	恆毅	21	1	60	8
莊子對中國文藝的影響	崔垂言	新文藝		186	60	9
莊子「道」的意義之解析	陳鼓應	大陸雜誌	43	3	60	9
齊物論的理論結構之開展	陳鼓應	大陸雜誌	43	4	60	10
莊子哲學的四大本義	鐘泰	國魂		313	60	12
莊子「人間世」所含蘊的處世哲學	顏崑陽	今日中國		9	61	1
莊子齊物論之管窺	馬融	恆毅	21	6	61	1
莊子的南華經	松雲	人民團體		108	61	1

莊子認識系統的特色	陳鼓應	大陸雜誌	44	1	61	1
試析莊子思想中的實體與現象	安樂哲	大陸雜誌	44	1	61	1
再論「天下篇」非莊周自作	嚴靈峯	大陸雜誌	45	5	61	1
關於莊子及莊子書	黃錦鋐	文史季刊	3	1	61	1
莊子山木篇「生長」釋文疏義兼駁俞樾	張以仁	中華文化復興月刊	5	1	61	1
莊子的人生論	李康洙	研究生		1	61	6
莊子書中的夫子曰	戴君仁	圖書季刊	3	1	61	7
齊物論之明天地一指與萬物一馬	王煜	中國學人		4	61	7
試論莊子的動靜觀	菊韻	今日中國		16	61	8
莊子道德論	龔樂群	恆毅	22	3	61	10
莊子的道德論（續）	龔樂群	恆毅	22	4	61	11

莊子的道德論（續）	龔樂群	恆毅	22	5	61	12
莊子學說詮證	李　勉	中國國學		1	61	12
莊學管窺	王叔岷	南洋大學學報（一）		6	61	12
逍遙遊的開放心靈與價值重估	陳鼓應	大陸雜誌	44	5	61	12
莊子逍遙境界的誤解	吳　怡	文藝復興		37	62	1
莊子逍遙遊的工夫（上）	吳　怡	國魂		327	62	2
莊子逍遙遊的工夫（下）	吳　怡	國魂		328	62	3
從逍遙遊一文看莊子逍遙的境界與工夫	吳　怡	文藝復興		39	62	3
釋莊子的「不」與「弗」	黃錦鋐	淡江學報文學部門		11	62	3
莊子「自」字用法探究	王仁鈞	淡江學報文學部門		11	62	3
莊子思想的精神——體現眞我	吳　怡	中華文化復興月刊	6	4	62	4
莊子學術之體系	陸鐵乘	國文學報		2	62	4

莊子的思想體系	王昌祉	國魂		330	62	5
談莊子對生死的看法	姜鎭邦	台肥月刊	14	5	62	5
莊子天下篇之疏解（上）	唐亦男	成大學報人文篇	8		62	6
莊子的思想學說及其處世態度	雨　林	藝文志	93		62	6
莊子理想中的純粹藝術化人物的實現與大美至巧至適至樂的藝術效果	鄭捷順	內明	15		62	6
齊物論的天府與葆光	王　煜	中國學人	5		62	7
莊子內篇逍遙篇第一詮釋	史次耘	人文學報	3		62	12
莊子天下篇淺說	陳啓天	東方雜誌	7	6	62	12
莊子論道之超越性與實現性	王　煜	香港中文大學中國文化研究所學報	6	1	62	12
無求備齋莊子集成續編自	嚴靈峯	中華文化復興月刊	7	1	63	1

序						
莊子學述	胡自逢	中華學苑	13		63	3
莊子「何」字用法探究	王仁鈞	淡江學報文學與商學部	12		63	3
莊子天下篇之疏解（中）	唐亦男	成大學報			63	6
莊子思想之研究	吳豐年	師大國文系研究所集刊	18		63	6
從莊子的「鵝」談起	江　漢	藝文誌	108		63	9
莊子寓言研究	成源發	台北師專學報	3		63	12
莊子內篇之系統探討	簡翠貞	新竹師專學報	1		63	12
莊子之文學	黃錦鋐	淡江學報	13		64	1
莊子「謂」字用法探究	王仁鈞	淡江學報		13	64	1
莊子秋水篇闡釋	陳鼓應	大陸雜誌	50	2	64	2
莊子天下篇之疏解（下）	唐亦男	成大學報		10	64	5
莊子自然主義之純全性	顏崑陽	學粹	17	2	64	6

莊子述解	潘栢世	鵝湖	1		64	8
「庖丁解牛」所示之養生義	萬金川	鵝湖	1	5	64	11
莊子齊物論述解（上、中、下）	潘栢世	鵝湖	1		65	2-4
莊子內七篇貫解	陳宗賢	高雄工專學報		5	65	4
莊周卽楊朱定論	陳冠學	大學雜誌		96	65	5
莊子假借文字考	中三A	東吳中文系系刊		2	65	6
莊子自然主義之研究	顏崑陽	師大研究所集刊		20	65	6
莊子思想的精神和理想	吳怡	東海學報		17	65	6
莊子一書中幾個值得商榷的問題	萬育才	弘光護專學報	4		65	6
淺釋莊子思想	徐公超	文壇		194	65	8
從逍遙遊與齊物論看莊子生命哲學系統	張尚德	鵝湖	2	3	65	9

從逍遙遊探討莊子哲學的主題	林鎮國	鵝湖	2	5	65	11
莊子思想的批評與檢討	吳　怡	華岡哲聲		2	66	5
淺說南華經中的「无无」	韋日春	中華國學		6	66	6
王先謙莊子集解義例	賴仁宇	師大研究所集刋		21	66	6
莊子內篇人間世第四詮釋	史次耘	人文學報（輔大）		6	66	6
莊子內外篇寓名鑿解	金嘉錫	國立編譯館館刋	6	1	66	6
莊子法律思想淺論	廖正豪	華岡法粹		9	66	6
莊子哲學的生命精神（上）	王邦雄	鵝湖	3	6	66	12
剖析莊子養生主首段的幾個問題	曾昭旭	鵝湖	3	7	67	1
莊子哲學的生命精神（下）	王邦雄	鵝湖	3	7	67	1
莊子形而上世界的描述與圓教系統的完成	林鎮國	鵝湖	3	7	67	1

齊物論研究——莊子形上思維的進路與形態	袁保新	鵝湖	3	7	67	1
莊子養生主理論過程之探討	陳文章	鵝湖	3	7	67	1
莊子其人其書及其生命精神	王邦雄	華岡哲聲		3	67	1
蝴蝶夢與科學	葛衣夏	仙人掌雜誌		10	67	1
逍遙遊與齊物論釋義	羅聯絡	中國國學		6	67	4
莊子論人生的妙旨探微	許崇禹	道教文化	1	8	67	4
莊子的語言哲學及其表意方式	林鎮國	幼獅月刋	47	5	67	5
莊子雜篇寓名釐解	金嘉錫	國立編譯館館刋	7	1	67	6
莊子轉俗成眞之理論結構	林鎮國	師大國文研究所集刋		22	67	6
莊子思想與般若學比較研究	顏崑陽	中山學術文化集刋		21	67	7

莊子概說	王則璐	夏聲		164	67	7
莊子的生死觀——善其生者善其死，死生無變於己	孫寶琛	哲學與文化	5	8	67	8
莊子逍遙遊譯註	潘栢世	鵝湖	4	2	67	8
「莊周即楊朱」？	祝澧蘭	東方雜誌	12	2	67	8
大小之辯與生命的境界層次——莊子逍遙遊試探	陳文章	鵝湖	4	2	67	8
莊子自然主義的文學理論	徐麗霞	哲學與文化	5	9	67	9
莊子哲學中的「我」	黃維潤	哲學與文化	5	9	67	9
莊子對文學藝術之影響	杜祖亮	中華文化復興月刊	11	11	67	11
從齊字看莊子	金嘉錫	國立編譯館館刊	7	2	67	12
莊子學說素描	董潔文	文史學報		14.	68	5
莊子哲學的修養論	黃公偉講	道教文化	2	4	68	5
莊子的修養論	嚴靈峯	中華文化復興月刊	12	6	68	6

莊子內篇德充符第五詮釋	史次耘	輔仁學誌（文學院之部）		8	68	6
莊子哲學系統探微	黃公偉	道教文化	2	5	68	7
莊列子「種有幾」章的新解	莊萬壽	大陸雜誌	59	2	68	8
莊子言道言氣對宋明儒理氣說的影響	陳忠成	孔孟月刊	18	3	68	11
莊子的知識論	嚴靈峯	華學月刊	96		68	12
莊子的知識論	黃公偉	哲學與文化	7	2	69	2
逍遙遊釋論	羅聯絡	建設	28	11	69	4
莊周夢蝶解義	蔡明田	中原文獻	12	4	69	4
莊子的自由之路	林鎮國	鵝湖	5	11	69	5
莊子逍遙遊篇的聖王思想	蔡明田	東方雜誌	13	11	69	5
齊物論釋論	羅聯絡	建設	28	12	69	5
莊子內篇大宗師第六詮釋	史次耘	輔仁學誌	9		69	6
莊子「養生主」的探討	柴扉	中國語文	46	6	69	6

莊子的知識論	嚴靈峯	鵝湖	6	1	69	7
莊子的演化哲學	張之傑	科學月刊	11	7	69	7
論莊子對禪讓說的態度	蔡明田	大陸雜誌	61	5	69	11
莊子的人生觀	盧志美	中央月刊	13	2	69	12
莊子應帝王篇的應治思想	蔡明田	國立政治大學學報		42	69	12
道家思想的宗師——莊周	黃錦鋐	中華文化復興月刊	14	1	70	1
莊子哲學思想簡述(一)	沈驥	恆毅	30	8	70	3
莊子哲學思想簡述(二)	沈驥	恆毅	30	9	70	4
超絕千古的散文——莊子	王爾晉	建設	29	11	70	4
莊子之逍遙遊	韋日春	師大校友月刊		198		

㈢涉及莊學之論文

篇名	著譯者	刊名	卷	期	出版日期 年	出版日期 月
老莊哲學中的社會觀	徐紹烈	學燈			12	2
老莊的辯證法	李石岑	東方雜誌	20	5	12	
斯賓諾沙與莊子	劉耀常	嶺南大學學術論文集			18	
評陶鴻慶老莊札記	螽舟	大公報文學副刊		25	18	
屈原莊周比較觀	董紹康	南聞週刊		118	20	
老莊通義	胡淵如	國風半月刊			21	
莊子寓言篇墨子魯問篇爲研究兩書之凡例的討論	戴景曦	廈門大學週刊	12	19	22	
關於老莊的辯證法的商榷	胡守愚	新中華	1	12		
老莊的辯證法	李石岑	東方雜誌	30	5	22	
達爾文的天則律與莊子的天鈞律	章鴻釗	學藝什誌			23	

老莊之養生法	蔣維喬	青鶴	2	16-17	23	
從西洋哲學觀點看老莊	張東蓀	燕京學報		16	23	12
老莊新傳	毛　起	浙江圖書館館刋	4	5	24	
讀老莊書後	陳雲官	廈大週刋	14	30	24	
從莊子中所發現的孔子地位	陳召培	仁愛月刋	1	2	24	6
評胡適中國哲學史大綱論老莊哲學部分	姚玄華	文化建設	1	11	24	8
老莊思想地東漸及其影響	張大壯	東方雜誌	34	3	26	
由讀莊子而考得之孔子與老子	范　禕	學衡		29		
老莊之反對教育論	瞿世英	社會學界	4			
托爾斯泰思想與老莊學說的比較	曾虛白	中央日報		5版	35	6

呂氏春秋與莊子	王叔岷	文史週刊		21	36	
列子與莊子	王叔岷	中央日報		9版	36	8
淮南子與莊子	王叔岷	中央日報		9版	36	10
莊荀論天道	宋實	中央日報		7版	38	9
從佛法看莊子	月溪法師	用周明老莊解釋佛法的錯誤			39	
老莊哲學與辯證法	嚴靈峯	思想與革命		108	40	6
老莊與道教	吳康	大陸雜誌	7	4	42	8
老莊自然主義	吳康	大陸雜誌	9	12	43	12
孟、墨、莊、荀之言	唐君毅	新亞學報	1	2	45	2
試論孟子荀子與莊子	林煦蕃	中興評論	3	6	45	6
淮南子與莊子之關係	周駿富	大陸雜誌	14	2	46	1
比較孟莊兩家論人生修養	錢穆	人生	14	1	46	5
莊荀淮南馬班論列諸子異同考	蕭奚焭	金大文學院季刊	2	1		

孟莊異同論	陳　柱	國學論衡	4			
管老莊墨孫申商韓學術異同論	盧景純	國專月刊	1	3—4		
孔孟莊老思想與中國民族性	梁宜生	反攻		185	46	8
莊老通辨自序	錢　穆	民主評論	8	17	46	9
讀「莊老通辨自序」	嚴靈峯	民主評論	8	19	46	10
辯老子書不後於莊子書（上）	嚴靈峯	大陸雜誌	15	9	46	11
辯老子書不後於莊子書（中）	嚴靈峯	大陸雜誌	15	10	46	11
辯老子書不後於莊子書（下）	嚴靈峯	大陸雜誌	15	11	46	12
試談老莊的「道」觀	趙賓實	恆毅	7	10	47	5
試談老莊的「道」觀（續）	趙賓實	恆毅	7	11	47	6

			8	1	47	8
莊老之生死觀	羅聯絡	建設	7	2	47	7
老莊的宇宙論	錢　穆	中國哲學史論集	2		47	9
老莊考據方法上之錯誤	林語堂講	中央日報		2版	47	10
老莊人生哲學的比較	劉　純	建設	8	1	48	6
論孟莊老荀四家思想之無為與有為	唐端正	新亞書院學術年刊	1		48	10
老莊人生哲學的同異	陳　民	自由太平洋	5	12	50	12
試論莊子曰聖人臨大難而不懼與孟子所述大勇之義之異同	嘉　聲	華僑日報			51	8
由莊子天下篇窺察中國古代哲學發展的趨勢	梅貽寶	清華學報			53	3
兩晉清談與所謂老莊學	劉百敏	華僑日報			54	1
中國先哲對「言」「默」	唐君毅	新亞書院學術年刊	7		54	9

之運用與墨莊孟荀之辯						
時代與思想及其蛻變跡象——推介陳鼓應著「悲劇哲學家尼采」與「莊子哲學」(上、中、下)	張化民	自立晚報	4		54	11
老莊思想與中國文學	趙偉翔	恆毅	15	10	55	5
老莊的學說思想	一清	國魂	261		56	8
荀學與老莊	張亭	思與言	5	4	56	11
孔墨孟莊荀的天命觀念	曹顯成	新加坡大學中文學會學報		9	57	7
道家的政治思想	張起鈞	新時代	9	12	58	12
道常無爲而無不爲	張鐵君	學園	5	4	58	12
老莊避世思想之比較	林耀曾	慶祝林景伊先生六秩誕辰論文集			58	12
道家的政治思想	張起鈞	新時代	10	1	59	1

道家四子與道家四子新編	朱秉義	國魂		291	59	2
老莊哲學與天人合一	張柳雲	中華文化復興月刊	3	3	59	3
道家的智慧	張其鈞	師大學報		15	59	6
魚樂解	戴君仁	大陸雜誌	42	2	60	1
老莊思想及其人生境界	王逢吉	台中師專學報		1	60	6
老子與莊周之辯證思想	李超宗	國魂		315	61	2
老莊的學說源流（待續）	龔樂群	恆毅	21	8	61	3
老莊的學說源流（續）	龔樂群	恆毅	21	9	61	4
老莊哲學與禪宗「心靈觀」比較	安樂哲	研究生		1	61	6
老莊的言意觀對僧肇與禪宗的影響	王　煜	新亞書院學術年刊		15	62	9
老莊的政治論（上）	龔樂群	學粹	15	6	62	10
老莊與道教	褚柏思	內明		20	62	11
劉子引用莊子考	林長眉	書目季刊	8	1	63	6

老莊自然主義	吳　康	國魂		345	63	8
老莊思想之比較	蕭登福	中華文化復興月刊	7	9	63	9
易經哲學中的兩個層次—老莊哲學與孔子周易十翼哲學	張肇祺	中華文化復興月刊	7	11	63	11
老子莊子道家之辨	黃慶松	大學雜誌		80	63	12
從文學批評觀點讀莊子	施友忠	中外文學	3	7	63	12
老莊論道之析裂淪降	王　煜	香港中文大學中國文化研究所學報	7	1	63	12
老莊的與道結合和基督徒的成全	Carwelo Elorduy S. J. 宋雅青譯	中國天主教文化		5	64	3
從感情理智科學的角度看莊子的哲學	黃錦鋐	幼獅	41	6	64	6
論老莊思想的異同及莊子	賴聲羽	新潮		30	64	6

的藝術觀						
老子與莊子的辯證詭辯	蔣年豐	新潮		32	65	9
由宋明哲學試探老莊人生境界	林繼平	中華國學		4	66	4
老莊衍論	王　煜	鵝湖	2	12	66	6
莊子與惠子「魚樂」之辯	潘栢世	鵝湖	3	3	66	9
也談莊惠魚樂之辯	陳正榮	鵝湖	3	4	66	10
老莊衍術	王　煜	鵝湖	3	5	66	11
魚樂之辯之知與樂	岑溢成	鵝湖	3	5	66	11
再談「魚樂之辯」	潘栢世	鵝湖	3	7	67	1
老莊理想人格的內聖之道	黃維潤	哲學論集		11	67	6
再談「魚樂之辯」	潘栢世	鵝湖	4	2	67	8
老莊哲學與孔子周易十翼	張肇祺	道教文化	2	7	68	9

——易經哲學中的兩個層次						
老莊的藝術天地	邢光祖	出版與研究		55	68	10
濠梁之辯的是非	陳大齊	中華文化復興月刊	12	11	68	11
老莊的認識論	嚴靈峯	東方雜誌	14	5	69	11
老莊哲學的主觀操持與應世態度	高懷民	文藝復興		117	69	11
從老莊見孔子	丁慰慈	孔孟月刊	18	7	69	3

主要參考書目（本書下篇爲歷代莊學之版本及其現藏，故所列參考書目，以上篇與中篇直接引用者爲限）

莊子注　向 秀、郭 象

莊子音義　陸德明

莊子疏　成玄英

莊子口義補注　張四維

南華眞經副墨　陸西星

新鍥南華眞經三註大全　陳懿典撰輯，林希逸、陸西星、李衷一三家注。

莊子內篇註　憨山大師

莊子因　林雲銘

莊子解　王夫之

莊子南華經解　宣 穎

莊子雪　陸樹芝

校正莊子集釋　郭慶藩

莊子說　蘇輿
莊子集解　王先謙
莊子校書　于鬯
莊子淺說　林紓
莊子評點　嚴復
莊子詮詁　胡遠濬
莊子集注　阮毓崧
莊子內篇證補　朱桂曜
莊子義證　馬敘倫
莊子釋滯　劉咸炘
莊子哲學　蔣錫昌
莊子研究　葉國慶
莊子內篇解說　曹受坤
莊子校釋　王叔岷

莊子新釋上册	張默生
莊子哲學	吳　康
莊子及其文學	黃師錦鋐
新譯莊子讀本	黃師錦鋐
莊子今注今譯	陳鼓應
莊子詮言	封思毅
莊子治要	蕭純伯
逍遙的莊子	吳　怡
莊子篇目考	張成秋
莊子淺說	陳啓天
莊子總論及分篇評註	李師勉
莊子義繹	何敬群
誰是齊物論作者	傅斯年
莊子內聖外王之道及其	梁冰枬

八大學說詮證

莊子知見書目　嚴靈峯

莊子篇目及眞贗考　日人武內義雄

老子王注　王弼

老子道德經解　憨山大師

老子　張師起鈞

老子哲學　張師起鈞

老子今注今譯　陳鼓應

老聃的姓名和時代考　唐蘭

老莊哲學　胡哲敷

諸子學論略　章太炎

中國學術思想大綱　林師景伊

讀子卮言　江瑔

墨子　墨翟
孟子　趙岐注
荀子　荀況
公孫龍與公孫龍子　何啓民
韓非子　韓非
史記　司馬遷
禮記鄭注　鄭玄
四書集注　朱熹
文心雕龍　劉勰
昭明文選注　李善
困學紀聞　王應麟

中華哲學叢書
莊學研究

作　　者／陳品卿　著
主　　編／劉郁君
美術編輯／中華書局編輯部

出 版 者／中華書局
發 行 人／張敏君
行銷經理／王新君
地　　址／11494 台北市內湖區舊宗路二段181巷8號5樓
客服專線／02-8797-8396　　傳　　真／02-8797-8909
網　　址／www.chunghwabook.com.tw
匯款帳號／兆豐國際商業銀行　東內湖分行
067-09-036932　中華書局股份有限公司

法律顧問／安侯法律事務所
印　　刷／維中科技有限公司　海瑞印刷品有限公司
出版日期／2015年7月再版
版本備註／據1982年3月初版復刻重製
定　　價／NTD 680

國家圖書館出版品預行編目（CIP）資料

莊學研究 / 陳品卿著. -- 再版. -- 台北市 :
中華書局, 2015.07
面 ; 公分. -- (中華哲學叢書)
ISBN 978-957-43-2545-0(平裝)

1.莊子 2.研究考訂

121.337　　104010320

NO.B0025
ISBN 978-957-43-2545-0（平裝）